Zu diesem Buch

Das vorliegende Buch behandelt die Erziehung der Jugend im Dritten Reich. In drei großen Kapiteln – Familie, Schule, Jugendorganisation – untersucht Erika Mann, wie in Nazi-Deutschland die Kinder und Jugendlichen auf ihre Rolle in der Diktatur eingeschworen wurden. «Zehn Millionen Kinder» erschien erstmals 1938 und erregte internationales Aufsehen: als aufklärende Schrift über die wahren Verhältnisse in Hitlers «Tausendjährigem Reich». Heute ist das Buch ein klassisches Dokument der Zeitgeschichte – und zugleich ein bewegendes Stück Exilliteratur. In einem Nachwort berichtet die Erika-Mann-Biographin Irmela von der Lühe über die Hintergründe der Entstehung dieser Schrift.

«Die Bedeutung von Erika Manns Buch als einem zeitgeschichtlich-historischen Dokument liegt darin, daß es dem Leser einen erschreckenden Einblick gewährt, wie die deutsche Jugend in ‹radikaler Verleugnung des Geistes› von den Nazis in ihrem Sinne erzogen wurde. Ein sorgfältiges Studium der Schulbücher jener Zeit und anderer einschlägiger Dokumente und Fachliteratur stellt die Grundlage dieser Untersuchung dar, zu der Thomas Mann 1938 in New York eine Einführung geschrieben hat. (...) Gerade in unserer Zeit, in der des Holocausts besonders gedacht wird, ist aus diesem Buch von Erika Mann ersichtlich, wie die systematische nationalsozialistische Erziehung der Jugend dazu beigetragen hat, daß es zu diesen in der Weltgeschichte bisher einmalig dastehenden Unmenschlichkeiten kommen konnte.» (Paul F. Proskauer im «Aufbau», New York, 6. Juni 1986)

Erika Mann wurde am 9. November 1905 in München geboren, als ältestes Kind von Katia und Thomas Mann. Sie arbeitete zunächst als Schauspielerin und Journalistin. Anfang 1933 gründete sie – zusammen mit Therese Giehse – in München das Kabarett «Die Pfeffermühle»; wenige Wochen später ging sie mit der gesamten Truppe ins Exil. Ab 1936 lebte sie überwiegend in den USA. Während des Zweiten Weltkriegs wirkte sie u. a. an den Deutschland-Programmen der BBC mit. 1952 Rückkehr nach Europa. Sie starb am 27. August 1969 in Zürich.

Erika Mann

Zehn Millionen Kinder

Die Erziehung der Jugend im Dritten Reich

Mit einem Geleitwort
von Thomas Mann
und einem Nachwort von
Irmela von der Lühe

Rowohlt

Die Erstausgabe erschien 1938
im Querido Verlag N. V., Amsterdam

3. Auflage Januar 2001

Veröffentlicht im Rowohlt Taschenbuch Verlag GmbH,
Reinbek bei Hamburg, Oktober 1997
Copyright © 1997 by
Rowohlt Verlag GmbH, Reinbek bei Hamburg
Geleitwort von Thomas Mann:
Copyright © 1965 by
S. Fischer Verlag GmbH, Frankfurt a. M.
(entnommen aus «Reden und Aufsätze II»)
Umschlaggestaltung Barbara Hanke (Foto: Ullstein)
Satz Aldus (Linotronic 500)
Gesamtherstellung Clausen & Bosse, Leck
Printed in Germany
ISBN 3 499 22169 1

Inhalt

Geleitwort
von Thomas Mann

Auf dieser ganzen Reise, die mich von Ost nach West und wieder zurück durch den ungeheuren Continent Amerika führte, war die Verfasserin des vorliegenden Buches, mein liebes Kind Erika, an meiner Seite und half mir treulich die Anforderungen zu bestehen, die das so beglückende und bereichernde, wie beschwerliche Abenteuer stellte. Oft, im Gespräch mit Zeitungsleuten und namentlich wenn es nach dem Vortrag die landesüblichen Fragen zu beantworten galt, machte sie die Mittlerin zwischen mir und der Öffentlichkeit, indem sie Antworten, die ich, im englischen Ausdruck noch ungeübt, auf Deutsch erteilte, gewandt verdolmetschte – sehr zum Vorteil dieser Veranstaltungen, wie ich meine; denn sie fügte ihren Eindrücken einen holderen Stimmklang und den Charme einer geist- und seelenvollen Frauenpersönlichkeit hinzu.

Es ist mir eine Freude, nun einmal meinerseits den Mittler machen zu können zwischen ihr und dem Publikum, indem ich ihr Buch bei den moralisch und politisch interessierten Lesern einführe. Es hat einen abscheulichen Gegenstand, dieses Buch; es spricht, sehr kenntnisreich, sehr wohlfundiert, von Erziehung in Nazi-Deutschland, von dem, was der Nationalsozialismus unter Erziehung versteht. Aber, sonderbar, es ist das Gegenteil einer abscheulichen Lektüre. Die Anmut seines Zornes und seiner Trauer, sein intelligenter Sinn für Komik, der milde Spott, in den seine Verachtung sich kleidet, sind danach angetan, unser Entsetzen in Heiterkeit aufzulösen; durch sich selbst, durch den Reiz seiner Sprache, die Lauterkeit der Kritik, mit der es das Leidig-Dokumentarische umrankt, setzt es dem empörend Negativen, Falschen und Böswilligen das Positive und Rechte, Vernunft, Güte und Menschlichkeit tröstlich entgegen.

Es ist merkwürdig genug, wie fruchtbar für die Gesamt-Erkenntnis der national-sozialistischen Sinnesart das Sonder-Thema des Buches, der erzieherische Gesichtspunkt sich erweist. Daß eine Frau gerade ihn wählte, hat nichts Überraschendes; aber überraschend ist, ein wie umfassendes und vollständig unterrichtendes Charakterbild des Hitler-Staates bei dieser thematischen Beschränkung zustande kommt – ein so ausreichendes wirklich, daß ein Fremder, der in diese unheimliche Welt einzudringen wünscht, wohl sagen kann, er kenne sie, nachdem er dies Buch gelesen. Die ganze Verbissenheit der heutigen deutschen Führer in den einen Gedanken der Staatsmacht, ihre tödliche Entschlossenheit, diesem Gedanken – wenn es denn ein Gedanke ist – durchaus alles unterzuordnen, das geistige und seelische Gesamtleben der Nation ohne jedes menschliche Reservat von ihm bestimmen zu lassen, malt sich in dem hier analysierten, aus vielen nur zu kennzeichnenden Einzelheiten entwickelten Erziehungsplan, welcher ja ein Zukunftsprogramm ist, der unerbittliche Entwurf des deutschen Menschenbildes von morgen. Die ganze fanatische Umsicht, Konsequenz, Genauigkeit, Lückenlosigkeit tritt zu Tage, mit welcher dieser eine Gedanke erzieherisch ins Werk gesetzt und auf jeden einzelnen Lehr-Gegenstand bestimmend angewandt wird, so daß es sich eigentlich niemals um diesen selbst handelt, nicht die Erschließung seiner Gehalte an Bildungsmöglichkeit, Wissen, menschlicher Förderung den Sinn des Unterrichtes ausmacht, sondern allein seine oft genug gewaltsam hergestellten Beziehungen zur fixen Idee kriegerischer Tüchtigkeit und nationalen Vorranges. Das Ergebnis ist klar: Es ist die radikale und in einem bösartigen Sinn asketische Verleugnung des Geistes, wenn wir unter diesem Namen die Ideen «Wahrheit», «Erkenntnis», «Gerechtigkeit», also doch wohl die höchsten und reinsten Ziele des Menschentums zusammenfassen. Jene aus versunkenen Zeiten stammende Definition: Deutsch sein, das heiße, eine Sache um ihrer selbst willen tun, hat jede Gültigkeit verloren. Die deutsche Jugend hat sich keiner Sache um ihrer selbst willen zu widmen, sondern die Beschäftigung mit einer jeden ist *politisch* bedingt, eingeschränkt und gemodelt, sie ist, unter strikter Abtötung des objektiven Wahrheitssinnes, bezogen auf ein Außerhalb der Sache, einen Willen, der der deutsche Wille zu sein hat: den Willen des Staates zur absoluten Macht über die Gemüter im Inneren und zur Ausbreitung seiner Macht nach außen.

Ein Voluntarismus dieser Art, eine solche Durchpolitisierung von Wahrheit und Forschung flößt einen weniger moralischen als natürlichen Schauder ein. Sie hat etwas Krampfhaftes, Gewaltsames und Ungesundes, das darauf hindeutet, wie wenig sie der Natur des Volkes eigentlich gemäß ist, dem sie auferlegt wird oder das sie sich auferlegen zu müssen glaubt. Der Ruhm deutscher Nation bestand immer in einer Freiheit, die das Gegenteil patriotischer Borniertheit ist: in einer besonderen Beziehung zum objektiven Geist. In ihr konnte das Wort gesprochen werden: «Der Patriotismus verdirbt die Geschichte». Es war Goethe, der es sprach. Die eigentlich un- und überpolitische Natur dieses Volkes, seine eigentliche Berufenheit zum Geiste wird deutlich gerade durch die Maßlosigkeit, die «Gründlichkeit», mit der es heute, nach der Vorschrift von Führern, die das nichts kostet, seinen besten und klassischen Eigenschaften abschwört und sie der totalen Politik opfert. Dies Volk der «Mitte» ist in Wahrheit ein extremes Volk. Politik? Macht? Dann überhaupt nichts mehr von Geist, Wahrheit, Gerechtigkeit, freier Erkenntnis und Bildung. Es wirft – heroisch – seine Menschlichkeit über Bord, in der Meinung, sich damit für die Welt-Vorherrschaft in Form zu bringen.

Muß man es nicht erinnern an das Wort der Schrift: «Was hülfe es dem Menschen, wenn er die ganze Welt gewänne und nähme doch Schaden an seiner Seele?» Dies Wort will die Macht nicht verneinen; es will nur wahr haben, was wahr ist: daß Macht einen Inhalt und Sinn, eine innere Berechtigung haben muß, um echte, menschlich anerkannte und darum haltbare Macht zu sein, und daß diese Rechtfertigung immer nur vom Geiste kommt. Ist es nicht hoffnungslos und närrisch, ein Gut mit Mitteln gewinnen zu wollen, die dieses erstrebte Gut selbst völlig aushöhlen und entwerten? Wie stellt das deutsche Volk, wie stellen seine Führer sich die Ausübung einer europäischen Hegemonie vor, die mit moralischen und intellektuellen Opfern bezahlt ist, wie der national-sozialistische Erziehungsplan sie fordert? Wie steht es um die Berufenheit eines Volkes zur Macht, das solche Opfer bringen muß, um sie zu erringen? Eines Volkes, das sein Unterstes, Niedrigstes, das Schlechteste, Roheste, Geistfremdeste und Geistfeindlichste nach oben bringen, ihm absolute Gewalt über sich geben muß, um die «Welt» zu gewinnen?

Ist auf solche Weise die Welt zu *gewinnen*, selbst wenn man sie beherrscht? Ist eine Macht ausübbar und haltbar, die sich gegen den ganzen Druck von Haß und Verachtung zu behaupten hätte, die solche Mittel notwendig erzeugen? Ja, ist es nicht eine traurige Illusion von vornherein zu glauben, man könne siegen in dem Zustande, in den das deutsche Volk sich heute versetzt oder versetzen läßt? Ein geistig erniedrigtes und verarmtes, moralisch reduziertes Volk und will den Erdkreis übersiegen. Das ist ja absurd. Man sticht die anderen nicht aus, indem man sich auf den Hund bringt, und nichts ist dümmer, als allen Idealismus für bloße Dummheit zu halten. Wahrheit und freie Forschung sind keine schwächenden Luxusgüter, die ein Volk untüchtig machen zum Lebenskampf; sie gehören zum Leben, sie sind das tägliche Brot, und die Parole «Wahr ist, was mir nützt» ist eine Elendsparole, ein idealistisch-antiidealistischer Krampf, mit dem man niemanden übervorteilt und exploitiert, sondern mit dem man in größter Schnelle herunterkommt. Der wissenschaftliche Rückgang Deutschlands, sein rapides Ins-Hintertreffen-Geraten auf allen Gebieten des Geistes ist schon heute ein öffentliches Geheimnis. Es wird sich unheilvoll vollenden und zu umfassender, nie wieder gut zu machender praktischer Auswirkung gelangen, wenn den furchtbaren Typen, die heute in Deutschland zu sagen haben, genügend Zeit gelassen wird, ihr bösartiges Ertüchtigungsprogramm zu exekutieren.

Hoffen wir mit der Verfasserin dieses Buches, daß die edleren

Anlagen und Bedürfnisse des deutschen Volkes sich bei Zeiten gegen so falsche und lebenswidrige Zumutungen durchsetzen werden.

New York, 7. Mai 1938

Prolog

Das schweizerische Städtchen St. Gallen liegt sehr nahe der deutschen Grenze. Es ist deshalb, daß ich dort meine Verabredung mit Frau M. habe, die aus Deutschland herübergekommen ist, um mich zu sprechen. Da ich meinen Ford vor dem Hotel Hecht am Hauptplatz parke, fällt ein Wagen mir auf, – ein großes elegantes Automobil, heller Mercedes, schmutzbedeckt, kürzlich erst eingetroffen, – aus Deutschland, aus München, wie seine Nummer sagt, – es ist eine auffallend niedrige Nummer, wie Regierungsbeamte sie dort manchmal haben und hohe Funktionäre der «Partei». Mir wird unbehaglich zumute beim Anblick des Gefährts. Frau M., das weiß ich, darf mich nicht sprechen, – es ist ein kühnes Wagnis für sie, mich bei sich zu sehen in diesem freundlichen Hotel Hecht; – daheim, in München kann man sie verhaften dafür; denn ich bin eine Hochverräterin, oder doch das, was dort so heißt, – jemand, der den Herren des Dritten Reiches die nötige Ehrerbietung nicht zollt und der es vorgezogen hat, sich ihrem Machtbereich zu entziehen, wegzugehen, – irgendwohin, wo es nicht so sehr nach Blut riecht, nach Amsterdam, Prag, New York, St. Gallen.

Ich schaue mich um, nach den Besitzern des Mercedes, – und ob sonst einer mich gesehen und erkannt hat. Aber der Platz ist leer um diese Mittagsstunde und, vorbei am Portier, laufe ich die altertümlich breiten und flachen Treppen hinauf und klopfe an die Tür von Zimmer 14. Frau M., die mit mir sprechen möchte, obwohl es gefährlich ist und obwohl sie mich gar nicht kennt, öffnet selbst die Tür.

Sie ist groß und blond, – schmal und kräftig; sie hat blaugraue Augen und einen kleinen Sattel von Sommersprossen über der Nase. In ihrem hellen Leinenkleid sieht sie aus wie die Idealgestalt auf einem Sommerplakat, und ihre bloßen Arme haben den schönsten Bronze-Ton. «Wenn ich nicht wüßte, wer Sie sind», sage ich, – «könnte ich glauben, der Regierungsmercedes unten vor der Tür sei Ihrer.» Frau M. erschrickt. «Ist da ein Regierungsmercedes?» sagt sie, – und sehr leise fügt sie hinzu «haben Sie Ihren Namen genannt da unten?» – Sie hat die nervöse Angewohnheit aller Leute aus Nazi-Deutschland, um sich zu blicken, während sie spricht, unentwegt um sich zu blicken, als seien überall Lauscher zu gewärtigen, hinterm Schrank, vor der Tür, unterm Bett. Es ist wie ein Tick. «Sie fahren heute noch zurück?» Ja, dies ist nur ein Ausflug, und zuhause wird sie erwartet. Da wir nun unser Gespräch beginnen, die Frau aus Deutschland und ich, schließen wir die Fenster. Wir tun es, ohne über die Vorsichtsmaßregel ein Wort zu verlieren.

Die Frau spricht den süddeutschen Akzent, den ich liebe, – und sie könnte mir aus München erzählen, das meine Heimatstadt ist, die Stadt meiner Kindertage, die ich nicht mehr kenne seit vierundeinemhalben Jahr. Im Traum manchmal gehe ich durch diese Straßen, oder ich fliege über dem Marienplatz spazieren und davon, über die Altstadt, der Isar zu. Wir haben aber Sachlich-Vernünftiges zu bereden, Frau M. und ich, – nicht gefühlvolle Ausflüge in Traumstädte.

Sie ist in Deutschland gewesen all die Zeit über. Kein Anlaß zu emigrieren. «Vollarier» sie beide, ihr Mann und sie. Gutbezahlte Stellung als Arzt der Gatte, nette Wohnung in Schwabing, anständiges Auskommen. «Anständig ist es nicht», sagt Frau M., – «sondern qualvoll und sehr erniedrigend; aber was soll, – was sollte man schließlich machen?!» Natürlich ist er in der Partei, Dr. M., im Reichs-Ärzte-Verband und in der Fachschaft, – könnte nicht leben sonst. Ich weiß das, und so verlieren wir auch hierüber nicht viel Zeit und Worte. «Und Sie?» frage ich, – «was für Bünden und Kameradinnenschaften gehören Sie an?» «Die Frau gehört ins Haus», sagt sie und zitiert eines von den herrlich geflügelten Worten ihres «Führers»; – dann erzählt sie lachend, immerhin sei sie eine halb-offizielle Figur aus unserm München, und zwar vermittels ihrer nordischen Idealgestalt. «Nicht genug damit, daß ich einen nordischen Langschädel aufweise», sagt sie, «weiß ich mich auch noch im Besitz der rechten Beckenmaße, des angeforderten Brustumfanges und der behördlich vorgeschriebenen Hüftweite. Die Herrn Beamten haben alles geprüft, befühlt, nachgemessen und hochgradig in Ordnung gefunden. Dann haben Sie mich photographiert, das Bild beschriftet, indem sie allen meinen Körperteilen die stolzen Maße beigaben, und nun figuriere ich ein volles Jahr lang als staatlich empfohlene Zuchtstute auf dem Titelbild des Kalenders für Volksgesundung, – es *wäre* ja riesig komisch, wenn es nicht so ekelhaft und traurig wäre», – fügt sie hinzu und lächelt verzweifelt mit ihrem garantiert echten, amtlich geprüften, unerreicht nordischen Photographier- und Propaganda-Mund.

Ich sage: «Und jetzt wollen Sie weg? Warum plötzlich, nach viereinhalb Jahren?» – «Warum?» sagt die Frau und öffnet ein Köfferchen, das vor uns auf dem Tisch steht. «Darum», sagt sie und zieht etwas hervor, ein Lederetui, einen kleinen Reiserahmen für Photographien, zusammenlegbar, – er enthält sechs Bildchen; «darum», wiederholt die Frau, «deswegen».

Das Baby, welches auf diesen Bildchen lacht, jubelt, schreit, schläft, winkt und seine winzigen Fäustchen zeigt, muß etwa ein Jahr alt sein. «Es heißt Franz», sagt die Mutter und baut den Rahmen sorgsam vor uns auf den Tisch. Ich sage: «Entschuldigen Sie, – aber das verstehe ich nicht ganz. Wegen des Fränzchens also wollen Sie emigrieren. Aber er ist doch ein ‹Arier›, Ihr Fränzchen, und wird es gut und ehrenvoll haben im Dritten Reich. – Wir hier draußen sind nicht sehr fürs Emigrieren», füge ich hinzu, da sie verwundert schaut, – «es ist schlimmer, als man denkt, wenn man weggeht; schwieriger, feindlicher, ärger; – und dann, nehmen Sie mirs nicht übel, aber wir sind der Ansicht, daß alle, die drinnen unbedroht leben können, – dies tun sollten, und besonders, wenn sie Gefühl und Verstand haben und *nicht* d'accord sind mit den Gottverlassenen um sie her. Es ist doch *wichtig*», sage ich und wende meinen Blick von den Babybildchen vor mir auf dem Tisch, – «es ist doch gerade so sehr wichtig, daß ein bißchen Vernunft im Land bleibt.» Aber jetzt wird Frau M. gesprächig. Sie vergißt sogar zu flüstern und in nervösem Tick den Kopf hin- und herzudrehen; sie spricht laut und deutlich, und auf ihrer hellen Stirn zeigen sich zwei senkrechte Falten der Entschlossenheit und des Zornes.

«Nein», sagt sie, – «er würde es nicht gut haben und ehrenvoll schon gleich nicht; – er würde es schlecht und miserabel haben. Vernunft», sagt sie, – «ich habe vier Jahre lang Vernunft gehabt, – aber jetzt hört das auf, – oder jetzt erst fängt das eigentlich an. Vernunft! Keinen vernünftigen Brei kann ich ihm kochen, dem Söhnchen, kein Obstmus und Hühnersüppchen, – es gibt ja nichts ‹Vernünftiges› mehr zu kaufen in unsern Heerlagern von Städten. Mondamin!» ruft sie, und es klingt wie eine zornige kleine Fanfare, – «Reis! Heute sind die Eier knapp, morgen die Butter. Und es wird schlimmer, natürlich wird es schlimmer – seit viereinhalb Jahren ist es schlimmer geworden, – mit allem, mit dem Essen und mit den Kleidern und mit den Vorschriften und mit den Spitzeln. Man lebt nicht unbedroht in unserm Land», fügt sie hinzu und schüttelt zornig den Kopf. «Keiner lebt unbedroht, der Harmloseste nicht, – jeder kann abgeholt werden, in jedem Augenblick, – irgendeiner unglücklichen Äußerung wegen, die er getan oder auch nicht getan hat, – wenn nur einer es der Mühe wert findet, ihn anzuzeigen. Sobald uns jemand Geld schuldig ist, irgendein Nazi-Patient, der nicht zahlen will, und wir haben ein paar ungeduldige Rechnungen geschrieben, gleich leben wir doch in der schrecklichsten Angst. Er wird uns anzeigen, – er wird sagen, wir haben den Führer verhöhnt oder unbotmäßig über den Herrn Propagandaminister gescherzt – dann kommen wir ins Lager, alle beide, – und der da kann sehen, wo er bleibt.»

Sie gefällt mir sehr, wie sie da steht, verfinstert das schöne Gesicht und mit Zärtlichkeit und Zorn ihr Söhnchen betrachtend, den kleinen Franz, der sehen wird müssen, wo er bleibt und der schon heute kein Mondamin mehr bekommt und längst nicht genug Reis. Ich verstelle mich ein wenig, während dieses ganzen Gesprächs, stelle mich unwissender, als ich bin, weil ich hören möchte, was diese Frau denkt und fühlt, weil ich erfahren muß, wie die Gründe aussehen, die sie nun aus dem Land treiben, nach viereinhalb Jahren «Vernunft». Ich sage, daß ich es wohl begreife, wenn sie unglücklich ist, wegen der materiellen Schwierigkeiten. Aber im Kriege sei es schließlich auch gegangen. «Ich selber war ein ziemlich kleines Kind während des Krieges», erkläre ich, – «wir hatten wirklich beinahe gar nichts zu essen, – und waren trotzdem ganz lustig und alert.» Frau M. unterbricht mich. «Ach», ruft sie ärgerlich, und ihre Stimme zittert vor Ungeduld, – «was *reden* Sie denn? Als ob Sie den Unterschied nicht kennten! Als ob Sie nicht wüßten, wie anders das war, wie vergleichsweise sinnvoll es sich ausnahm, – im Krieg. Das Land war bedroht, – es war wirklich und von außen her bedroht, was es damals nicht gab, das gab es eben nicht, – aus guten und begreiflichen Gründen. Aber jetzt? Mitten im Frieden? Und nur, damit wir unsererseits drohen können, damit unsere Herrn Führer rüsten und klirren und toben und die Welt in Schrecken halten können? Nein! Und dann, – es ist ja weißgott nicht wegen des bißchen fehlender Butter, daß ich es nun nicht mehr aushalten will, – es ist wegen all der anderen Dinge. Ich will, daß aus diesem Kindchen ein Mensch gemacht wird, – verstehen Sie mich, ein richtiger, anständiger Mensch, – einer, der Wahrheit und Lüge auseinanderhalten kann, einer, der die Freiheit kennt und die Würde und die wirkliche Vernunft, – nicht eine Vernunft, die sich ‹den Gegebenheiten anpaßt› und die ‹taktisch vorgeht› und die schwarz zu weiß macht, wenn es ihr gerade ‹nützlich› scheint. Ich möchte doch, daß aus dem Bübchen ein Mensch gemacht wird, – ein Mensch und kein Nazi!»

Ich sagte, daß nun wohl der Augenblick für einen Schnaps nahe herangekommen wäre. Wir lachten beide, als wir ihn bestellten, – zweimal Enzian, – aber nicht zu kleine, – die großen sind *so* viel gesünder. Der Berg-Enzian schmeckt wie die Almwiesen, welche die Landschaft unserer Heimat ausmachen, dieser Frau und meiner. «Auf den jungen Herrn», sage ich, – «auf Junker Franz, – daß ein Mensch aus ihm werde!» Die Frau senkt den Kopf. «Ja», sagt sie, «ein anständiger Mensch.»

Der Nachmittag schreitet fort, – wir werden bald reisen müssen, – Frau M. heim nach München (sonderbares Gefühl in meiner Magengegend und in den Kniekehlen, – daß sie einfach nach

München geht), – ich «heim» nach Zürich, wo jetzt meine Eltern wohnen. Aber ein paar Dinge möchte ich noch hören von ihr, – und so knüpfe ich es wieder an, unser Gespräch, das von mir nicht ganz ehrlich geführt wird und dessen ich mich etwas schäme, während ich spreche. Das Gesicht der Frau sieht zart aus, jetzt, in der Dämmerung, und ihr wildentschlossenes Wesen ist einer umschatteten Sanftheit gewichen. Einer zärtlichen Ratlosigkeit über soviel Unfug und Gemeinheit, denen es zu entrinnen gilt. Ich frage sie, wie groß der Einfluß wohl sein würde, den sie auf den Franzel haben könnte, wenn er älter wäre, – denn sie hat mir erzählt, daß sie die Schule für ihn fürchtet, mit ihren Lehren vom 100 Millionen-Volk der Deutschen (alle deutschsprechenden Schweizer, Holländer, Österreicher, Tschechen, Polen, Amerikaner großzügig inbegriffen!), vom Gott namens Staat und von seinen Erzengeln, den Führern des Dritten Reiches. Aber die Frau schüttelt verzagt den Kopf. «Da ist kein Einfluß möglich», sagt sie, – «es ist ja nicht nur die Schule, – es ist die Hitlerjugend und das Lagerleben und der Wehrsport und, – was wollen Sie –», ruft sie plötzlich, – «in ein paar Jahren würde er nachhaus kommen, der Herr Franz, würde den Arm in die Höh werfen als Gruß, und wenn ich ihm dann sage, er soll seine Schulaufgaben machen, dann antwortet er ‹Dreck, Mama, ich gehe schießen›. Und wenn ich dann sage ‹nie wirst du was Vernünftiges lernen, du Lausbub, – nicht einmal benehmen kannst du dich menschenwürdig›, – dann wird er mich anzeigen, – und ich werde eine Verwarnung bekommen, – nur eine Verwarnung zunächst.» «Und die Religion», sage ich, mit ganz schlechtem Gewissen, «seine Religionslehrer, hätten die keine Einflußmöglichkeit auf ihn?» – Sie hätte mir antworten können, daß sie dann gewiß im Gefängnis säßen, seine Religionslehrer, oder doch die besten unter ihnen, – daß man sie eingesperrt haben würde, wegen widernatürlicher Unzucht, Einbruchdiebstahls oder wegen des Verkaufes von Briefmarkensammlungen an das Ausland, welch letzteres Vergehen das schlimmste sein würde und mit dem Tode geahndet werden müßte, wenn nur der Schuldbeweis klappte, – dies alles hätte sie mir antworten können, auf meine grundalberne Frage, – aber sie antwortet gar nicht. «Ich habe eine Freundin», sagt sie stattdessen, – «eine Schulkameradin, die geheiratet hat, ganz jung, gleich von der Schulbank weg, einen Juden. Ihr siebenjähriges Söhnchen ist Halbjude. Er heißt Wolfgang. Neulich habe ich sie gefragt, wie es dem Wolfgang geht. ‹Ganz gut›, hat sie geantwortet, – ‹etwas besser heute, – weil wenigstens die Sonne nicht scheint.› Ich verstand sie nicht gleich, und da sagte sie noch, – ‹wenn das Wetter schön ist, dann spielen die andern, seine Freunde, so lustig im Hof, – und da weint er immer, weil er doch nie mehr mitspielen darf, – natürlich, als Halbjude.› – Die Mutter war ganz ruhig, wie sie das erzählte», – sagte Frau M., «aber ihr Gesicht werde ich so leicht nicht vergessen und den Satz auch nicht, – es geht ihm besser, weil, wenigstens, die Sonne nicht scheint. Und bei dergleichen tiefchristlichen Veranstaltungen soll der Franz mitwirken später? Er soll zu denen gehören, die im braunen Uniform-Hemdchen ‹so lustig im Hof spielen›, während der kleine Wolfgang ‹immer weint, – natürlich, als Halbjude›?! Nein!» ruft die Frau und hat das helle Metall wieder in der Stimme und die hübsche straffe Haltung ihrer Plakat- und Ideal-Gestalt, – «nein, – lieber möchte ich den kleinen Wolfgang trösten dürfen als seine Mutter, wenn er weint, – als kein Recht haben, meinem ‹arischen› Franz einen Klaps zu verabfolgen, wegen abscheulicher, sinnloser und dummer Grausamkeit! Und was glauben Sie», – fügt sie hinzu, «was der Vater dieses kleinen Wolfgang für ein großer Mann war, – vor dem Umsturz. Arzt, Chirurg, Chef meines Mannes an der Klinik. Da hatten sie eine schwere Sache, gleich ein paar Tage nach der ‹Machtübernahme›, – ein ‹arischer› kleiner Junge mußte sofort operiert werden, Blinddarm, – es war schlimm, – Durchbruch, Sie wissen schon, und eine Bauchfellentzündung. Sache auf Leben und Tod. Der jüdische Professor, damals noch im Dienst, leitete selber die Operation. In der Narkose fängt das Bürschchen plötzlich an zu schreien. Er schreit in die Stille des Operationssaales, was er nie, nie, auch im Todesschlaf der Narkose nicht, wird vergessen können, so tief hat man es seinem Seelchen eingebrannt. ‹Weg mit den Juden!› schreit er,

– ‹alle Juden müssen sterben, – umbringen müssen wir sie!› Mein Mann sagt, der Augenblick wird ihm immer gegenwärtig sein. Wie der jüdische Professor weitergemacht hat, – wie ruhig seine Hand war und wie er dem Schreihals das Leben gerettet hat, ohne mit der Wimper zu zucken, oder gar mit dem Messer. Glauben Sie mir –», sagt Frau M., «glauben Sie mir, dies alles ist schlimmer für ein Kind, als gedemütigt und gequält werden. Es ist häßlicher und ärger und irreparabler, und der Gedanke, mein verdorbenes Söhnchen könnte noch im Schlaf auf Mord und Totschlag sinnen, weil er es eben so gelernt hätte, und ich hätte das Recht nicht, ihm das Scheußliche auszureden, – der Gedanke könnte mich ganz verrückt machen, – er *würde* mich ganz verrückt machen, – wenn ich ihn nur einen Augenblick lang ernstnehmen müßte für mich. Er ist aber nicht ernst für mich, er ist nicht real. Er ist ein Alptraum, er hat die ganze fürchterliche Kraft des Alptraums, – er sitzt in meinem Kopf bei Tag und bei Nacht, er steigt auf meine Brust, wenn ich schlafe, damit ich nicht mehr atmen kann, und er quält mich, bis ich weine. Im Grunde meines Herzens, ganz zuinnerst, aber weiß ich – man weiß das ja bei Alpträumen –, daß es nicht wahr ist, daß ich es nie erlauben und zulassen werde; – daß mein Söhnchen anders heranwachsen wird. Nie wird er vor den ‹Stürmerkästen› stehn auf seinem Schulweg, er wird nicht wissen, was ‹Rassenschande› ist und wie wir die Franzosen, die Juden und die Bibelforscher am besten zu Grunde richten. Er wird wissen, daß recht ist, was recht ist – und nicht, was uns nützt, – er wird etwas lernen und können, wenn er groß ist, und nicht schießen gehn, stattdessen. Er wird mich nicht anzeigen, sondern, vielleicht, ganz gerne haben und zuhören, wenn ich mit ihm rede. Er wird das Land lieben und dem Lande dienen, in das wir auswandern werden, – aber er wird wissen, daß die Liebe zur Freiheit und zur Gerechtigkeit beinahe alles andere in sich schließt!»

Es ist jetzt ziemlich dunkel in dem kleinen Zimmer, das Frau M. aus München dem Hotel Hecht in St. Gallen für einen Tag abgemietet hat. Draußen hat es unmerklich zu regnen angefangen, – ich denke in einer unkontrollierten Gedankenschicht, daß mein Wagen nicht geschlossen ist und daß ich mich in die Nässe werde setzen müssen; – das ist unangenehm.

Mit Frau M. habe ich noch ein paar Sachlichkeiten zu bereden. Sie übergibt mir die Papiere ihres Mannes, – Kopien all seiner Zeugnisse seit Knabenjahren, – mich rührt sein Abitur-Zeugnis, und daß er es einer fremden Person nach St. Gallen schickt, damit es irgendwo draußen und drüben überm Meer für ihn spreche. «Professor X. in Z. weiß so ziemlich Bescheid», sagt die Frau, – «und er scheint sich doch ein wenig zu interessieren; hier ist auch ein Empfehlungsbrief von Geheimrat S., – das sollte etwas helfen, denk ich.» Ich nicke ihr zu, – «ja, bestimmt, – das wird helfen», sage ich, und meine Stimme ist ein bißchen unsicher dabei, – «man möchte es doch wirklich hoffen!»

Dann sagen wir uns Adieu. Frau M. nimmt ihre Bildchen vom Tisch, um sie einzupacken, – sie hält den Lederrahmen in der einen Hand, mit der andern winkt sie mir zu, da ich schon in der Tür stehe. «Auf Wiedersehen!» ruft sie, – «auf Wiedersehen dann, – in der Freiheit!» «Ja», sage ich, – «viel Glück, – sehr viel Glück, und auf bald.»

Drei Wochen später lese ich, daß ein Arztens-Ehepaar aus München, – Herr und Frau Doktor M. – verhaftet und daß der Mann in das Konzentrationslager Dachau, die Frau ins Gefängnis überführt worden ist. «Sie hatten sich wiederholt in herabsetzendem Sinne über das Nationalsozialistische Aufbauwerk geäußert», heißt es in dem Bericht. «Das vierzehn-Monate-alte Söhnchen des straffälligen Paares, – Franz M., wurde in ein staatliches Kinderheim überführt. Es steht zu hoffen, daß es auf diese Weise noch gelingen wird, aus dem Knaben einen guten Nationalsozialisten zu machen.»

Das Kind im Dritten Reich

Das Leben aller Menschen in Deutschland hat sich wesentlich geändert, seit Adolf Hitler dort Reichskanzler wurde. Der Wechsel von der Demokratie zur nationalsozialistischen Diktatur ist ebenso bestimmend für die private wie für die politische Existenz des Volkes. Der deutsche Staatsangehörige, dem es, bis zum Februar 1933, freistand, sich in erster Linie als Vater, Protestant, Weltbürger, Blumenzüchter, Pazifist, Münchner oder Bräutigam zu fühlen, heute muß er in erster, allererster Linie eines sein: Nationalsozialist. Das, was der «Führer» die «nationalsozialistische Weltanschauung» nennt, hat für jeden deutschen Staatsangehörigen Evangelium zu sein, und die Pläne des Führers sind ebenso heilig wie die Mittel, deren er sich zu ihrer Ausführung bedient. Keine Menschengruppe aber im besonderen wurde so sehr, so entscheidend erfaßt von den Wandlungen, welche die Nazi-Diktatur im Leben ihrer Untertanen vornahm, wie die Kinder. Denn während der erwachsene Deutsche zwar *erstens* Nationalsozialist zu sein hat, *zweitens* aber doch vorläufig noch Ladenbesitzer oder Fabrikant sein mag, ohne daß sein Laden oder seine Fabrik verstaatlicht worden wären, ist das deutsche Kind schon heute ein Nazi-Kind und nichts weiter. Die Schule, die es besucht, ist eine Nazi-Schule, die Jugendorganisation, der es angehört, ist eine Nazi-Organisation, die Filme, zu denen man es zuläßt, sind Nazi-Filme, und sein Leben gehört ohne Vorbehalt dem Nazi-Staat. Mögen die Privat- und Einzelinteressen der Erwachsenen in bescheidenstem Ausmaß weiterbestehen, – mag ihr Wissen um eine Welt außerhalb der Landesgrenzen, in der alles so anders aussieht als in Hitlers Kopf, nicht ganz beseitigt worden sein, – die *Jugend* kennt keine Privatinteressen mehr, und sie weiß nichts von einer anders und besser regierten Umwelt. In ihrer Unerfahrenheit und schnellgläubigen Bereitschaft lag von Anfang an des «Führers» beste Chance. Vor allem der

Jugend habhaft zu werden, war sein Ehrgeiz, wie es der Ehrgeiz jeden Diktators sein muß. Denn erstens stellt die Jugend, eben vermöge ihrer Unwissenheit, beinahe immer die Stelle des schwächsten Widerstandes dar, zweitens aber werden die Kinder von heute die Erwachsenen von morgen sein, und wer sie wirklich erobert hat, mag sich schmeicheln, Herr der Zukunft zu sein. Diese Zukunft aber, in der, wenn es nach Hitler geht, Deutschland die Erde regieren wird («Wer z. B. den Sieg des pazifistischen Gedankens in dieser Welt wirklich von Herzen wünschen wollte», – schreibt Hitler in «Mein Kampf» [S. 315], – «müßte sich mit allen Mitteln für die Eroberung der Welt durch die Deutschen einsetzen.»), diese Zukunft soll von denen gestaltet werden, die heute bei den Nazis in die Lehre gehn, von der deutschen Jugend. Und so kann es nicht wundernehmen, wenn das Regime all seine Macht, Insistenz, Unbedenklichkeit und Schlauheit in den Dienst der Jugenderziehung stellt, wenn die enorme Propaganda- und Kontrollmaschinerie vor allem dafür eingesetzt wird, daß *die Jugend* nach Hitlers Wünschen und Plänen heranwächst. Sehr früh schon (in «Mein Kampf») hat dieser geäußert: «Dann muß allerdings von der Fibel des Kindes angefangen, jedes Theater, jedes Kino, jede Plakatsäule, und jede Bretterwand in den Dienst einer einigen großen Mission gestellt werden, bis das Angstgebet unserer heutigen Vereinspatrioten ‹Herr mach uns frei› sich im Gehirn des kleinsten Jungen verwandelt zur glühenden Bitte ‹Allmächtiger Gott segne dereinst unsere Waffen!›» Und an anderer Stelle von «Mein Kampf» heißt es: «Seine» (des «jungen Volksgenossen») «gesamte Erziehung und Ausbildung muß darauf angelegt werden, ihm die Überzeugung zu geben, andern unbedingt überlegen zu sein.» (S. 456)

Das Problem der deutschen Jugenderziehung ist ein Problem allererster Ordnung für die Zukunft Deutschlands, Europas, der Erde, – kein Zweifel kann daran aufkommen. Und der «Führer» widmet diesem Problem denn auch seine volle Aufmerksamkeit.

«Wenn man mich fragt, ob ich in der Vergangenheit Sorgen gehabt habe, so muß ich antworten: Jawohl, ich bin nie ohne

Sorgen gewesen. Jedoch ich habe sie gemeistert. Wenn man mich fragt, ob ich der Gegenwart Sorgen habe, so antworte ich: Ich habe viele Sorgen. Und wenn man mich fragt, ob ich glaube, daß ich in Zukunft Sorgen haben werde, so antworte ich ebenso: Jawohl, ich glaube, daß ich nie ohne Sorgen sein werde. Jedoch das ist nicht entscheidend. Ich werde sowohl die Sorgen der Gegenwart, wie der Zukunft genau so meistern, wie ich sie in der Vergangenheit gemeistert habe. Jedoch eine Sorge habe ich, die mir wirklich Sorge macht. Das ist die Sorge, ob es uns gelingt, den Führernachwuchs für die politische Leitung der NSDAP heranzubilden.» (Adolf Hitler in «Der nationalsozialistische Erzieher», 15. Juni 1937) Es ist dem Führer ernst um seinen Nachwuchs, so viel läßt sich heraushören, wenngleich das grammatikalisch so anfechtbare Hitler-Deutsch, dessen er sich, hier wie immer, bedient, schwer verständlich ist. Und wenn der Diktator sich zum absoluten Herrscher über das Leben *aller Deutschen* aufzuwerfen sucht, das Leben *der Kinder* hat er sich genommen, de facto und ganz und gar. Es wird in Hitler-Deutschland dafür gesorgt, daß die Jugend nach dem Willen des «Führers» lebt und daß sie kein Vorbild kennt als das des «Führers». Die Instanzen, denen Gewalt über sie gegeben ist, heißen Nazi-Schule und Nazi-Jugendorganisation. Eine weitere Instanz, die Familie, ist, wie alles Private in Hitler-Deutschland, von untergeordneter Bedeutung. Wichtiger als sie ist eine vierte: die Atmosphäre, die als allgemein formendes Element dort wirksam ist, – die schwer atembare Luft, die dort weht, wo der Diktator regiert.

Die Kinder sagen «Heil Hitler» 50 bis 150 mal am Tag. Die Grußformel, die Gesetz ist, wird unvergleichlich öfter ausgesprochen als jedes neutrale oder religiöse «Guten Tag» oder «Grüß Gott» je vorher. Man grüßt mit «Heil Hitler» die Kameraden auf dem Schulweg, mit «Heil Hitler» beginnt und schließt jede Unterrichtsstunde, «Heil Hitler» sagt der Postbote, der Trambahnschaffner, das Fräulein im Laden, wo man die Hefte kauft. Rufen am Mittag die Eltern daheim nicht alsbald «Heil Hitler», so machen sie sich strafbar, und man könnte sie anzeigen. «Heil Hitler» schreien die Jungens im «Jungvolk» und in der «Hitlerjugend», und «Heil Hitler» die Mädchen im «Bund Deutscher Mädel». – Mit «Heil Hitler» wird auch das kindliche Abendgebet schließen, wenn das Kind seine Verpflichtungen irgend genau nimmt. Für alle Fälle, in denen Offizielles im Spiel ist, für die Vorgesetzten aus Schule oder Jugendorganisationen gilt es, mit dem «Heil Hitler» den ausgestreckten rechten Arm in die Höhe zu werfen, – während der nicht-offizielle Alltag nur ein kurzes Aufwärtswinken mit dem Unterarm bei gestreckten Fingern fordert. Dies aber allein, dieser Hitlergruß, genannt: der «deutsche», exekutiert vom Erwachen bis zum Schlafengehn, dies Nennen eines Namens in Verbindung mit dem gehobenen, ja biblischen Worte «heil» ist von einschneidender Bedeutung, – es genügte, um dem Tag seine Farbe zu geben. «Heil» kam dem Menschen bis dato von *Gott*, – das «ewige Heil» stand für die «ewige Seligkeit», und vom Substantiv «Heil» kommt das Adjektiv «heilig». Jetzt aber gibt es dies Neue: «Heil Hitler».

Die deutschen Kinder sagen ihr «Heil Hitler» in den Tag hinein, achtlos, wie sie während des Krieges ihr «Gott strafe England» grüßend riefen. Sie verschlucken wohl auch die Konsonanten, – sie machen ein unverständliches Wort aus den beiden sonderbar kopulierten, ja, sie treiben sogar ihren Scherz mit dem «deutschen Gruß», – sagen «Drei Liter», statt «Heil Hitler», weil das lustig ist und niemand es nachweisen kann. Wie dem aber sei: der Tag des deutschen Kindes steht im Zeichen von «Heil Hitler», – *auch* äußerlich, – *auch* im rein Formalen.

Das Kind verläßt am Morgen mit «Heil Hitler» das Haus. Auf der Treppe begegnet es dem «Blockwart». Der «Blockwart» ist eine hochgestellte, sehr gefährliche Persönlichkeit; die Regierung hat den «Blockwart» eingesetzt, als Nazi-Aufpasser und -Kontrolleur für den Block, in welchem man lebt, – er hat regelmäßig Bericht zu erstatten über die Führung der Haus- und Blockbewohner. Es lohnt sich, für den «Blockwart» militärisch Front zu machen und den Arm zum «großen» Hitlergruß zu recken. Draußen hängen Flaggen aus allen Fenstern, – Nazi-Flaggen natürlich, rot, mit dem Hakenkreuz. Das Kind fragt nicht weswegen. «Irgendein nationaler Anlaß», denkt es, und es weiß, daß keine Woche vergeht, ohne daß alle Menschen ihr Hakenkreuz zum Fenster hinaushängen müssen, – es ist Vorschrift bei nationalen Anlässen, – nur die Juden sind ausgenommen, denn die Juden sind keine Deutschen, sie gehören nicht zur «Nation», und deshalb gibt es für sie auch keine «nationalen Anlässe». Auf dem Schulweg begegnen viel Uniformierte dem Kind, die schwarzen «SS-Leute», Männer vom «Freiwilligen Arbeitsdienst» und «Reichswehrsoldaten». Ein paar Straßen sind abgesperrt. Unberührt wählt das Kind einen anderen Weg. «Ein Minister fährt durch unsere Stadt», – denkt es, – «natürlich sperrt man da die Straßen.» Daß in den Städten anderer Länder die Minister ihrer Wege gehn, ganz ohne daß man ihretwegen die Straßen sperrte, weiß das Kind nicht, und niemand wird es ihm sagen.

Irgendwo ist eine Baustelle. Die Arbeiter sind heut nicht am Platz, – wegen des «nationalen Anlasses». Aber am Gerüst ist, heut wie immer, das Schild zu sehen: «Daß wir hier arbeiten, verdanken wir dem Führer. Heil Hitler». Das Kind kennt das Plakat. Es kennt ungezählte solcher Plakate. Überall, wo gearbeitet wird, an Straßen, Kasernen, Sportplätzen, kann man es lesen: «Daß wir hier arbeiten, verdanken wir dem Führer. Heil Hitler». Macht das Kind sich deshalb Gedanken? Denkt es etwa darüber nach, wie auf den Bauplätzen anderer Länder gearbeitet wird, ganz ohne daß die Arbeitenden dies irgendeinem «Führer» zu danken hätten? Gewiß nicht. Aber der Satz lebt ihm in Kopf und Herz, wie ein Stückchen altvertrauter Melodie. «Natürlich», denkt das Kind, ohne es zu wissen, – «freilich doch, – daß sie hier arbeiten, verdanken sie dem Führer.»

Vorbei an Restaurants, Hotels, Hallenschwimmbädern führt sein Schulweg das Kind. Auch hier sind Aufschriften angebracht, aber sie heißen: «Juden ist der Eintritt verboten», – «Juden sind hier unerwünscht», – «Nicht für Juden!» Was fühlt das Kind beim Anblick solcher Plakate? Zustimmung? Auflehnung? Freude? Ekel? Gewiß nicht. Diese Plakate kennt das Kind seit beinahe fünf Jahren. «Natürlich», – denkt das Kind, – «freilich doch, – Juden ist der Eintritt verboten.» Weiter denkt es nichts. Zu stark sind die Gegebenheiten, zu altgewohnt bereits das Bild. Fünf Jahre im Leben eines neunjährigen Kindes, – sie sind in Wirklichkeit *das Leben* eines neunjährigen Kindes, denn die ersten vier Jahre sind Babyjahre, – erst mit dem fünften etwa beginnt die eigentliche, bewußte und wachsame Existenz.

Das Kind geht durch die Nazi-Straßen als ein Nazi-Kind. Nichts dort ist ihm auffällig, nichts der Erwähnung wert, oder gar der Kritik. Daß an den Zeitungskiosken beinahe nur noch Nazi-Zeitungen verkauft werden, ist selbstverständlich. Alle *deutschen* Blätter *sind* Nazi-Blätter, und alle ausländischen sind verboten, soweit ihr Charakter irgend unerwünscht ist den Nazi-Machthabern. Das Kind blickt auf die schreienden Überschriften, ohne sich zu verwundern. «Unerhörte Gewalttätigkeiten gegen das Deutschtum in der Tschechoslowakei», steht da, – «Jüdische Gangster regieren Amerika!!!», – «Kommunistischer Terror in Spanien vom Papst gebilligt», – «Wieder 150 Geistliche als Sexualverbrecher entlarvt!!»

«Natürlich», denkt das Kind, – «freilich doch, – so geht es zu in der Welt. Ein Glück, daß wir unsern Führer haben, der es den bösen Tschechen, Juden, Amerikanern, Kommunisten und Geistlichen schon zeigen wird.»

Kommen irgendwelche Zweifel dem Kind, mißfallen ihm grobe Tonart und hysterische Exaltiertheit der Meldungen? Hält es etwa gar für denkbar, daß solche Berichte gefärbt sein und in keinerlei Einklang mit den Tatsachen stehen könnten? Gewiß nicht. All dies gehört in den Nazi-Alltag, wie «Blockwart», «Hakenkreuz», «Heil Hitler» und «Juden ist der Eintritt verboten». All dies wirkt zusammen, um jene Atmosphäre zu schaffen, in der zu leben dem freigeborenen Menschen Qual bedeutet, – jene Luft, die zu atmen vergiftend ist. Die Kinder in Deutschland kennen keine reinere, denn diese weht überall, wo die Nazis regieren, und sie regieren überall und absolut, wo das deutsche Kind atmet, schläft, ißt, lernt, marschiert, heranwächst.

Wenden wir uns nun vom allgemein Atmosphärischen den drei Instanzen zu, die das Leben des Kindes bestimmen und denen seine Erziehung überantwortet ist. Blicken wir zunächst, als auf den engsten Kreis, der um das Kind gezogen ist, – auf *die Familie.*

Die Familie

Zwei der wichtigsten Kampfparolen des aufstrebenden «Nationalsozialismus» in den Jahren zwischen 1919 und 1933 hießen: «Rettet, mit Hilfe des Nationalsozialismus, die *Religion* vorm Bolschewismus, der sie bedroht!» und: «Rettet, mit Hilfe des Nationalsozialismus, die *Familie* vorm Bolschewismus, der sie vernichten möchte!»

Religion und Familie, das waren Begriffe von größter Bedeutung in Deutschland, und das deutsche Volk glaubte sich mit Recht in seinen Grundfesten bedroht, wenn es Religion und Familie bedroht glaubte. Der Nationalsozialismus wußte, was er tat, wenn er vor allem den großen deutschen Mittelstand mit der Nachricht erschreckte, Religion und Familie würden zerstört werden durch den Bolschewismus, der alle Rechte des Individuums aufzuheben gedächte, der Frau, Mann und Kind der Familie entreißen und dem alles beherrschenden Staat zuzuführen wünschte und der an Stelle der Religion eine Vergottung der Staatsmaschine einzuführen beabsichtigte. Der deutsche Bürger, religiöser Familienmensch von Natur, hörte mit Entsetzen die Schilderungen, die hier, offenbar in warnender Vorsorge, geliefert wurden, und es sagten sich der Ladenbesitzer, die Portiersfrau, der verheiratete Angestellte und die Tochter aus gutem Hause: Da diese «Nationalsozialisten» Familie und Religion zu verteidigen wünschen, muß man ihnen helfen.

Der Nationalsozialist Hans Schemm, der im Jahre 1933 Bayrischer Kultusminister wurde, veröffentlichte im Juli 1931 eine Kampfbroschüre, «Mutter oder Genossin», in der die Familie und ihr Recht im Staat sowie die individuellen Rechte der «Millionen Einzelpersönlichkeiten» innig gefeiert und das «Kollektiv» – der «völlig automatisierte, mechanisch funktionierende Massen-Apparat» – emphatisch verdammt wurden. Es ist heute seltsam zu sehen, mit welchem Eifer der spätere Nazi-Minister

Pläne und Ideen als «bolschewistisch» denunzierte, deren Verwirklichung durch die *Nationalsozialisten* in Deutschland buchstäblich vor der Türe stand. Und liest man bei Schemm unter der Überschrift «Religion – Familie»: «Brutale Maßnahmen leiteten diesen Kampf [gegen die Religion] ein... Das Kreuz und die Heiligenbilder wurden durch Sowjetsterne, rote Fahnen, Hammer und Sichel ersetzt...», so braucht man nur «Sowjetsterne», «Rote Fahnen», «Hammer und Sichel» mit dem «Hakenkreuz» zu vertauschen und man hat, was in Deutschland im Kampf gegen die Religion tatsächlich geschieht. «Selbstverständlich», fährt Schemm fort, «wird mit nicht zu überbietender Klarheit auch die Zerstörung betrieben, die sich auf die Familie bezieht. Man kann jedoch die Familie nicht zerstören, wenn man nicht vorher die Burg zerschlagen hat, welche das Kleinod Familie schützt. Diese festen Mauern sind die Wälle des Gebetes, des Gottesglaubens... über die verstummenden Gebete hinweg... stößt der Bolschewismus nunmehr in das Lebenszentrum des Volkes: Familie.»

Und wiederum genügt es, das Wort «Bolschewismus» durch das Wort «Nationalsozialismus» zu ersetzen, um eine leidlich zutreffende Schilderung von dem zu erhalten, was die Nazis gegen die Familie angerichtet. Die frühe Erkenntnis aber, daß Gottesfurcht und Familie als Begriffe zusammengehören für den deutschen Bürger und daß beide attackiert werden müssen, wenn auch nur einer zerstört werden soll, hat den Nazis gute Dienste geleistet.

«Es geht nicht nur um wirtschaftliche, finanztechnische, politische... die Vergesellschaftung der Produktionsmittel durchführende Maßnahmen, oh nein, es geht um die Aufhebung der Menschenwürde überhaupt, es geht darum, ob der freie Mensch in eine Herde willenloser Sklaven verwandelt werden soll!»

Wer hat das geschrieben? Wer hat diesen hochindividualistischen, demokratisch-liberalen (wenngleich grammatikalisch fehlerhaften) Warnruf ausgestoßen? Wer hat, im Jahre 1931 schon, so klar gesehen, was die Nazis damals vorbereiteten? Nun, die Nazis natürlich, Hans Schemm in diesem Fall, – der erste nationalsozialistische Kultusminister in Bayern. Zu verwundern freilich bleibt, wie hurtig im Jahre 1933 die Vorzeichen vertauscht wurden, so daß als weiß ausgegeben werden konnte, was eben noch schwarz war. «Rettet die Familie», hatten die Nazis geschrien, – «rettet die Religion!» In Wirklichkeit wußten sie sehr wohl, daß es nötig für sie sein würde, beide zu zerstören, Familie und Religion, wollten sie in den Besitz der unumschränkten Macht gelangen. So machten sie sich denn als «Retter» her über Familie und Religion der Deutschen und hofften unerkannt zu entkommen, wenn während der «Rettungsarbeiten» beide zugrunde gegangen sein würden, Familie und Religion. Alles ging glatt zunächst. Niemand schöpfte Verdacht, sehr allmählich nur dämmerte die Einsicht; das deutsche Volk, ein kirchenfrommes Familienvolk seiner Natur und Struktur nach, weiß heute, daß es um seine Kirchen und Familien nicht ums beste steht seit Hitler; während man Geistliche zu Hunderten verhaftete, fand man «friedlichere» Mittel, um der Familie los und ledig zu werden. Das deutsche Wort «gemütlich», unübersetzbar in andere Sprachen (ins Englische schon als eine Art Fremdwort eingegangen), es findet nur noch selten Anwendung auf das Leben der deutschen Bürger. «Gemütlich» war es hauptsächlich im Schoße der Familie. Die Familie aber ist der Auflösung nahe.

Jeder deutsche Staatsangehörige, Mann, Frau oder Kind, ist Mitglied zumindest einer Nazi-Organisation. Partei, Fachschaft, Frauen- und Mütterbünde, Hitlerjugend, Jungvolk, Bund Deutscher Mädel nehmen praktisch alle Zeit in Anspruch, die dem Einzelnen (neben Beruf, Hausarbeit, Schule) noch verbleibt. Schon aus simplem Zeitmangel also könnte das einzelne Familienmitglied sich den Seinen nicht mehr widmen, und das Familienleben hätte praktisch ein Ende sogar, wenn es tiefere Gründe für sein Absterben nicht gäbe. Eine Anekdote aus dem neuen Deutschland, die sich mit diesem Thema befaßt, entspricht durchaus der Nazi-Wirklichkeit, obwohl sie scherzhaft klingt: Der Vater kommt heim, findet niemanden zuhause. Ein Zettel liegt auf dem Tisch: «Bin im NS-Frauenbund. Komme spät zurück. Mutter.»

Da legt er seinerseits einen Zettel hin: «Gehe auf die Partei-versammlung. Es wird spät werden. Vater.»

Als nächster kommt Fritz, der Sohn. Er hinterläßt einen Zettel: «Haben Nachtübung, wird bis morgen dauern. Fritz.»

Hilda, die Tochter, ist die letzte. Sie schreibt auf: «Muß auf Nachtversammlung des BDM. Hilda.»

Als die kleine Familie sich gegen zwei Uhr morgens zusammenfindet, sind Diebe dagewesen und haben alles gestohlen, was nicht niet- und nagelfest war, – die Wohnung ist kahl und leer. Auf dem Tisch aber liegt ein fünfter Zettel: «Daß wir hier stehlen konnten, danken wir unserm Führer. Heil Hitler! Die Diebe.»

Die Zerstörung der Familie ist kein Nebenprodukt der Nazi-Diktatur, – sie stellt die Bewältigung einer Aufgabe dar, welche das Regime sich stellen mußte, wenn es sein Ziel erreichen wollte; und dieses Ziel ist die Eroberung der Welt durch die Nazis.

Soll aber die Welt den Deutschen (sprich Nazis, – denn wer kein Nazi ist, kann, in Hitlers Augen, auch kein Deutscher sein), – soll aber die Welt den Nazis gehören, dann müssen zunächst die Deutschen den Nazis gehören. Sollen aber die Deutschen den Nazis gehören, dann dürfen sie niemandem sonst gehören, – nicht dem lieben Gott, nicht ihrer Familie, nicht sich selbst.

Und so hat man den Deutschen zunächst die Zeit genommen, die sie ihrer Familie zu widmen pflegten, und hat diese Zeit dem Nazi-Staat zur Verfügung gestellt. Bloßer Zeitmangel aber hätte nicht genügt, um das deutsche Familienleben von Grund auf zu zerstören. Es bedurfte giftigerer Mittel, Mittel psychischer, seelischer Natur. Die Zersetzung der Familie begann erst mit dem Augenblick, in dem das Mißtrauen innerhalb der Familie groß geworden war. Erst als der Vater anfing, der Mutter zu mißtrauen, die Mutter der Tochter, die Tochter dem Sohn, der Sohn dem Vater, war die Familie wirklich gefährdet. Da wagte keiner mehr, sich dem andern mitzuteilen; da jedes Wort hinterbracht, jede Geste mißverstanden und verraten werden konnte, war die Familie sinnlos, das Leben in ihr qualvoll geworden. Die Liebe zum Führer, die Treue gegen den Staat ist plötzlich oberstes Gebot, und eifersüchtig wachen die Nazis über seiner Erfüllung. Nicht mehr sind Privatwohnung und Familienhaus wichtigster Aufenthalt der Familienmitglieder. Wichtigster Aufenthalt sind Versammlungsraum und Parteilokal. Dort spielt sich ab, was entscheidend ist, – «daheim» gibt es nur noch nebenher. Wer sein «daheim» zu ernst nimmt, wer zu viel Zeit dort hinbringt, wer sich als «Familienmensch» fühlt mehr denn als «Nationalsozialist», dessen Situation ist outsiderisch und gefährdet.

Das Kind aber sieht sich hin- und hergerissen zwischen den Instanzen, denen sein Leben überantwortet ist, – der Schule und der Hitlerjugend auf der einen und der Familie auf der andern Seite. Es spürt, wie diese Instanzen um sein Seelchen kämpfen, hört, wie die Lehrer (heimlich) murren, wenn die Hitlerjugend gar zu zeitraubend geworden, sieht, wie die Eltern (heimlich) die Stirn runzeln, wenn für zuhaus die Zeit nicht mehr reicht. Es merkt aber auch, daß sie alle Angst haben, ja daß die Angst Beweggrund ist für das meiste im Leben. Aus Angst verschweigen die Erwachsenen, aus Angst verleumden sie einander, – oft belügen sie sogar das Kind, – Angst haben sie also auch vor kleinen Kindern. Das Heldentum, von dem sie immer sprechen, hat damit wahrscheinlich nichts zu tun. Und es denkt das Kind: ich weiß es ja selber: ich habe keine Angst bei den Schießübungen, obwohl doch schon viel Unglück passiert ist dabei. Wenn wir aber zuhause die Rede von Goebbels am Radio nicht mit angehört haben, dann habe ich die schrecklichste Angst. Ich habe Angst, der Lehrer könnte dahinterkommen am nächsten Morgen, und ich könnte bestraft werden; der Lehrer könnte meine Eltern anzeigen, mein Vater könnte seine Stellung verlieren und aus der Partei gestoßen werden, was das Schlimmste wäre. Ich habe die schrecklichste Angst. Und ebenso geht es meinen Eltern. Deshalb *hören* wir ja auch die meisten Reden von Goebbels an, und wenn wir sie einmal nicht angehört haben, dann lügen wir, – ich in der Schule, der Vater in der Fachschaft und die Mama auf dem Markt. Aus Angst lügen wir dann alle.

So denkt das Kind, und es weiß, daß alle Menschen in

Deutschland Angst haben, obwohl das deutsche Volk «heldisch» ist. Am meisten Angst aber haben vielleicht die Eltern, – alle Eltern, das spürt das Kind, denn sie werden verantwortlich gemacht für ihr Kind, und haben doch allen Einfluß längst verloren.

Das Familienleben also ist nicht mehr «gemütlich» (Zeitmangel aller Beteiligten, – Mangel an Vertrauen!). Das Familienleben ist der Zärtlichkeit beraubt, und der schützenden Fürsorge des einen für den andern, der Eltern vor allem für das Kind. «Die deutsche Jugend gehört dem Führer», erklärt immer wieder der «Reichsjugendführer» Baldur von Schirach. Und wenn das Kind, auf dem Schoß der Mutter, heutzutage fragt: «Gehöre ich dir, liebe Mama? Aber ich möchte dir gehören?!», so antwortet die Mama: «Nein, mein Liebling, du gehörst dem Führer.» Steht aber hinterm Stuhl der Vater und sagt er etwa: «Bring doch dem Kind nicht solchen Humbug bei, liebe Grete. Natürlich gehörst du uns, der Mama und mir, mein Baby, und keineswegs dem Führer!», – dann ist das Unglück geschehen, etwas Verbotenes und Strafbares ist gesagt worden, es wird, mindestens, Zank und Streit geben. Das Kind hört die Mutter flüstern: «Vorsichtig, vorsichtig, Otto, – kannst du denn nicht aufpassen?» Der Vater antwortet: «Aufpassen? Vor wem denn? Das kleine Kind wird mich ja in Gottesnamen nicht anzeigen!» Aber die Mutter wispert: «Schrei doch nicht so, – das Mädchen könnte dich hören. Die Lehrerin im Kindergarten übrigens fragt alle Kinder, was daheim gesprochen wird, – und unser Baby sagt bestimmt die Wahrheit, – es ist noch zu klein zum Lügen!»

Das Kind spitzt die Ohren: So also ist das: die Mutter hat etwas gesagt, der Vater hat gesagt, es ist Unsinn; jetzt haben sie beide Angst, jemand könnte gehört haben, was sie reden und das Kind könnte etwas erzählen im Kindergarten, – denn es ist «noch zu klein zum Lügen».

Ich werde es schon lernen, denkt das Kind, – bis ich groß bin, werde ich das Lügen schon lernen.

Ist das Kind ein Knabe und schon beim «Jungvolk» der «Hitlerjugend», wehrt es sich mit aller Härte gegen die liebende Zärtlichkeit der Mutter. Nichts fürchtet er mehr als das Gefühl, sein eigenes Gefühl, das ihn manchmal heißt, der lieben Mutter um den Hals zu fallen und zu weinen, wenn er abends nach Haus kommt und alles tut weh vom Marschieren, die Füße und der Rücken, und alles ist starr von Staub und Schweiß, und seine Hand blutet, und er ist doch erst 10 Jahre alt. Er fürchtet das Gefühl wie etwas, das ihn vernichten müßte in den Augen seiner Vorgesetzten und Kameraden, obwohl es so schön ist. Er hat gelernt: «Muttersöhnchen faulenzen, wenn sie müde sind und auch sonst, Muttersöhnchen heulen, wenn ein Schlag sie trifft. Muttersöhnchen laufen nach Hause, wenn es draußen regnet oder stürmt. Muttersöhnchen kennen weder Nachtmarsch noch Kriegsspiel, bringen es nie fertig, müde von Arbeit und Beruf zu sein und dennoch Dienst zu tun. Muttersöhnchen kennen nicht die Rauheit der Wälder und die Steine der Berge, kennen nicht die staubigen Landstraßen und das Leben der Zeltlager; Muttersöhnchen maunzen auf weichen Kissen und schlafen unter seidenen Decken. Jungvolkjungen sind hart.» («Morgen», Zeitschrift des «Jungvolk»)

Ein Muttersöhnchen heißen, das wäre das Schlimmste für das Kind. Also beißt es die Zähne zusammen und, da die Mutter ihm doch einen Kuß geben möchte, ehe es schlafen geht, wendet es sich ab, wobei es männlich die Stirn runzelt. Dieser Kuß, so spürt es, wäre imstande, mich um meine mühsam bewahrte Fassung zu bringen. Ich würde zärtlich und sanft werden unter diesem Kuß, ich würde vielleicht sogar weinen. – Also humpelt der kleine Soldat eilends in sein Zimmer, während die Mutter ihm ratlos nachschaut.

Um sich die Zeit zu vertreiben, bis der Gatte aus der Versammlung heimkommt, liest sie ein wenig in einer Broschüre, die sie vom Tisch nimmt. Da steht «Mutter», – dann kommen ein paar Verse:

«Auf seiner durchschossenen Brust man fand
Eine Locke, grau mit verblichenem Band.
Darauf eine Inschrift zeigte sich:
Mein lieber Sohn, ich bete für Dich.»

Und anschließend bemerkt der Herausgeber (es ist wiederum Hans Schemm!): «Das erste und das letzte Anrecht auf das Kind hat die Mutter, die es von Gott empfangen und dorthin wieder zurückgibt.»

Die Mutter legt das Heft weg und schließt die Augen. «Auf seiner durchschossenen Brust...» und «das erste und das letzte Anrecht...» Ist das Hohn?

Sie geht hinüber in sein Zimmer, die Mutter, um zu sehen, ob er schläft. Da liegt er, flach auf dem Rücken, Stiefel und Hosen hat er auf den Boden geworfen, das braune Hemd klebt ihm noch am Leibe. Gewaschen hat er sich nicht, – die Handtücher, die sie ihm zurechtgelegt hat, sind unberührt. Er schläft mit offenem Mund, und eine Strähne seines blonden Haares, das staubfarben aussieht, fällt ihm steif in die Stirn. Um die Hand hat er ein Taschentuch gewunden, etwas Blut sickert nach außen.

Dieser da gehört nicht mir, weiß die Mutter, – er gehört dem Staat, der ihn in den Krieg schicken wird, sobald er groß ist, dem Staat, der ihn mir jetzt schon entfremdet und weggenommen hat, der ihn marschieren und schießen läßt und der ihn gelehrt hat, daß die Treue zum Staat über alles geht, – auch über die Liebe zu mir. Die Mutter steht mitten im Zimmer und wartet, daß etwas geschehe. Das Söhnchen könnte sich bewegen im Schlaf, es könnte nach ihr rufen oder doch etwas murmeln, irgendetwas Freundliches, aus dem hervorginge, daß es ihrer gedächte in seinen Träumen, – aber nichts geschieht. Der Junge schläft, wie ein Stein, er rührt sich nicht, man könnte meinen, er liege in Ohnmacht. «Überanstrengt hat man ihn wieder», flüstert die Mutter, und sie weiß, daß der Hausarzt in aller Vorsicht und in der diplomatischsten Art vor den Gewaltmärschen gewarnt hat für ihren Jungen. «Er ist nicht der kräftigste», weiß sie, – «man wird ihn mir noch zu Grunde richten.»

Sie schaut sich im Zimmer um und schüttelt ein wenig den Kopf, wobei sie betrübt lacht. Ist dies das *Spielzimmer* eines Zehnjährigen? Wo sind die Spielsachen, wo die Indianerausrüstung, der Zauberkasten, das Pferderennspiel? Wo sind die Bücher ihrer eigenen Kindheit, all die bunten Geschichten von Abenteurern, Märchenprinzen und verwunschenen Tieren? Sie tritt vor das kleine Bücherregal und liest die Titel der Werke, die ihr Sohn liest, falls man ihm zum Lesen Zeit läßt, und die man ihm vorliest während der langen «Kameradschaftsabende».

«Fliegerhorst im Erlenbusch», liest sie, – «Aus dem Leben der jungen deutschen Luftwaffe», – «Die Infanterie marschiert», – «Das Kolonialheft der deutschen Jugend», – «Peter, der Soldatenjunge», – «Das Soldatentum der Schwester Kläre».

Sie selbst hat ihm diese Bücher schenken müssen, sie erinnert sich wohl, und gelegentlich hat sie ihn gefragt, ob er sie denn gerne läse. «Natürlich», hat er geantwortet und sie fremd und böse angeschaut, – «natürlich, – was soll ich denn sonst lesen?»

Was soll er schließlich sonst lesen?, seufzt die Mutter, – und sie betrachtet sich die «Spielsachen», die hier herumliegen und -stehen: mehrere Landkarten, eine Büste des Führers, ein scharfgeschliffener Dolch, ein kleiner Revolver, der gefährlich aussieht und es wahrscheinlich auch ist, – ein paar Zinnsoldaten, – eine Gasmaske. Die Gasmasken sind kürzlich erst verteilt worden an die Kinder, und der Junge, der sonst jetzt immer so ernst ist, hat sich bei dieser Gelegenheit einen Scherz mit ihr gemacht. Erschreckt hat er sie mit dem häßlichen Ding, das aussieht wie ein Rüssel; ganz steif und tot war er auf dem Fußboden gelegen, die Gasmaske vorm Gesicht, als sie eines Mittags nach Hause kam. Da sie zitternd vor Angst, er möchte erstickt sein, näher trat, war er aufgesprungen und hatte gelacht. «Nerven!? Mama, – Nerven! Was willst du erst machen, wenn es, *endlich*, ernst ist!?» hatte er gerufen und war davongegangen, – fröhlich die Hand mit der Gasmaske schlenkernd.

Sie steht noch immer mitten im Zimmer, die Mutter, und mag sich nicht trennen vom Anblick ihres reglos schlafenden Söhnchens. Was für Kinder, – denkt sie, – was für seltsame Kinder. Dieser war fünf, als es anfing, mit Hitler, er kennt nichts als die Hitler-Welt, die uns seither umgibt. Lebt er gerne so? Aber diese Kinder wissen nicht, daß man auch anders leben kann!? Sie spielen nicht, – sie verstehen gar nicht, was spielen ist. All ihre Phantasie und Einbildungskraft sucht man nutzbar zu machen, nutzbar dem einen Ziel: der Eroberung der Welt durch die Nazis...

Solche Gedanken freilich verschließt die Mutter tief in ihrer Seele, – keiner darf wissen, daß sie sie gedacht, – oder vielmehr in welchem Sinne sie sie gedacht. Denn gedacht werden dieselben Gedanken auch von den obersten Herren des Nazilandes. Baldur von Schirach etwa, der «Reichsjugendführer», macht sich über die Spielwarenhändler lustig und über ihr Wehgeschrei, weil in Deutschland Spielzeug unverkäuflich geworden sei.

Er könne den Herrn nicht helfen, sagt er, – die Pimpfe seien nun einmal militärisch von Natur und «ausschließlich interessiert an Zelt, Kompaß und Landkarte».

So spricht mit Stolz der «Reichsjugendführer», die höchste Instanz im Leben des deutschen Kindes. Die Eltern, altmodische, überholte Instanzen ihrerseits, mögen gelegentlich versuchen, das Kind in ein kindliches Privatleben zurückzuholen. Sie geben eine Geburtstagsgesellschaft, kaufen zivile Geschenke, – einen Malkasten, ein Geduldspiel, ein silberig glitzerndes Fahrrad. Sie zünden Kerzen an auf der Geburtstagstorte, – 12 Kerzen, denn der Sohn wird 12 Jahre alt, – und nun freuen sie sich auf das festliche Durcheinander, das alsbald beginnen wird, wenn die Gäste da sind, – auf den Trubel und die lustige Unordnung. In Wirklichkeit verläuft das kleine Fest wie eine politische Konferenz. Sechs Jungen waren eingeladen, fünf sind jetzt zur Stelle. Der Sohn des Hauses ist unruhig und herabgestimmt. «Wer fehlt noch?» fragt die Mutter und der Junge antwortet: «Siehst du denn nicht, wer fehlt? *Er* fehlt, – Fritzekarl!» «Wie schade», sagt die Mutter, – «gerade Fritzekarl», und sie weiß, daß Fritzekarl, zwei Jahre älter als ihr Junge, dessen Führer und Vorgesetzter im «Jungvolk» ist. Seine Anwesenheit auf diesem Fest ist von größter Bedeutung, kommt er nicht, so ist das ein Zeichen seiner Ungnade, und die Stimmung wird verdorben sein. Die Jungen umstehn den Geburtstagstisch und wissen mit den Spielsachen nichts anzufangen. Das Fahrrad freilich gefällt ihnen, sie lassen die Glocke klingeln (geradezu kindlich, denkt erlöst die Mutter) und untersuchen die Qualität der Reifen. Und die Mutter weiß, wie schwierig es war, ein Rad mit wirklichen Gummireifen aufzutreiben. Gummi ist kaum mehr zu kriegen, heutzutage, nur mit Hilfe seiner leidlichen Partei-Beziehungen, mit Hilfe eines lächerlich hohen Geldbetrages und mit Hilfe der Tatsache, daß es sich um ein Jungensrad handelt, – für einen Jungvolkknaben, nicht um ein Rad für ein Mädchen, das doch niemals in den Krieg gehen wird! – hat der Gatte es schließlich geschafft. Dem blanken Gegenstand war eine Nummer des «Deutschen Radfahrer» gratis beigegeben, – einer der Jungen blättert in der Broschüre und liest:

«... Präge dir Wege und Stege, Dörfer und Städte, charakteristische Kirchtürme und andere markante Punkte ein, daß du sie nicht vergißt. Merke dir die Namen von Orten, Flüssen, Seen, Höhenzügen und Bergen. Kommst du an eine Brücke, soll es dir Spaß machen, sie auf ihre Bauart und das dazu verwendete Material zu untersuchen. Lerne messen und schätzen die Breite der Flüsse, ob sie in Furten durchwatet werden können und ob du sie in der Dunkelheit finden würdest. Vielleicht kannst du alles einmal zum Wohle deines Vaterlandes verwerten.»

«*Soll* es dir Spaß machen!» sagt einer der Jungen und lacht ein bißchen, – «zum Wohle deines Vaterlandes», wiederholt ein anderer und nimmt die patriotische Broschüre an sich, – «darf man nicht auch mal radfahren, ohne daß es gleich ‹zum Wohle des Vaterlandes› ist?» Aber die Buben schütteln die Köpfe. Nein, scheinen sie zu sagen, das darf man eben nicht.

Sie sind alle in ihrer «Hitlerjugend»-Uniform, ob aus Enthusiasmus für diese Verkleidung oder aus Angst, sich in Zivil bei Fritzekarl mißliebig zu machen, fragt sich die Mutter. Es klingelt, und der Sohn des Hauses stürzt zur Tür. Man hört seine helle Stimme «Heil Hitler» rufen, und eine andere, schon gebrochene «Heil Hitler» antworten. Die fünf am Gabentisch fahren herum, wie kommandiert. In zusammengenommener Haltung, ganz ernst die Gesichter, erwarten sie ihren Vorgesetzten, dem sie mit emporgeworfenen Armen den «deutschen Gruß» erweisen. Fritzekarl überreicht dem Geburtstagskind eine gerahmte

Photographie des «Reichsjugendführers» Baldur von Schirach mit faksimilierter Unterschrift. Der Beschenkte schlägt die Absätze zusammen, während er die Gabe in Empfang nimmt. «Ich möchte deinen Vater sprechen», sagt Fritzekarl kurz. Da ihr Sohn nicht gleich antwortet, sagt die Mutter freundlich: «Mein Mann ist im Augenblick nicht zu sprechen, – er arbeitet.» Fritzekarl runzelt die Kinderstirn. «Es wäre mir lieb», sagt er und sucht seiner gebrochenen Knabenstimme den militärischen Befehlston zu geben, – «es wäre mir lieb, gnädige Frau, wenn der Herr Gemahl trotzdem einen Augenblick zu sprechen wäre, – im Interesse Ihres Sohnes.» Wie korrekt und höflich er ist, dieser Fritzekarl, bei aller Herrischkeit – er verbeugt sich sogar leicht gegen die Mutter während seiner drohenden kleinen Ansprache. «Vierzehn Jahre», – denkt die Mutter, – «ein Vierzehnjähriger, aber hinter ihm steht die Macht.» Der Sohn tut einen Schritt auf die Mutter zu, – er ist ganz rot geworden und sagt: «So ruf ihn doch!» Da geht die Mutter, um den Vater zu rufen. Der Vater erscheint. «Heil Hitler», ruft Fritzekarl, – «Heil Hitler», sagt der Vater, – «womit kann ich dienen, Herr Leutnant?» Aber scherzen darf man mit Fritzekarl nicht. «Bitte», sagt er und blickt martialisch aus seinem Kindergesicht, – «bitte, – Ihr Sohn hat an unserer letzten Übung nicht teilgenommen.» «Ich weiß», unterbricht hier der Vater, – «er war erkältet.» «Er hat auf Ihre Veranlassung nicht teilgenommen», sagt Fritzekarl, und seine Stimme überschlägt sich, – «Sie haben mir da einen Entschuldigungswisch geschickt, in dem es heißt, daß er auf Ihren Wunsch zuhause bleibt.» Der Vater blickt zu Boden. «Es ist in der Tat mein Wunsch, daß er zuhause bleibt, wenn er so sehr erkältet ist», sagt der Vater und tritt von einem Fuß auf den andern, wie ein Kind, das gescholten wird. Hier greift der Sohn ein. «Ich war gar nicht so sehr erkältet», sagt er, die Hand auf der Lenkstange des Fahrrades, das der Vater für ihn erkämpft hat. «Ich hätte ganz gut gehen können.» Der Blick, mit dem der Vater ihn nun umfängt, enthält Schmerz und Verwunderung, aber auch schon viel Resignation. «Na», sagt er nur und will aus dem Zimmer. Aber Fritzekarl hält ihn zurück. «Einen Augenblick», sagt er höflich und gebieterisch. «Ihr Sohn war an diesem Tag in der Schule und am nächsten Tag ebenfalls. Er war also nicht *krank*. Ich mache Sie darauf aufmerksam, daß er hätte kommen müssen und daß es mein Recht ist, ja meine Pflicht wäre, sein Fernbleiben zu *melden*!» Statt des Vaters antwortet da der Sohn. «O, bitte», sagt er schnell, – «bitte nicht! Es soll nie wieder vorkommen, – nicht wahr, Vater, es wird nie wieder vorkommen!» Der Vater, dessen Gesicht jetzt rot ist vor Verlegenheit und Zorn, spürt den verzweifelten Blick seiner Gattin auf sich ruhen. Er möchte sich auflehnen. «Du Lausbub», möchte er sagen, «du grüner Junge, – was nimmst du dir heraus?!» Aber er weiß, dies würde die unangenehmsten Folgen haben für ihn selber und, vor allem, für seinen Sohn. Denn selbst wenn es ihm gelänge, sich bei den Nazistellen zu verantworten, wenn er nachwiese, daß der Junge wirklich sehr erkältet gewesen und Fritzekarl frech geworden sei, und wenn er sich also persönlich ohne sichtbaren Schaden aus der Affäre zöge, – der Junge würde schrecklich zu leiden haben im Jungvolk, – er würde es schließlich ausbaden müssen, wenn er, der Vater, sich jetzt ein offenes Wort gönnte; – auf seine, des Jungen, Kosten würde er jetzt «mutig» sein. Und so versichert er denn stockend und steif in die Stille hinein: «Nein, es wird gewiß nicht wieder vorkommen.»

«Ich danke», erwidert ihm höflich der vierzehnjährige Vorgesetzte seines verräterischen Söhnchens. Dann ist der Vater entlassen.

Seinem Unwillen über die Begegnung mit Fritzekarl kann er nirgends Luft machen. Überall sind Lauscher und Spitzel zu gewärtigen, – unter den Kollegen, am Stammtisch, im eigenen Hause. Die Frau erzählt alles dem Sohn, – nicht aus Tücke, bewahre, – nur aus Torheit und weil sie den Jungen zurückgewinnen möchte, da er ihr doch ganz zu entgleiten droht. Besonders zu fürchten ist das neue Dienstmädchen. Der Vater weiß, daß sie an den Türen horcht, daß sie alle Briefe und Tagebücher liest, die man irgend herumliegen läßt, und daß sie einen Flirt mit dem Blockwart unterhält. Der Blockwart aber kann die Familie vernichten, und der Junge, der gewiß den Vater nicht anzeigen würde (im Grunde ist er gutartig, denkt dieser), braucht nur dem Dienstmädchen etwas zu erzählen, irgend ein paar Äußerungen, die irgendwann gefallen, das Mädchen läuft zum Blockwart, dieser läuft zur Gestapo, und alles geht weiter seinen schrecklichen Gang. Entschlösse man sich aber gar, das Mädchen zu entlassen, dann wäre ihre Rache zu fürchten, und alles wäre doppelt im Argen.

Nichts hilft als Vorsicht und die größte Verschlossenheit. Vorsichtig und verschlossen sind Väter, Mütter und Kinder im Dritten Reich. Meist leben sie nebeneinander her, wie Fremde, oder wie Feinde.

Ein Junge ist siebzehn Jahre alt, – Aristokrat, zart von körperlicher Beschaffenheit, interessiert, der Zeitströmung zum Trotz, an geistigen Dingen, – und sein Wunsch ist es, Philosophie zu studieren. Eines Tages aber beschließt er, stattdessen in eine von Hitlers «Leibstandarten» einzutreten. Er ist groß und gutaussehend, er ist ein Graf. Seine «rassische Erbmasse» gilt für erstklassig, – im Turnen zwar hat er nie brilliert, aber mit Hilfe seines Namens und seiner Entschlossenheit wird er es schon schaffen. Er kämpft um die Aufnahme in die Standarte wie um die Erfüllung eines Lieblingstraumes. Ausländische Freunde, die ihn täglich blasser und verzweifelter aussehend finden, dringen in ihn, – was ihm denn fehle, – er solle doch den Mut nicht verlieren, und es werde schon klappen. Der Junge schüttelt verzweifelt den Kopf. «Das ist es ja eben», – antwortet er, – «bestimmt wird es klappen, – dann bin ich in der Leibstandarte, und alles, alles ist zu Ende.»

Die Ausländer verstehen nicht. Warum er denn so leidenschaftlich um etwas kämpfe, was er so leidenschaftlich verabscheue, wollen sie wissen. Da bricht der Junge zusammen. Er läßt die ausländischen Besucher geloben und schwören, niemandem ein Wort zu sagen, – auch der Familie nicht. Dann erzählt er, der Vater sei doch so sehr gegen die Nazis, er hasse sie, er sei unvorsichtig und widerspenstig. Seit Jahren weigere er sich, in die Partei einzutreten, und er, der Sohn, wisse, daß er sich in Gefahr befinde. «Sie werden ihn abholen, eines Tages», sagt der

Junge, – «er ist mißliebig –; ein Graf, der nicht mittun will, das ist eine böse Sache, – sie sind hinter ihm her.» Die Besucher begreifen. «Und deswegen?» sagen sie. Der Junge nickt. «Es muß etwas geschehen», sagt er, – «wir müssen zeigen, daß wir gute Nazis sind und nicht ‹hochmütige Aristokraten›. Ich hasse die Nazis!» ruft der Junge und hebt verzweifelt die hübschen schmalen Hände, – «bei Gott, – ich hasse sie. Aber ich gehe in die Leibstandarte, – denn meinem Vater sollen sie nichts anhaben!»

Erschrocken ziehen die Besucher sich zurück. Da sie, ein paar Stunden später, den Vater sprechen, sagt dieser: «Und der Junge will partout zur Leibstandarte. Scheußlich, – wie? Aber was soll ich machen? Er *weiß*, daß mir das Ganze ein Greuel ist, und trotzdem will er gehen. Ich werde ihn gewiß nicht zu hindern suchen, – und am Ende zeigt mich der Bursche noch an!?»

Wie Fremde und wie Feinde leben die Mitglieder einer Familie nebeneinander her.

Leidet nun das deutsche Kind unter solchen Verhältnissen? Ist es verzweifelt im allgemeinen, ist es, subjektiv, *unglücklich*? *Weiß* es von der *objektiven* Unglückseligkeit seiner Lage, – *realisiert* es, zum Beispiel, den betrüblichen Verlust alles Privat- und Familienlebens? Aber der Mensch, das ist bekannt, und voran der Deutsche (das hat er im Kriege bewiesen!), gewöhnt sich, wenn nötig, an beinahe alles. Und die Kinder, deren schmiegsame Natur so aufnahmewillig ist für das «Neue», oder für das, was sich dafür ausgibt, – scheinen vor allem geeignet, sich den neuen Gegebenheiten zunächst einmal kritiklos anzupassen. Zur Besinnung aber läßt man sie nicht kommen. Besinnungslos akzeptiert und lebt das deutsche Kind das Nazileben, – denn erst war es «neu» dies Leben, und sehr rasch ist kein anderes mehr bekannt. Das Kind freilich ist nun unheiter im Durchschnitt, nicht ernsthaft, – grausam, nicht mutig, – hart, nicht charakterfest, – verschlagen, nicht klug, – unkindlich, nicht reif. Unglücklich aber, verzweifelt oder gar rebellisch ist das deutsche Kind vorläufig im Durchschnitt wohl nicht. War denn die Generation, der wir angehören und die 1914 etwa acht Jahre zählte, subjektiv unglücklich während des Krieges? Waren wir aufsässig? –

Glaubten *wir* etwa *nicht* alles, was unsere Heeresleitung uns glauben machen wollte? Zugegeben, daß die Hitler-Regierung sehr viel weiter geht in ihren Forderungen an die Glaubensbereitschaft des Volkes als die kaiserliche ging damals an die unsere, – dafür aber vertreten die Nazis ihre Forderungen auch mit sehr viel mehr Nachdruck und Apparat. Auch können sie ihren Apparat ganz und ungeteilt auf die Bekämpfung des «inneren Feindes» einstellen, während von 1914 bis 1918 doch andere Sorgen urgent waren.

Die völlige Abgeschlossenheit freilich der Naziwelt, in der das deutsche Kind heranwächst und die es davor behütet, jetzt schon wissend und also subjektiv unglücklich zu sein, kann und muß dazu führen, daß eben dieses Kind, herangewachsen, eines Tages von der Wahrheit getroffen wird wie vom Blitz. Die Wahrheit wird für den jungen deutschen Menschen der Zukunft, *außer* der Macht, die ihr für uns alle innewohnt, die Gewalt des Ungeahnten, des überwältigend Neuen, ja, der Offenbarung gewinnen, – daran ist kein Zweifel.

Noch aber, – auch hieran kann nicht gezweifelt werden, – ist die Wahrheit *nicht* eingedrungen in die Köpfe der deutschen Kinder. Noch sind sie unwissend, – noch *wissen* sie nicht einmal, daß sie *unglücklich* sind. Manche freilich leiden; – unter dem Druck der ewig sich wiederholenden Propagandamaschinerie, unter der Gleichförmigkeit der Tage, die freudlos sind, trotz der unentwegten und immer neu-diktierten Feierstimmung, die man ihnen mitteilt. Viele leiden, weil sie jetzt nie mehr allein sein dürfen. Manchmal, – für ein paar Stunden nur, wünschten sie wohl, sich selber überlassen zu bleiben, sich Geschichten auszudenken, bunte Bildchen zu malen, Märchen zu lesen.

Deutsche Kinder, die, wegen der unzureichenden Ernährung daheim, für die Ferien in die Schweiz geschickt worden waren, wußten meist während der ersten Woche sehr wenig mit sich anzufangen. Die Freiheit, die ihnen plötzlich geschenkt war, empfanden sie als Öde; leer war der Tag, ohne Kommandos. Erst allmählich, da man sie ermutigte und auf ihre kleinen Persönlichkeiten einging, fanden sie sich zurecht, wurden lustig und gelockert. Nun konnten sie auch stundenlang mit einem Buch im Garten sitzen, eingesponnen in eine kindliche Fabelwelt, die ihnen daheim verloren gegangen. Auch an die normale Verpflegung übrigens mußten sie sich erst gewöhnen. Zunächst konnten sie sich, ganz wie die deutschen Ferienkinder während des Krieges, nicht satt essen an den guten Eiern, der fetten Milch, dem weißen Brot, das ihnen hier plötzlich geboten wurde. Sie aßen zuviel von den Köstlichkeiten und wurden krank davon. Sehr bald aber blühten sie auf und nahmen nun ebenso gleichmütig Fülle und Freiheit dieses Ferienlandes hin wie daheim Drill und Kargheit. Daß diese Kargheit nachgerade groß ist in Deutschland und daß besonders die heranwachsende Jugend (objektiv) unter ihr zu leiden hat, ist bekannt. Es hapert mit der Versorgung auf beinahe allen Gebieten, – längst sind die Fette rationiert, längst sind gutes Fleisch, frische Eier, reines Mehl zu kostbaren Raritäten geworden. Die Brotkarte sogar, diese gefürchtetste Einrichtung der späten Kriegsjahre, scheint unvermeidlich, und schon heute ist das Brot schwarz, feucht, durch Kartoffel- und andere Zusätze verdorben, für empfindliche Mägen kaum mehr verdaulich. Die Kinder aber, denen körperlich so Strapaziöses zugemutet wird, sind besonders betroffen. Rezepte in neudeutschen Kochbüchern verraten mehr über den Stand der Dinge als die offiziellen Berichte. Ratschläge, wie mit Ersatzfett, mit Haferflocken und ganz ohne Eier eine «vorzügliche, schmack- und nahrhafte Torte» hergestellt werden könne, sind nichts seltenes. Statt des Fleisches, das ohnedies «sehr ungesund» sei, wird schon wieder, ganz wie im Krieg, der «gute Dörrfisch» empfohlen. Die «Deutsche Frauenzeitung» (Nr. 14) kommt mit sehr aufschlußreichen Ratschlägen. Über die Verwendung von schimmliger Marmelade etwa meint sie: «Hat sie nur ein paar kleine Tropfen [nämlich Schimmel], heben wir diese ab und verwenden die Marmelade sofort zu einer Süßspeise oder Marmeladenschnitten. Ist viel Schimmel darauf, heben wir diesen und etwas Marmelade darunter ab und kochen nochmals auf. Dann auch schnell verwenden.» Auch ranzige Butter wird man, nach der «Frauenzeitung», keinesfalls verkommen lassen: «Die kostbare Butter», schreibt das Blatt, «schmeckt ranzig. Wir kneten sie in Salzwasser gut durch, genügt das noch nicht, braten wir sie mit Zwiebeln aus und können sie dann gut für Bratkartoffeln, Fleischbraten oder Gemüse verwenden.» – Und die Menüs, die von den Hausfrauenblättern zusammengestellt werden, klingen nicht weniger bedrängt. «Vorbachs Frauenzeitung» schlägt für Mittwoch abend (nachdem es schon mittags nur «Berliner Brühkartoffeln und Flammerie» gegeben hat) «Weißen Käse mit Leinöl» vor. Das ist wenig. Und es ist nicht zu verwundern, daß deutsche Kinder, in normale schweizerische oder holländische Verhältnisse verbracht, zunächst einmal zusammenklappen. Das Familienleben daheim aber, soviel ist sicher, wird durch die materielle Situation nicht gewinnen, das Beisammensein im Schoße der Familie wird nicht heiterer, nicht «gemütlicher» werden durch das Unerquickliche, was da auf den Tisch kommt.

Ist nun das Leben in der Familie für das *deutsche Kind im allgemeinen* nebensächlich oder problematisch geworden, – um wieviel schwieriger liegt der Fall für das *deutsche Kind jüdischer* oder «*nichtarischer*» *Abstammung*. Alles Unglück, alles Pariatum, alles Ausgestoßen- und Verachtetsein kommt dem «nichtarischen» Kind von seinen Eltern. «Hätte ich nicht diese Eltern», denkt das Kind, «sondern andere, – arische, – bessere, – ich könnte glücklich sein wie die anderen, ich könnte zu ihnen gehören, ich dürfte mit ihnen marschieren und Kriegslieder singen, ich wäre ein Mensch wie sie, – nicht ein ‹Untermensch›, – ein ‹Feind des deutschen Volkes›, – ein ‹glattes Unglück›. ‹Die Juden sind unser Unglück› lernen wir in der Schule, – meine Eltern aber sind Juden, – meine Eltern sind vor allem *mein* Unglück, – o, daß ich andere Eltern hätte!» So denkt das Kind, – so denken viele jüdische Kinder, und so fühlen sie, während sie mit ihren Eltern bei Tische sitzen. Andere, andersgeartete, suchen zuhause Schutz vor den Verfolgungen, denen sie draußen ausgesetzt. Aber das Elternhaus, in das sie fliehen, vermag ihnen diesen Schutz nicht zu gewähren; «die Eltern sind gut, aber machtlos», fühlt das Kind, – «sie sind wie ich, geschlagen vom Unglück». Und der Versuch, das Daheim, – die Familie, innerlich auszuspielen gegen das Draußen, scheitert an der schrecklichen Unterlegenheit, der völligen Wehrlosigkeit, deren man sich zuhause immer bewußt ist.

Das jüdische Kind, im Gegensatz zum «arischen», hat Zeit. Es hat viel Zeit, über sich und sein Unglück nachzudenken. Denn die «Hitlerjugend» ist ihm verschlossen, verwehrt ist ihm die Teilnahme an den «Kameradschaftsabenden», den «Turnspielen», den «nationalpolitischen Feiern». Das jüdische Kind sitzt daheim und grübelt. Grübelnd sitzt auch das Kind zuhause, dessen Vater etwa ein Jude ist, während die «arische» Mutter makellos sein könnte, wäre sie nicht eben diesem Vater gefolgt, in «artvergessener Verblendung». Das halbjüdische junge Mädchen sieht vielleicht der Mutter ähnlich. Stundenlang steht es vor dem Spiegel, betrachtet sein blondes Haar, die kleine Stupsnase, den «nordischen Langschädel». Die Mutter zwar hat ein kurzes Gesicht, nicht viel Kinn und gar keinen Hinterkopf. Der schmale, nach hinten ausladende Schädel kommt dem Kind vom jüdischen Vater; aber davon will es nichts wissen. «Wenn ich ihn nur verstekken und geheimhalten könnte, den Papa», – denkt das halbjüdische Kind, – «wenn es ihn nur nicht gäbe, – ach, wenn er doch tot wäre!» Und, wiewohl es spürt, daß solche Gedanken abscheulich sind und eine schreckliche Sünde, malt es sich aus, was man tun könnte, wenn er tot wäre, der Jude. Man könnte in eine fremde Stadt ziehen mit der Mutter, – einen andern Namen könnte man annehmen, blond ist man ohnedies, – die Papiere freilich wären nicht in Ordnung, aber auch da gäbe es Auswege, wenn nur der Vater aus dem Wege wäre. Das Mädchen kennt Geschichten von kleinen Halbjuden, die «arisch gesprochen» wurden, weil die Mama auf ihr Ehrenwort versichert hatte, sie stammten gar nicht vom jüdischen Gatten, sie wären das Produkt eines Fehltrittes, einer außerehelichen Verbindung mit einem «Arier». Und es träumt das Kind vorm Spiegel: «Vielleicht *bin* ich gar nicht seine Tochter, – o, daß ich seine Tochter nicht wäre!»

So groß ist die Verwüstung in den Seelen dieser Kinder, und solche Abgründe stehen ihnen offen. Die Zerstörung der Familie durch die Nazis, sie greift über auf so manche «nichtarische»

Familie, und es ist offenkundig, wie sehr dort gerade die Jugend von ihr betroffen wird. Denn wo das «arische» Kind unter der Zerstörung der Familie durch die Nazis in der Hauptsache *objektiv* zu leiden hat, während es *subjektiv* das Urteil meist nicht realisiert, weiß das «nichtarische» Kind sehr wohl, wie groß dieses Unheil ist. Es weiß, wie sich die *Eltern* grämen müssen, nur weil sie Juden sind, es sieht, wie sie zugrunde gerichtet und aller Lebensmöglichkeiten beraubt sind. Es merkt, wie der *Vater*, der Jude ist, schuldbeladen einhergeht, und wie die *«arische»* *Mutter* beginnt, ihn zu hassen, oder wie sie ihn bemitleidet, was schlimmer ist. Hat das Kind eine *jüdische Mutter* und einen *«arischen» Vater*, so ist die Not nicht geringer. Vielleicht liebt das Kind seine Mutter. Vielleicht liebt es die Mutter mehr als den Vater. Gleichzeitig aber verehrt es vielleicht den «Führer», – gleichzeitig wünscht es nichts sehnlicher, als «dazuzugehören» und ein unbescholtener «Arier» zu sein.

In seltsamer Situation befinden sich in Deutschland die kleinen «Viertelsjuden», die Kinder also (wie die Nürnberger Gesetze es ausdrücken) «mit nur einem jüdischen Großelternteil». Viertelsjüdische Kinder werden in der Schule beinahe wie «arische» behandelt. Sie lernen, daß sie es wert sind, «aufgenordet» zu werden, und daß sie also, später im Leben, reine «Arier» zu Ehegenossen nehmen *müssen* (während «Arier» ihrerseits Viertelsjuden heiraten dürfen, ja, sollen, um dem Staat bei deren «Aufnordung» behilflich zu sein!). Daheim hat das viertelsjüdische Kind sich mit der Tatsache abzufinden, daß einer von beiden, Vater oder Mutter, halbjüdisch ist. Oft geschieht es, daß dem halbjüdischen Vater von Staats wegen sein Geschäft genommen und dem viertelsjüdischen Söhnchen übermacht wird. Der kleine Junge weiß: «Mein Vater ist nicht würdig, unsern Strumpfladen weiterhin zu besitzen, – wiewohl er ihn doch eingerichtet und in die Höhe gebracht hat. Er ist ein Halbjude, und deshalb gehört mir jetzt der Laden, wiewohl ich erst elf Jahre alt bin; der Vater aber darf ihn nur dann noch ein paar Jahre lang verwalten, wenn die Mutter und ich uns einverstanden erklären. So wills der Führer.»

Trotzalledem: die Fälle, in denen «nichtarische» Kinder sich dezidiert gegen den jüdischen Vater (die jüdische Mutter oder Großmutter, – den jüdischen Großvater) stellen, bleiben vereinzelt, – so schwierig das Zusammenleben in derart «gemischten» Familien auch geworden sein möge, und weit überwiegen die Fälle von «nichtarischen» Eltern und Kindern, die ihren Stolz und ihr Selbstbewußtsein gerade durch den «Nationalsozialismus» und durch die Erniedrigungen, die dieser ihnen zufügt, neu gestärkt wissen. Sie sind froh und empfinden es als große Ehre, so ausgenommen zu sein, so offensichtlich nicht zu jenen zu gehören, die sich vom «Führer» «Volksgenossen» nennen lassen müssen. Sie schließen sich zusammen, – sei es im Zeichen des Judentumes als einer Nation, die sie in Zukunft in einem national-jüdischen Staat geeint zu sehen hoffen, – sei es im Zeichen einfach der Vernunft und der Menschlichkeit, die keine Heimat mehr hätten heute in Deutschland, lebte nicht die Opposition, – wären sie nicht am Leben, all die ungezählten Gegner des Regimes, und zu ihnen rechnen, neben den Millionen von Katholiken, Protestanten, Linksleuten, Liberalen und simpel anständigen Menschen, die Aufrechten und Stolzen unter den Juden. Ihre Kinder aber, vor allem soweit sie nicht die Nazi-Schulen, sondern vielmehr die jüdischen Schulen besuchen, sind zugängig dem neugestärkten jüdischen Nationalstolz und der Freude über die Auszeichnung, die darin liegt, *nicht* «dazuzugehören». Auch bestanden für sie und die Ihren gewisse Chancen wenigstens des Zusammenschlusses, – bessere jedenfalls als für die «arische» Opposition, die, außerhalb der Kirchen, völlig außerstand gesetzt ist, sich zu organisieren. Es gab die jüdischen Sportklubs und Wandervereine. Es gab die jüdischen Kulturbünde, sämtlich kontrolliert und bespitzelt natürlich. Es gibt jüdische oder «nichtarische» Familien, die sich ganz bewußt als kleine in sich geschlossene Gruppen der Opposition empfinden, – und sie leben in größerer Eintracht, – ja, sogar «gemütlicher», in aller Gefährdung, als irgendwelche Nazi- oder Schein-Nazi-Familien dies heute noch können.

Freilich: viele «nichtarische» Familien wurden dezimiert oder praktisch vernichtet durch den «Nationalsozialismus». Kinder und junge Leute, aller Chancen für die Zukunft beraubt, wanderten aus, wurden, wenn es sich irgend tun ließ, von den Eltern auf ausländische Schulen geschickt, – suchten sich in England, in Amerika oder Palästina ein Leben zu gründen. Vereinsamt blieben die Eltern zurück. Oft dürfen sie es nicht einmal wagen, mit ihren Kindern zu korrespondieren, sobald nämlich diese sich draußen in der Freiheit gegen Hitler und seine Herrschaft betätigt oder auch nur geäußert haben. Und es sterben die Eltern, ohne ihre landflüchtigen Kinder noch einmal umarmt zu haben. Oft erfahren diese Monate später erst von ihrem Tod.

Das Leben also der «nichtarischen» Familien in Deutschland ist betroffen und beträchtlich verändert worden durch Hitler und hineingezogen in den allgemeinen Zerstörungsprozeß, den dieser gegen die Familie entfesselt. Das «nichtarische» Kind wird in keinem Fall unbefangen wie früher den Seinen gegenüber stehn – immer wird seine Stellung ihm problematisch sein, auch in Fällen, in denen es sich durchaus auf Seiten seiner jüdischen Angehörigen weiß.

Was aber den privaten Umgang von «nichtarischen» mit «arischen» Kindern angeht, so ist er natürlich durchaus untersagt. Die Trennung aber, die, wie für alle Menschen in Nazi-Deutschland, auch für die deutschen Kinder, zwischen *kontrollierbarem* und *heimlichem*, zwischen offiziellem und privatem Leben besteht (soweit von einem «privaten Leben» noch die Rede sein kann), – diese Trennung macht viele Kinder zu kleinen Schizophrenen, – zu zerrissenen, mit sich selbst völlig uneinigen Geschöpfen, – und die seltsamsten Verwirrungen entstehen aus ihr.

Auf der Hauptstraße einer deutschen Provinzstadt geht ein kleines jüdisches Mädchen ihres Wegs, – es ist dreizehnjährig und sehr hübsch. Ihr entgegen kommt ein Junge in der Uniform der «Hitlerjugend». Das jüdische Kind erkennt ihn sofort, – es ist ein Freund aus Vor-Hitler-Tagen, – man hat zusammen im Sand gespielt. Von weitem und ganz unbedacht winkt das Mädchen dem Jungen. Der Junge winkt nicht zurück, er kommt näher, schaut nicht rechts, nicht links, läuft vorüber, grußlos und als habe er seine kleine Freundin nicht gesehen. Diese senkt beschämt die Stirn, – dann eilt sie weiter und nachhause, – ihr ist für heute aller Spaß am Spazierengehen verdorben. Kaum aber sitzt sie daheim in ihrer Stube, klingelt es, und da steht der «Hitlerjunge», ganz rot im Gesicht, die Mütze in der Hand. «Es ist nur...» stottert er, – «ich wollte nur schauen, wie es dir geht, Mädi, und was du so machst...» Das jüdische Kind fühlt sein Herz klopfen vor Freude und Schreck und Verwunderung. «Bist du denn verrückt, hier hereinzukommen?» flüstert es, – «wenn dich einer gesehen hätte!?» Aber der Junge schüttelt den Kopf. «Mich hat keiner gesehen», – meint er, «und *du* wirst es doch keinem sagen, daß ich da war, – *Du bist doch kein Angeber!*» – Es liegt große Hochachtung in diesem Satz «Du bist doch kein Angeber», – das spürt erglühend das kleine Mädchen. Und die andern, – die freien, stolzen, mächtigen, – seine Kameraden in Uniform, die von der «Hitlerjugend», – die wären also Angeber, vor denen also hätte er sich zu hüten?!

Da der Junge fort ist, steht das jüdische Kind noch lange am Fenster und überdenkt das Ereignis. Ob sie es den Eltern erzählen darf, um sie zu erfreuen? Warum er das getan hat, – warum er gekommen ist; «Mädi» hat er sie genannt, und war das nun «Verrat am Nationalsozialismus», – und an seiner «Gruppe», – oder was ist es gewesen? Hat er ein schlechtes Gewissen jetzt, oder ein ganz besonders gutes? Schämt er sich, oder ist er stolz?

Der Junge jedoch schämt sich nicht, und er ist auch nicht stolz. Er ist nur verwirrt und verworren. Da es aber fast immer verwirrt und verworren aussieht in ihm seit langem schon, macht er sich auch darüber nicht viel Gedanken.

Sie scheinen sich nicht viel Gedanken zu machen, die Kinder im Deutschland von heute. Und wirklich: man ist scharf dahinter her, daß sie sich *gar keine* Gedanken machen, – denn Deutschland ist zum Pulverfaß geworden, und Gedanken können zünden, vor allem wenn sie von der Jugend kommen. Wer aber hat einen Blick getan in die Köpfe und Herzen dieser Jugend? Wer weiß denn, was in ihnen vorgeht und ob der Augenblick nicht nahe ist, in dem dies alles: diese Leere, Härte, Eintönigkeit, – dies Uniformierte, Kommandierte, Persönlichkeitsmordende, – dies Hungrig-überanstrengt-belogen-Sein, – dies Präpariert-und-gedrillt-Werden für das Ziel, das Krieg heißt, – ob der Augenblick nicht nahe ist, in dem dies alles plötzlich untragbar geworden sein wird und in dem, was lange heimlich gedacht und inbrünstig erhofft worden war, mit Kopf und Herz mächtig nach außen dringt und Gestalt annimmt in der erlösenden Tat.

Die Schule

Die deutschen Schulen hatten von jeher einen guten Namen in der Welt. Gründlichkeit, wissenschaftliche Genauigkeit und viel Sinn für Disziplin auf der einen, – pädagogische Einsicht und Fortschrittlichkeit auf der andern Seite waren Qualitäten, die ihre Lehrer auszeichneten. Man lernte viel auf den deutschen Schulen, – die Behandlung der Kinder, vor allem in den Jahren nach dem Kriege, war human und menschenwürdig, auch in den Volksschulen. Die Gymnasien und höheren Lehranstalten standen jedermann offen, – die mäßige Summe, die dort als Schulgeld gefordert wurde, konnte begabten Unbemittelten erlassen werden. Es gab die Landerziehungsheime, Schulen in schönen Gegenden und reiner Luft, in denen nach neuesten Methoden unterrichtet wurde, in denen an warmen Tagen Lehrer und Schüler im Garten beisammensaßen und in denen man lernte, während man sich zu unterhalten glaubte. Es gab Schulausflüge, man wanderte und sang. Es gab Schülervorstellungen im Theater, es gab Filmvorführungen naturwissenschaftlichen, historischen, geographischen Inhalts. Nur eines gab es nicht: politische Propaganda in der Schule. Die deutsche Republik hat es völlig verschmäht, sich selbst zu propagieren, im geringsten nicht war sie darauf bedacht, Volk und Jugend für sich und ihre Vorzüge einzunehmen. Ganz ohne Zweifel: das war fehlerhaft und hat sich schrecklich gerächt, – möge nun Bescheidenheit die Wurzel dieses Verhaltens gewesen sein oder die Tatsache, daß niemand irgendwen für sich einzunehmen vermag, der selber von sich so wenig eingenommen ist, wie die junge, zuinnerst unsichere Republik es zeitlebens gewesen.

Sie tat etwas für die Erziehung ihres Volkes, aber sie tat es leise und wie nebenher. Es wurde viel gebaut in Deutschland um diese Zeit, – zivile, dem Frieden nützliche Gebäude entstanden, – viele von ihnen waren Schulen, hell, geräumig, zweckmäßig.

Ganz ohne Propagandageschrei und lautes Eigenlob übergab die Regierung das neue Haus dem Betrieb. Der Staat, der ein Diener des Volkes war, machte von seinen Diensten nicht viel Wesens. Sein Herr, das Volk, werde sie ihm schon danken, dachte er, – und darin hatte er unrecht.

Das deutsche Volk, des Herrschens ungewohnt und überdrüssig, setzte einen neuen Staat an Stelle des alten, dienenden, einen der seinerseits Herr war und dem es selber zu dienen hatte. Dieser Staat und sein «Führer», die in einer Wolke von Selbstverherrlichung ihren Einzug hielten, waren in beinahe allen Stükken das Gegenteil des alten, unterwürfigen, stillen. Sie schrien und tobten, sie priesen sich an als die allein Seligmachenden, sie kommandierten und diktierten. Das, was bis dato Politik geheißen hatte und Spezialgebiet der Politiker gewesen war, jetzt hieß es «Weltanschauung», – und es gab nur noch eine Weltanschauung, – die «nationalsozialistische». Sie drang ein auch und besonders in die deutschen Schulen. Sie verwandelte diese Schulen, sie stand hinter allem, was an Gesetzen, Verboten, Neuerungen dort eingeführt wurde. Eine Organisation, bewunderungswürdig in ihrer Lückenlosigkeit, sorgte dafür, daß in sehr kurzer Zeit der Charakter der Schulen sich völlig änderte. War es bisher Ziel der Erzieher gewesen, die Kinder zu freien, gesitteten und zivilisierten Menschen zu machen, suchten sie ihre Schüler in den Wissenschaften zu fördern, um der Erkenntnis der Wahrheit zu dienen? Ließen sie der Jugend soviel persönliche Freiheit wie mit der Disziplin irgend vereinbar? Dienten Ausflüge, Theater- und Filmvorstellungen humanen, friedlich bildenden Zwekken? Wenn dem so war, dann mußte es anders werden. Denn all dies, – Gesittung, Wahrheit, Freiheit, Humanität, Frieden, Bildung, – all dies waren keine Werte in den Augen des «Führers», – sondern Irrtümer und verweichlichende Albernheiten. Und so wurde denn aufgeräumt mit ihnen, von Grund auf und mit allen Mitteln. Soweit sie gut waren, diese Mittel, waren sie nicht neu, sondern aus der «Jugendbewegung», den Reformschulen, aus russischen oder amerikanischen Versuchen übernommen. Und soweit sie neu waren, waren sie nicht gut, sondern gewalttätig, antigeistig und bestimmt, das demokratische Ideal der «Erziehung» durch das diktatorische der «Propaganda» zu ersetzen. *Durchwegs* «neu», durchwegs anders freilich waren die Zwecke, in deren Dienst man alle Mittel stellte, – die Ziele und Pläne des «Führers».

In dem Buche «Mein Kampf» gibt es ein Kapitelchen, das dem Problem der Jugenderziehung gewidmet ist. Es enthält in Kürze, was der Führer auf diesem Gebiete sich vorgenommen, und man darf sagen, daß alle deutschen Kinder heute im Ungeiste dieser 25 Seiten heranwachsen.

Über die «Grundsätze für die wissenschaftliche Schulung» heißt es da (auf S. 464 ff.): «Erstens soll das jugendliche Gehirn im allgemeinen nicht mit Dingen belastet werden, die es zu 95% nicht braucht und daher auch wieder vergißt.» Und: «Es ist zum Beispiel nicht einzusehen, warum Millionen von Menschen im Laufe der Jahre zwei oder drei fremde Sprachen lernen müssen, die sie dann nur zu einem Bruchteil verwerten können und deshalb auch in der Mehrzahl wieder vollkommen vergessen; denn von hunderttausend Schülern, die zum Beispiel Französisch lernen, werden kaum zweitausend für diese Kenntnisse später eine ernstliche Verwendung haben, während achtundneunzigtausend in ihrem ganzen weiteren Lebenslauf nicht mehr in die Lage kommen, das einst Gelernte praktisch zu verwenden... So müssen wirklich wegen der zweitausend Menschen, für welche die Kenntnis dieser Sprache von Nutzen ist, achtundneunzigtausend umsonst gequält werden und wertvolle Zeit opfern.»

Die Abneigung des deutschen Diktators gegen das Wissen ist groß und aufrichtig. Er selbst, – man weiß es, hat nie etwas gelernt, – und scheint als Knabe «umsonst gequält» worden zu sein. Im übrigen aber ist es für die Diktatur unerläßlich, das Volk so dumm, so unwissend wie immer möglich zu halten. Nur wenn es ahnungslos ist, nur wenn es um die Wahrheiten der Vergangenheit und der Gegenwart nicht Bescheid weiß, kann die Diktatur ihren Unwahrheiten zum Siege verhelfen. «Der Glaube ist schwieriger zu erschüttern, als das Wissen», heißt es weiter, – «Liebe unterliegt weniger dem Wechsel als Achtung, Haß ist dauerhafter als Abneigung, und die Triebkraft zu den gewaltigsten Umwälzungen auf dieser Erde lag zu allen Zeiten weniger in einer die Masse beherrschenden wissenschaftlichen Erkenntnis, als in einem sie beseelenden Fanatismus und manchmal in einer sie vorwärtsjagenden Hysterie.»

Dies also ist das *Positive*, dies soll nach Hitler jene 95% des Schulstoffes ersetzen, die als überflüssig erkannt wurden: Der Glaube (an den «Führer»; über dessen Person das Volk die Wahrheit nicht *wissen* soll). Die «Liebe» (zum «Führer», – der auf «Achtung» selber keinen Anspruch erhebt). – Der «Haß» (gegen Deutschlands «Feinde», – die bloße Abneigung nicht würde vernichten können), – und, vor allem, der die Masse «beseelende Fanatismus», ja «manchmal die sie vorwärtsjagende Hysterie» (die freilich von «einer die Masse beherrschenden wissenschaftlichen Erkenntnis» würde gestoppt werden können).

Im Detail sieht dies Positive etwa folgendermaßen aus: «Die gesamte Bildungs- und Erziehungsarbeit des völkischen Staates muß ihre Krönung darin finden, daß sie den Rassesinn und das Rassegefühl instinkt- und verstandesmäßig in Herz und Gehirn der ihr anvertrauten Jugend hineinbrennt...» (S. 475f.) ... «Es ist im übrigen die Aufgabe eines völkischen Staates, dafür zu sorgen, daß endlich eine Weltgeschichte geschrieben wird, in der die Rassenfrage zur dominierenden Stellung erhoben wird...» (S. 468) ... «Planmäßig ist der Lehrstoff nach diesen Gesichtspunkten aufzubauen, planmäßig die Erziehung so zu gestalten, daß der junge Mensch beim Verlassen seiner Schule nicht ein halber Pazifist, Demokrat oder sonst was ist, sondern ein ganzer Deutscher.» (S. 474) ... «Auch dort [bei den Mädchen] ist das Hauptgewicht vor allem auf die körperliche Ausbildung zu legen, erst dann auf die Förderung der seelischen und zuletzt der geistigen Werte. Das *Ziel* der weiblichen Erziehung hat unverrückbar die kommende Mutter zu sein.»

Im Schlußwort aber zu «Mein Kampf» wird es klar genug ausgesprochen, wie das Ziel *aller Erziehung* in Nazi-Deutschland, wie das einzige Ziel beschaffen ist, darauf der Führer den Blick fixiert hält!

«Ein Staat, der im Zeitalter der Rassenvergiftung sich der Pflege seiner besten rassischen Elemente widmet, muß eines Tages zum Herrn der Erde werden.»

Dies ist das Ziel: die Nazis zu Herrn der Erde zu machen. Diesem Ziel gelten Hitlers Träume und Gedanken; nach diesem Ziel ist Nazi-Deutschland ausgerichtet. Dies Ziel vor Augen wachsen dort die Kinder heran.

In den deutschen Schulen begann, nach einem Jahr der Vorbereitungen, des Überganges und der Experimente, die konsequente Realisierung des Hitlerschen Erziehungsprogrammes erst mit dem 30. April 1934, dem Tage, an dem Doktor Bernhard Rust zum «Reichsminister für Wissenschaft, Erziehung und Volksbildung» ernannt wurde. Doktor Rust, ein stellungsloser Lehrer aus Hannover (wo man ihn am 30. November 1883 geboren hatte), gehört seit 1922 der Nazi-Partei an. 1925 avancierte er zum Gauleiter der NSDAP für den Gau Hannover-Braunschweig. Sein Amt als Erzieher der republikanisch-demokratischen Jugend seiner Heimatstadt verlor er nicht früher als im Jahre 1930. Und zwar scheint es weniger seine politische Aktivität gegen den Staat, dessen Angestellter er war, gewesen zu sein, die seine Vorgesetzten endlich bestimmte, sich seiner zu entledigen, als vielmehr ein Nervenleiden, das den Doktor plagte und das häufig und in immer kürzeren Zeitabständen in völlige Geistesverwirrtheit ausartete. Doktor Rust hatte sich oft und für immer längere Urlaubswochen in geschlossene Heilanstalten zu begeben, und der Staat konnte, auch zu Zeiten, da scheinbar Klarheit im Kopfe des Doktors herrschte, die Lehrtätigkeit des Mannes nicht mehr verantworten.

Bernhard Rust, als er im Kriege mit dem Eisernen Kreuz ausgezeichnet worden war, machte seinem dreijährigen Sohn von dem Ereignis Mitteilung wie folgt: «Heute unter dem Donner der Geschütze das Eiserne Kreuz erhalten. Dein Heldenvater.»

Man sieht: die Vorgeschichte ist gut, – Rust steigt auf in der Partei, innerhalb derer der frühere Lehrer als vergleichsweise hochgelehrt zu gelten hat, und erhält nach der Machtergreifung pünktlich seinen Posten. Schon im Februar 1933 wird er preußischer Kultusminister, – um im Jahr darauf zum Erziehungsdiktator zu avancieren. Er waltet seines Amtes mit der ganzen dilettantischen Unbedenklichkeit, die den Nazi-Machthabern eigen ist, und mit der nervlichen Unberechenbarkeit, die ihn vier Jahre früher um seine Lehrerstellung gebracht hat. Rust gibt Gesetze und nimmt sie zurück, wenn er selber sich von ihrer totalen Undurchführbarkeit hat überzeugen müssen (aber unabsehbar der Schaden, den sie inzwischen haben anrichten dürfen!); er reduziert nicht nur die Gesamtschulzeit für den Absolventen der Mittelschulen von dreizehn Jahren auf zwölf, sondern verkürzt, mittels eines Erlasses vom 7. Juni 1934, obendrein jede Schulwoche um einen vollen Tag, den Samstag, jetzt «Staatsjugendtag» geheißen, an dem nicht mehr unterrichtet, sondern nur noch «national gefeiert» werden soll. Als aber die solcherart verstümmelte Woche den Anforderungen nicht mehr genügt, die an eine Schulwoche auch im Dritten Reich gestellt werden, glückt es dem Minister, vermittels einer ingeniösen Erfindung, der sogenannten «Rollwoche», alles scheinbar ins rechte Gleis zu bringen. Beginnt eine Schulwoche nun mit dem altgewohnten Montag, – so schließt sie, da der Samstag entfällt, nach sechs Tagen eben nicht mit dem Samstag, sondern erst mit dem Montag, – so daß die nächste Schulwoche am Dienstag beginnt, – die übernächste am Mittwoch, – die folgende am Donnerstag und so weiter und so fort. Nicht auszudenken die Verwirrung! Erst im Laufe der Monate aber durchfährt den Unterrichtsminister die Erleuchtung, daß er zwar solch einer Rollwoche acht Tage, nicht aber dem Jahr zweiundfünfzig solcher Rollwochen zuzumessen im Stand sei. Und ehe er sich für die Einführung einer völlig neuen Kalenderrechnung entschließt, zieht er kurzer Hand die ganze Sache – Staatsjugendsamstag wie Rollwoche – aus dem Betrieb zurück. Der Rektor eines mitteldeutschen Gymnasiums, der seine Ferien in Prag, wo er Verwandte hat, zu verbringen pflegt, erzählte, im deutschen Schulwesen gäbe es jetzt ein neues Zeitmaß, genannt «ein Rust». «Ein Rust», erläuterte der Rektor, «ist diejenige Spanne Zeit, die von der Erlassung eines Gesetzes durch den Unterrichtsminister bis zur Rückziehung ebendieses Gesetzes durch den Unterrichtsminister vergeht.»

Und so beginnt denn auch im Dritten Reich die Schulwoche wieder mit dem Montag, und auch dort ist der Samstag heute wieder ein Schultag, wie eh und je. Wie eh und je? Ach nein. Wie nie und nimmer zuvor. Der neue Geist, der noch während des Jahres 1933 ein wenig unsicher einhertappte in den deutschen Schulen, jetzt, seit dem 11. Mai 1934, hat er Gestalt und Form. Die deutsche Lehrerschaft, die bis zu diesem Tage noch gewisse bescheidene Reserven gegenüber der Nazi-Wirtschaft gekannt haben mag, jetzt gerät sie vollends zu Fall. Zehntausende von deutschen Lehrern, Männer der Wissenschaft und des Geistes, Männer der Verantwortung und der pädagogischen Erfahrung, aufgewachsen in der Bildungssphäre großer deutscher und europäischer Vergangenheit, jetzt wurden sie widerstandslos zum Mittel für die Zwecke der neuen Machthaber. Die Blamage des geistigen Deutschland, seine kampf- und ehrlose Niederlage ist gewaltig, und innerhalb dieser Blamage gereicht es den Erziehern gar noch zu gewissen Ehren, daß sie, am 1. März 1933, in ihrem Organ, der «Leipziger Lehrerzeitung», und unter dem Titel «Das Trümmerfeld» die Regierung das folgende wissen ließen:

«... Die 250 Reichsminister seit 1918 (53 Sozialdemokraten und 197 Bürgerliche) waren nicht fehlerlos, nicht zauberkräftig; aber sie waren auch nicht verantwortungslos ... Nichts wurde getan seit 1918 für Deutschlands Jugend? Sozialpädagogik gab es nur vorher? Nichts brachte die Verfassung von Weimar, als etwa die Freiheit der Lehre und Wissenschaft (Art. 142), das Versprechen einer einheitlichen Lehrerbildung (Art. 143), die Ordnung der staatlichen Schulaufsicht (Art. 144), den Anstoß zum Umbau der Berufsschule (Art. 145), die vierjährige gemeinsame Grundschule (Art. 146), die Förderung begabter aus unbemittelten Schichten, die Schulgeld- und vielfach auch die Lehrmittel-Freiheit, die Staatsbürgerkunde und den Arbeitsunterricht, die Rücksichtnahme auf die Empfindungen Andersdenkender! ... Gehört das alles nach Meinung des Kabinetts Hitler-Hugenberg etwa zu dem Fluch- und Abbauwürdigen, – mögen es auch die deutschen Lehrer seinerzeit dankbar begrüßt haben und noch heute als hohe Güter schätzen?!»

Dies erschien einen Monat nach der «Machtergreifung» und stellt die letzte organisierte Äußerung eines persönlichen Mutes dar, die uns aus Kreisen der Lehrerschaft bekannt geworden. Gleichzeitig freilich zeigt es einen Grad von Naivität dem neuen System und seinen Zielen gegenüber, der, während er den «Mut» beinahe als ein Versehen erscheinen läßt, für die Überrumpelung und völlige Unvorbereitetheit des Lehrerstandes Zeugnis ablegt. Ob etwa die «Freiheit der Lehre und Wissenschaft», – oder die «Rücksichtnahme auf die Empfindungen Andersdenkender» «fluch- und abbauwürdig» seien, fragen diese Männer ihren «Führer». Aber ja doch, antwortet ihnen dieser, fluch- und abbauwürdig, – und nun machen sie keinen Versuch mehr, ihre Seelen zu retten. Dies ist nicht der Platz, den psychologischen und materiellen Ursachen nachzugehen, die solche Fügsamkeit etwa motivieren könnten. Halten wir uns stattdessen an «Gesetze», «Erlasse» und «Richtunggebende Bestimmungen», – und Fakten.

Faktum ist, daß im Jahre 1937 der «Nationalsozialistische Deutsche Lehrerbund» 97% der Erzieherschaft erfaßt. Auf der Gautagung der mainfränkischen Erzieher erklärt der «Reichswalter und Gauleiter PG» Wächtler: «... Davon [von diesen 97%] sind 32,2% Parteigenossen. 700 Mitglieder tragen das Ehrenzeichen der Partei. Die Erzieherschaft hat der Bewegung 7 Gauleiter und Stellvertreter gestellt, 78 Kreisleiter, insgesamt über 2000 Hoheitsträger... Aus diesen Tatsachen geht eindeutig hervor, daß die deutschen Erzieher im Dienste der Bewegung stehn. Der deutsche Erzieher darf und muß also angesehen werden als Repräsentant der Bewegung. Es geht somit nicht an, daß die gleichen Menschen angegriffen werden wegen ihrer Schultätigkeit!»

In andern Worten: die deutschen Lehrer sind eingebaut in den Apparat der Macht, – sie sind tabu, und «es geht somit nicht an», daß sie «wegen ihrer Schultätigkeit», – und sei diese noch so miserabel geübt, – «angegriffen» werden.

Sollen wir die Schritte einzeln aufzählen, die getan werden

mußten, ehe der PG Wächtler seine stolze Übersicht geben konnte auf der Gautagung? Charakterisieren wir einige dieser Schritte und fügen wir hinzu, daß der Charakter der übrigen sich von dem der angeführten in nichts unterscheidet.

Zunächst, noch im Winter 1933, das versteht sich, wurden alle Lehrer jüdischer oder «nichtarischer» Abstammung ihrer Ämter enthoben. Am 11. Juli 1933 erging ein Erlaß an die Lehrerschaft (wie an alle Staatsbeamten), wonach diese ihre Wünsche, Interessen und Forderungen in den Dienst der gemeinsamen Sache stellen und zu diesem Zweck umgehend die nationalsozialistischen Ideologien studieren sollten. Ihnen wurde gleichzeitig «nahegelegt», sich mit dem Inhalt von «Mein Kampf» vertraut zu machen. Einige Tage später, am 14. Juli 1933, wurde die Lehrerschaft aufgefordert, dafür Sorge zu tragen, daß alle jene, die noch irgendwelche Verbindungen zur Sozialdemokratischen Partei unterhielten, diese sofort lösten und der Nazi-Partei über die vollzogene Lösung Mitteilung machten. Nazi-Komitees wurden eingesetzt, die darüber wachten, daß der Aufforderung Folge geleistet würde, – wer zögerte, wurde entlassen, – die «Reinigungsaktion» war in vollem Gang. Im November 1933 schließlich wurde bestimmt, zunächst für Preußen, daß alle Volksschullehrer vor Antritt ihres Amtes Mitglied einer «Nazi-Kampforganisation» gewesen sein müßten, daß sie, wo irgend schicklich, uniformiert zur Schule kommen und in Gemeinschaftslagern wohnen sollten und daß sie ihre «Fortschritte im Geländesport» (einer dreiviertel-militärischen Sportgattung) bei den Schlußexamen unter Beweis zu stellen hätten. Und es war dem neuen Regime ernst mit diesen Forderungen. Das war den Herrn Lehrern erst vor kurzem wieder ganz klar geworden, da Hitler in Weimar ausgerufen hatte:

«Wenn es heute noch in Deutschland Leute gibt, die sagen, wir fügen uns nicht in eure Gemeinschaft, sondern wir werden nach wie vor da sein, dann antworte ich: Ihr werdet vergehen, aber nach euch wird eine Jugend kommen, die nichts anderes mehr kennt!» (Konrad Heiden: «Geburt des Dritten Reiches», S. 233).

«Eine Jugend, – die nichts anderes mehr kennt», – die nichts weiß, als dies. Und es beeilt sich das folgsame Heer der Erzieher in seiner Herzensangst, sie heranbilden zu helfen, diese Jugend der Verheißung.

«Wir deutschen Lehrer», – (heißt es bei Studienrat L. Grünberg, kommissarischer Leiter der staatlichen Augustaschule in Berlin, in «Wehrgedanke und Schule», S. 5) – «Wir deutschen Lehrer müssen uns ganz allgemein freimachen von der Vorstellung, als seien wir in erster Linie Wissensübermittler. ... ein kommender Waffengang des deutschen Volkes wird die Probe darauf sein, ob der deutsche Lehrerstand ein brauchbares Glied des deutschen Volkes im Dritten Reich geworden ist.»

So plappern die Offiziere der Erziehung die Befehle nach, die vom obersten Kriegsherrn an sie ergangen sind. Von der «Vorstellung», als seien sie «in erster Linie Wissensübermittler», machen sie sich in aller Eile und «ganz allgemein frei».

Für den «kommenden Waffengang des deutschen Volkes» wird erzogen, und da der «Führer» vor allem die Pflege des «Rassebewußtseins» dem Volk zur Pflicht gemacht hat, das «eines Tages zum Herrn der Erde werden muß», so ist, nach dem «Wehrgedanken», dies «Rassebewußtsein» vordringlich in den Köpfen der deutschen Erzieher.

Aus dem Frühjahr 1937 gibt es einen Erlaß des Reichswalters und Gauleiters PG Wächtler:

«Ich verfüge hiermit», heißt es da, «daß jedes Mitglied des NS-Lehrer-Bundes innerhalb eines Jahres (vom 1. April 1937 an gerechnet) seine Ahnentafel in dreifacher Ausfertigung mit den urkundlichen Unterlagen bzw. beglaubigten Abschriften an den zuständigen Gausachbearbeiter für Sippenkunde einzureichen hat. Der Gausachbearbeiter für Sippenkunde überprüft die Eintragungen, leitet eine Ahnentafel an die Reichswaltung des NSLB weiter, behält eine beim Gau und gibt die dritte mit allen Unterlagen an den Einsender zurück... Die Ahnentafeln sollen von den Einsendern nebenher nach Ahnenstämmen verzettelt werden... Also frisch ans Werk!

Fritz Wächtler.»

Und gleich setzen sie sich hin, die Herrn Erzieher, wie ein Mann, und «verzetteln» noch «nebenher» «ihre Ahnentafeln nach Ahnenstämmen». Alle Selbständigkeit und aller Mut, die ihnen geblieben, erschöpfen sich in den «kleinen Heldentaten des Alltags». Ein Lehrer etwa, der einem Schüler auf der Straße «Guten Tag» zuruft statt «Heil Hitler», ist ein Held. Ein Lehrer, der einen jüdischen Schüler anders als mit den Augen des vorgeschriebenen Hasses anschaut, ist ein Held. Ein Held ist ein Lehrer, der einen Schüler von hohen Geistesgaben und glänzender Allgemeinveranlagung in die nächste Klasse aufrücken läßt, obwohl derselbe im Turnen sich niemals hervorgetan. Auch der Lehrer, der im «Mitteilungsblatt» des NSLB (15. März 1937) unter der Spitzmarke «Er kann den Anschluß nicht finden» einen Denkzettel bekommt, scheint uns heldische Züge aufzuweisen. «Sonderbar», schreibt das Blatt denunzierend, – «sonderbar: Er ist zweifellos ein ausgezeichneter Lehrer. Er gilt als das Muster eines Schulmannes. Seine Pünktlichkeit und Pflichtauffassung sind im Kreise seiner Berufskameraden geradezu sprichwörtlich geworden. Seine methodischen Fähigkeiten hat er des öfteren unter Beweis gestellt. Seine Unterrichtserfolge sind verblüffend. Die Schüler blicken zu ihm wie zu ihrem Vater auf. Seinen Mitarbeitern ist er ein treuer Kamerad. Er ist stets zu jeder Gefälligkeit bereit. Und doch, – eins fehlt ihm. Wenn wir uns über nationalsozialistisches Gedankengut unterhalten, dann zeigt er, trotz allen Bestrebens zu verstehen, oft eine merkwürdige Unsicherheit. Und wenn ihn seine Schüler nach dem Sinn nationalsozialistischer Maßnahmen fragen, dann hat er häufig Mühe, ihnen ausreichend Bescheid zu geben...»

Der Name des Sonderlings, der so «häufig Mühe hat», seinen Schülern «den Sinn nationalsozialistischer Maßnahmen zu erklären», wird nicht genannt, aber der Betroffene wird gewußt haben, was die Uhr geschlagen hat. «Das Muster eines Schulmannes» nennen die Nazis ihn, und ihnen scheint nicht beizukommen, daß er gerade in dieser Eigenschaft und als einer, zu dem «die Schüler wie zu einem Vater aufblicken», an sie den «Anschluß nicht finden» *kann*. Ein «ausgezeichneter Lehrer», –

uns scheint er mehr als das, –: umschimmert von der Glorie verborgenen Heldentumes scheint er uns der unsichtbaren Front zugehörig, die selbst dort und heute für Vernunft und Recht den Kampf nicht scheut und deren Stimme wir vernehmen werden, wenn die Zeit kommt.

Jetzt und für den Augenblick freilich halten wir im Mai 1934; und es gilt zu berichten, wie die neuorganisierte und «gesäuberte» Lehrerschaft im «nationalsozialistischen Sinne unterrichtet», nach welchen Grundmaximen und aus welchen Büchern. Die Wertskala zunächst, vermittels derer die Schüler zu messen und zu beurteilen sind, die Reihenfolge, nach der es dabei zugeht, stammt vom «Führer» persönlich. Es folgen hintereinander:

1. «Die Erbanlagen und das allgemein rassische Bild».

2. «Der Charakter» (will sagen, wie steht es um die nationalsozialistische Gesinnung?).

3. «Der Körper» (will sagen, wie steht es um die zukünftige Verwendbarkeit im Kriegsfall?). Und erst

4. als letztes «Das Wissen». Wobei das Wissen um die objektive Wahrheit oft geradezu als strafbar, meist aber jedenfalls als albern und verwerflich gilt. Was wäre auch mit Objektivität in einem Unterricht anzufangen, der alle Wissenschaften auf eine einzige zu reduzieren sucht, auf die neue, die «Wehrwissenschaft» genannt wird. «Wehrerziehung», dieser befremdende Begriff, steht in Hitler-Deutschland für «Erziehung» im allgemeinen. Und unbedingte Gültigkeit hat eine Maxime, die, in vielen Prägungen kursierend, besonders klar von Hochschuldirektor Hans Willi Ziegler gefaßt wird: «Wehrerziehung», schreibt der Hochschuldirektor in einem Artikel «Wehrerziehung in der Schule» (in der Zeitschrift des NS-Lehrerbundes «Die deutsche Schule», Juni/Juli 1935), – «Wehrerziehung ist keine Sonderaufgabe einer umfassenderen Allgemeinerziehung, sondern das Kernstück unserer gesamten Erziehungsverantwortung.»

Wie dies «Kernstück» nun sich breit macht, wie es allen Unterricht beherrscht, wie es noch die scheinbar unpolitischsten Fächer Mathematik, Deutsch, Religion erfaßt (von den weniger unpolitischen: Geschichte, «Geopolitik» zu schweigen, – oder vielmehr nicht zu schweigen!), – das erhellt mit fürchterlicher Klarheit aus den Nazi-Schulbüchern. Ehe wir uns auf die Nennung und Beschreibung der neuen Schulbücher für alle Fächer und Altersstufen einlassen, sei das folgende festgestellt: die großen, dicken Schulbücher, wie wir sie kannten und wie wir etwa für jedes Fach und Jahr ein einziges besaßen, – «*das* Geographiebuch für die vierte Klasse», – «*das* Geschichtsbuch für die erste...», – diese Art also von gewichtigem, sehr wissenschaftlich aufgezogenem Schulbuch ist, wenn freilich nicht aus dem Unterricht verschwunden, so doch vergleichsweise unwesentlich geworden. Was heute wesentlich, ja maßgebend erscheint, ist das Zusatzheftchen, – die Broschüre, das Propaganda-Pamphlet. Für diese Erscheinung (das Zurücktreten des kompakten Lehrbuches zugunsten des Instruktionsblättchens) gibt es zumindest drei Erklärungen, die uns stichhaltig scheinen.

1. Wie wir gehört haben, steht das «*Wissen*» an vierter und letzter Stelle auf der Wertskala, nach der Lehrer wie Schüler gemessen werden im Dritten Reich; – erst kommen «Erbanlagen», «Charakter» und «Körper». Das alte Schulbuch also, mit seinem Ballast von objektivem Wissen, könnte der Erweckung des Kämpfergeistes und der Ertüchtigung des wehrwilligen Körpers im Wege sein.

2. Um den Charakter im nationalsozialistischen Sinne zu bilden, bedarf es, zugegebenermaßen, – nicht des Unterrichtes über die Wahrheit der Dinge, – es bedarf eines Unterrichtes, der die Wahrheit im nationalsozialistischen Sinn färbt und zeitgemäß fälscht, – will sagen der *Propaganda*. Propaganda aber hat dem Tag und der Stunde angepaßt zu sein, – sie wechselt den Ton und die Farbe je nach den Gegebenheiten des Augenblickes. Scheint es etwa dem «Führer» dienlich, das Hauptgewicht seiner Propaganda fürs «Deutschtum im Ausland» auf die Deutschen in den Vereinigten Staaten zu werfen, – gleich wird ein Schulbroschürchen da sein, ein Zusatzheftchen, das die Kinder für ihre «leidenden Stammesbrüder in Amerika» erhitzt. Ist es aber, taktischer

Erwägung halber (etwa im Interesse des deutsch-amerikanischen Schüleraustausches), vielleicht geraten, eben diese Propaganda für den Augenblick zu stoppen, rasch wird das Pamphletlein aus dem Unterricht aller oder auch nur einzelner Klassen in allen oder auch nur einzelnen Schulen zurückgezogen. Befände sein Inhalt sich inmitten eines dicken und kostspieligen Buches, – um wieviel schwieriger wäre damit zu manövrieren!

3. Besonders wichtig scheint Erklärung drei uns zu sein, denn sie handelt von der «Politik des schlechten Gewissens». Wer etwa die Pariser Weltausstellung und in ihr den Deutschen Pavillon besucht hat, dem muß es aufgefallen sein: bei seiner Einrichtung ist man ängstlich darauf bedacht gewesen, alle Hitler-, Nazi- oder gar Kriegs-Propaganda zu vermeiden; – nichts weist darauf hin, daß man sich im repräsentativen Ausstellungsraum der «wehrwilligsten» Diktatur befindet. Nicht ein Bild von Hitler, nicht ein Anti-Judenplakat, nicht ein Modell eines Bombenflugzeuges. Der Ausstellungsherr, Hitler, scheint von den Erfolgschancen dieser seiner wirklichen Ausstellungsobjekte in der Welt nicht überzeugt zu sein. Und ähnlich denkt der Erziehungsdiktator Hitler über die Erfolgschancen seiner wirklichen Erziehungsmethoden in der Welt. Also tut er, wie er immer tut, – er «geht taktisch vor», er verschleiert. Die offiziellen Lehrbücher halten sich durchschnittlich im Rahmen des Weltmöglichen. Das neue «Reichslesebuch» etwa für die Oberklassen der Gymnasien ist, wie der Pariser Pavillon, nicht etwa gut; nicht etwa repräsentativ für wirkliches deutsches Geistesleben (vor Hitler, und, seit Hitler, außerhalb Deutschlands). Es enthält viel patriotische Mittelmäßigkeit, viel «Blut- und Boden»-Kitsch, – einige Äußerungen des «Führers» und seiner Minister, – und nur sehr wenig von den Kostbarkeiten, die für solch ein Reichslesebuch zur Verfügung stünden, – fast nichts von Goethe und Lessing, natürlich nichts von Heine. Immerhin: das «Reichslesebuch» ist kein offener Skandal, – es atmet Öde, Trübsinn und schlechten Geschmack, wie der Pariser Pavillon, aber es scheint ungefährlich und wird niemanden erschrecken. *Aber* die Zusatzheftchen! Die nicht offiziellen, nur halb- und viertels-offiziel-

len, vom NS-Lehrerbund und verwandten Organisationen wie von ungefähr in den Unterricht gestreuten Propaganda-Broschürchen! Die haben es in sich! Und dem Führer ermöglicht diese seine «Taktik», dem Ausland eine relativ harmlose, wenig offensive Literatur von Reichslehrbüchern vorzulegen, während das Eigentliche hinter den schützenden Kulissen der offiziellen Bibliothek aus den Heftchen gelehrt wird.

Und nun wenden wir uns den Büchern und Lehrheften zu, die für die ersten Schuljahre in Hitler-Deutschland Verwendung finden. Das erste Buch, welches das Kind, dem Kindergarten entwachsen, zu sehen bekommt, ist die Fibel. Es ist selbstverständlich, weil dem ausgesprochenen Wunsche des «Führers» gemäß, daß man gleich dies erste Buch «erneuert» und zeitgemäß umgestaltet hat. Es gibt verschiedene Fibeln für die verschiedenen Landschaften und Gebiete. Aber alle handeln sie in Wort und Bild vom Marschieren, vom Lagerleben, vom kriegerischen Klang der Trommeln und vom Kind, das heranwächst, nur, um Soldat zu werden (oder falls weiblich, die Soldaten zu betreuen). «Rheinische Kinder», die Fibel fürs erste Schuljahr im Rheinland etwa (Richard Seewald und Ewald Tiesburger), weiß die Kleinen effektvoll ins Militärische einzuführen, und wo sie früher das Lesen an friedlicheren Beispielen erlernten, buchstabieren sie heute:

> «Hört, wir trommeln, bum, bumbum, –
> Hört, wir blasen, tä, terä tä tä!
> Nun, das Lager räumen!»

und so weiter und so fort. Dieser Fibel aber, – und anderen ihrer Art, die sich, wie das «Reichslesebuch», noch im Rahmen des Weltmöglichen halten, ist als halboffizieller Zusatz eine Kinderfibel beigegeben, die im «Stürmer-Verlag» erschienen, offiziellerseits innig empfohlen, wiewohl kostspielig, bereits eine Auflage von 70 000 Exemplaren erreicht hat und die die Phantasie der Kleinsten zuverlässig in die staatlich gewünschten Wege leitet. Dies Buch von Elvira Bauer hat einen langen Titel. Er lautet: «Trau keinem Fuchs auf grüner Heid! Und keinem Jud bei seinem Eid!» – Der leuchtendrote Umschlag läßt, neben diesem Titel, zwei Bilder sehen, – den Fuchs, tückisch und beutegierig um die Ecke lugend; und unter dem Davidsstern den Juden, – die nazilandläufige Karikatur des Juden, – Riesennase, Glatze, Wulstlippen, Triefaugen, – mit fetten Fingern seinen Meineid schwörend. Das Buch ist prächtig ausgestattet, vielfarbig illustriert, ja sogar zweifarbig gedruckt, wobei die Worte, um die es der Verfasserin jeweils geht, wie «Teufel», «Juden», «Hängemaul», «Schuft» etc. den Kindern durch Rotdruck unvergeßlich gemacht werden sollen. Jeder dieser Verse müßte hier nachgedruckt, jedes dieser Bilder reproduziert werden. Denn zu fürchten ist, daß es ohne dies nicht gelingen kann, den Grad an sadistischer Roheit, demagogischer Verlogenheit, geschmacklicher Entgleisung und menschlicher Verdorbenheit zu schildern und plastisch zu machen, der hier erreicht ist.

So «erwachen» die Sechsjährigen schon beim Buchstabieren ihrer Fibeln «zum politischen Leben», – einem Leben, das im übrigen durch sämtliche Unterrichtsstunden bereichert wird.

Sehr schnell begann die planmäßige Umgestaltung des *Geschichtsunterrichtes*.

Ein «Handbuch für Lehrer über Geschichtsunterricht» von Karl Alnor (A. W. Zickfeld Verlag) belehrt den Lehrer auf Seite 2: «Der Geschichtsunterricht ist Mittel zur Lösung der dem Volke gestellten politisch-historischen Aufgaben» – «Unterrichtsziel ist Vorbereitung für den eignen Einsatz im Selbstbehauptungskampf des Volkes, d. h. also Erziehung zur Politik. Die Weltgeschichte ist von der Rassenfrage her zu prüfen.»

Und in der Zeitschrift «Nationalsozialistisches Bildungswesen» (Deutscher Volksverlag, München, April 1937) bemerkt Herr Friedrich Flieder in einem Aufsatz «Die Geschichte als Kernstück der nationalsozialistischen Erziehung»: «Der heutige und zukünftige Geschichtsunterricht weiß, daß seine Ziele nicht so sehr wissenschaftlich, als im wesentlichen praktisch sind.» Und er fügt, in Sperrdruck, hinzu: «Die Krone alles nationalpolitischen Geschichtsunterrichtes besteht in nichts anderem als in der Erziehung zur Gefolgschaft des Führers.»

Um die Erinnerung dieser Krone nun geht es in allen Neubearbeitungen und Zusatzheftchen seit 1933. Der «NS-Lehrerbund» (Kreisgruppe Breslau) gibt eine Serie «Schriften zur Deutschen Erneuerung» heraus, die in über 4 Millionen Bogen im Umlauf ist. Nummer 1 der Suite «Adolf Hitler, der Retter Deutschlands» allein hat es auf 347 000 gebracht. Der Preis jedes dieser Heftchen beträgt 11 Pfennige. Der «NS-Lehrerbund», Sachsen, vertreibt eine andere Serie etwas umfangreicherer Broschüren, – «Adolf Hitler», – «Die Kriegsschuldlüge», – etc., – und die «Preußische Lehrerzeitung» hofft bereits früh im Jahre 1934: «Wenn die folgenden Hefte in gleicher Weise bearbeitet werden, dann wird neuer Geist in die Schulen einkehren.»

Und er ist eingekehrt, der «neue Geist». Wohin auch immer wir schauen, seine Spuren finden wir auf Schritt und Tritt. Die hier folgenden Beispiele sind denn auch *zufällig* herausgegriffen aus dem Wust von Manifestationen dieses «Geistes» seit 1933, – sie sind *typisch* und *durchschnittlich*, nicht ausgesucht und ausgefallen.

Die «Deutsche Geschichte» etwa von Herbert Goebel (Leipzig 1937) enthält folgende Nazi-Geschichtswahrheiten, die Zeit nach dem Weltkriege betreffend:

«England ist der größte Kriegsgewinnler, wie es auch der Haupttreiber des Weltkrieges gewesen ist. Es hat aus Handelsneid seinen Bewerber auf den Weltmärkten, Deutschland, völlig vernichtet... [Frankreich wäre] ohne seine Kolonialvölker heute nur eine Macht zweiten Ranges, mit fast einem Sechstel Negern ist das europäische Frankreich heute schon kaum mehr als weißes Volk anzusehen.» (S. 241 f.)

Was aber die Slaven angeht, so gehörten sie, nach Goebel, ursprünglich «zwar auch zur nordischen Rasse, von den Deutschen aber wurden sie als Fremdlinge angesehen, weil schon in früheren Zeiten sie sich so stark mit mongolischen Horden vermischt hatten, daß von ihrem nordischen Blutsteil fast nichts mehr geblieben war. Eine Folge dieser und späterer Rassenmischung ist es, daß bis heute die Slaven keine Kulturschöpfung von Bedeutung hervorgebracht haben, und Unsauberkeit, Unterwürfigkeit, dabei Treulosigkeit und plötzlich hervorbrechende Wildheit sind mongolisches Erbe.» (S. 76)

Sehr dringlich wird Goebel, wenn es um die deutschsprachigen Nachbarländer geht, und so berichtet er denn über den österreichischen Naziputsch vom 25. Juli 1934, im Verlauf dessen, wie erwiesen und allgemein bekannt, der österreichische Kanzler Dollfuß von den österreichischen Nationalsozialisten unter direkter Kontrolle der deutschen Nationalsozialisten ermordet wurde:

«Im Sommer 1934 kam es in Wien und anderen Orten Österreichs zum bewaffneten Aufstand der Marxisten. Im Verlauf der blutigen Kämpfe wurde der Bundeskanzler tödlich verwundet.» (S. 303)

Speziell für *kleine* Kinder und speziell empfohlen vom bayrischen Kultusminister Hans Schemm (der inzwischen bei einem Flugzeug-Absturz tödlich verunglückte) ist ein Buch von Karl Rüger (Zusatzheft wiederum zu einem andern, «Aufbruch der Nation» genannten und von Herrn Fikenscher verfaßten). Dies Buch enthält das Vorbild ganzer Geschichtsstunden für die Kleinen und schlägt etwa vor:

«Euer Vater, Onkel, usw. soll euch vom Krieg erzählen. Bringt mit, was ihr vom Krieg zu Hause habt.

In der folgenden Stunde betrachten wir die mitgebrachten Dinge (Granatsplitter, Kugeln, zu Schmucksachen verarbeitete Geschoßteile, usw. Vorsicht bei Granatzündern!) und sprechen über ihre Verwendung im Krieg. Wir bieten anschließend noch einige Einzelbilder dar, etwa folgende: Ein Tag im Schützengraben, im Trommelfeuer. Ein Fliegerangriff. Die schwarzen Franzosen. Eine Granate schlägt ein. Ein Kamerad wird beerdigt (Ich hatt' einen Kameraden!). Wie einer sterbend noch einen Brief schreibt... Ruhetage hinter der Front (Juden).» (S. 81)

Und Karl Rüger möchte den Anschein erwecken, als ob die Juden sich zu Hauf in der Etappe vergnügt hätten, während die «Deutschen» sterbend ihre Abschiedsbriefe schrieben. Natürlich weiß Karl Rüger, daß ein unverhältnismäßig hoher Prozentsatz deutscher Juden im Kriege gefallen ist, – aber es geht, hier wie überall, nicht um die Wahrheit, sondern darum, «Rasseninstinkt und Rassenbewußtsein den Herzen und Hirnen der Kinder einzubrennen» und sie «zur blinden Gefolgschaft des Führers» zu erziehen. In diesem Sinne «lesen wir dann Soldatenbriefe von der Front» (Rüger S. 84):

«. . . im übrigen schießen wir wenig und werden wenig beschossen. Unsere Tätigkeit besteht im wesentlichen aus Schlafen, Essen, Rauchen, Schachspielen, die andern spielen Karten, Briefeschreiben, Zeitungslesen. Du siehst, es ist ein ganz gemütliches Leben. Besonders aber, in unserm ‹Wohnzimmer›, wenn auf dem Tisch eine kleine Kerze brennt, alles ringsum sitzt, raucht, oder die guten Sachen, die die Feldpost gebracht hat, verzehrt, hinten in der Ecke auf dem kleinen Ofen einer Kaffee kocht, ein zweiter seine Strümpfe trocknet, ein dritter sich vielleicht Kartoffeln heiß macht, ein vierter auf einer Mundharmonika Musik macht und die andern leise oder laut die Melodie mitsummen, dann kann es sogar unglaublich gemütlich und nett hier sein.» (Philipp Witkop, «Kriegsbriefe gefallener Studenten», S. 22 f.)

«Unglaublich gemütlich» also kann es sein im Kriege, wenngleich, wie Rüger einräumt, «gefährliche Dinge» dort nichts Seltenes sind. Sie heißen (S. 81): «Fliegerpfeile, Granaten, Handgranaten, Bomben, Kugeln, Giftgas, Kanonen, Gewehre, Säbel, Stacheldraht, Granatsplitter, Minen, Maschinengewehre, Kampfwagen (Tanks).» – Und das Kind hat sie auswendig zu lernen. Es lernt auch, «was der Soldat braucht», – und «über die Ersatzstoffe». Dann macht es seine Schreibübungen über das «Versailler Friedens-Diktat». «Die besten Milchkühe mußten abgeliefert werden, deshalb gab es nur wenig Milchkühe, also auch wenig und schlechte Milch, die Stadtkinder wurden schlecht ernährt, man sieht es vielen heute noch an . . .» (S. 86)

Und so geht es weiter in diesem Buch, Seite für Seite. Es gibt nicht eine, die einen andern Sinn und Zweck hätte als den, die kleinen Kinder mit Haß zu erfüllen gegen die «Feinde Deutschlands». Als «Feinde Deutschlands» aber sind im Grunde und neben den Juden alle diejenigen Menschen auf dieser Erde gekennzeichnet, die, aus den verschiedensten Beweggründen, den

Plänen und Methoden des «Führers» ihre ungeteilte Sympathie versagen, –: die Franzosen, die Engländer, die Katholiken, die Protestanten, die Slaven im allgemeinen, die Russen im besonderen, die Freimaurer, die Rotarier, – es ist alles eins. Wir könnten Rüger weiter erzählen lassen, wie «Juden, Verbrecher und internationale Banditen» in Deutschland Revolution gemacht haben, und wie sie, noch im Februar 1933, dreist genug gewesen sind, unsern Reichstag anzuzünden, um damit das Zeichen zur kommunistischen Weltrevolution zu geben. «Und immer mehr Leute sagten: Ja, der Hitler hat recht. Immer mehr Millionen und Millionen. Da haben endlich die Männer von der alten Regierung gesagt: wir schämen uns, wir gehen fort! Auch dem Reichspräsidenten von Hindenburg gefielen sie nicht mehr. Da kam er zu Hitler und sagte zu ihm: Machen Sie eine Regierung! Das war am 30. Januar 1933. Da wurde Hitler Reichskanzler.» (S. 100) So geht es weiter, – der plumpen Fälschungen ist kein Ende. Und Karl Rüger weiß sich, wie all seine fälschenden Berufskollegen, eins mit den Regierenden seines Landes, – er fälscht in ihrem Auftrag.

Ein Herr namens Adolf Viernow etwa ließ im Jahre 1935 ein Buch erscheinen: «Zur Theorie und Praxis des nationalsozialistischen Geschichtsunterrichts» (Verlag Schrödel, Halle). Dies Werk sammelt eine Reihe von Vorträgen, die Herr Viernow in den Schulungslagern des «Nationalsozialistischen Lehrerbundes» gehalten hat, – zur Belehrung der Lehrer. «Der Geschichtsunterricht», heißt es da zum Beispiel, – «hütet sich also, ‹schon die Kinderherzen mit dem Fluch der Objektivität zu vergiften›.» (S. 8) Oder: «Der Lehrer hat im Geschichtsunterricht bewußt Partei zu ergreifen. Er hat unbedingt seine Schüler zur ausschließlichen Anerkennung der Rechte des eigenen Volkstums zu erziehen.» (S. 41)

Besonders nachdrücklich werden die «Rechte» dieses «Volkstums» vertreten in einer Abart des Geschichtsunterrichtes, die überaus geeignet erscheint, in den Dienst der nationalsozialistischen Machtpropaganda gestellt zu werden, – im sogenannten «geopolitischen» Unterricht.

Ein Schulbuch, zum Beispiel, von Heinrich Schröder (Verlag Beltz) propagiert diese Neuerung, die zweifellos in die deutschen Volksschulen allgemein Eingang finden dürfte.

Dem Schulkind wird beispielsweise die Frage vorgelegt, was es sich unter einem «pflichtgemäßen Kampf für ein gemeinsames Reich» vorstelle. Da meint das Mädchen Theodore noch ein wenig vag: «Mein Gewissen sagt mir, was ich tun soll.» Der Schüler Heinz umreißt es schon genauer: «Man muß den Arbeitslosen wieder zu Brot verhelfen und die Juden entfernen. Wo hundert Juden Arbeit haben, da sind bloß 12 Deutsche beschäftigt.» (!)

Jetzt fordert der Lehrer die Klasse auf, an die Auslandsdeutschen zu denken, und *so* heißen die Antworten, die er sich erträumt: «Wir müssen den Deutschen in Rußland helfen.» «Wir müssen den Deutschen Briefe schreiben, daß sie ihr Blut nicht aufgeben sollen.» «Wir müssen zuerst kämpfen, daß Deutschland stark wird, und dann den Auslandsdeutschen helfen.»

Wie aber Heinrich Schröder und mit ihm das ganze gleichgeschaltete deutsche Erziehertum sich diese Hilfeleistung an den Auslandsdeutschen vorstellt, das erhellt aus dem Frage- und Antwortspiel, das nun folgt und das wir hier im Wortlaut wiedergeben:

Lehrer: «Blut und Sprache hat unser Volk gemein, eines jedoch fehlt ihm.» Fritz: «Das deutsche Volk hat bloß kein gemeinsames Reich.» Rudi: «Adolf Hitler sagt: gemeinsames Blut gehört in ein gemeinsames Reich.» Anneliese: «Wir sagen es und könnens nicht tun.» Lehrer: «So wirds niemals werden?» Mariechen: «Einmal muß es doch werden!» Rudi: «Das kann der Führer nicht allein, – wir müssen mithelfen!» Lehrer: «Helft ihr denn mit?» Rudi: «Indem ich im Jungvolk bin und für Deutschland kämpfe.» Fritz: «Im braunen Hemd kämpfe ich für Deutschland.» Karl: «Ich habe nach Amerika gegen die Greuelpropaganda der Juden geschrieben.» Fritz: «Ich habe nach Danzig geschrieben und in meinen Briefen nach Kanada ordentlich mit der Feder gekämpft.» Lehrer: «Gut. Unser Ziel ist somit klar.» Fritz: «Ein großes starkes Deutschland für alle Deutschen in der Welt.» Lehrer: «Rudi brachte schon den bedeutenden Satz unseres Führers. Alle sagen ihn: Gemeinsames Blut gehört in ein gemeinsames Reich. Wir singen das Horst-Wessel-Lied.»

Es lohnt sich, der Figur des Horst Wessel nachzuspüren und zu prüfen, *wer* da zum Nationalhelden des neuen Deutschland ernannt wurde und von welcher Beschaffenheit das Lied ist, das man zur Nationalhymne gemacht hat.

Horst Wessel, Sohn eines norddeutschen Pastors, der im Kriege als Feldgeistlicher tätig war, ist von jeher aufs Soldatenspielen, auf den Umgang mit Dolchen und Revolvern versessen. Einen bürgerlichen Beruf, ein geregeltes, arbeitsames Leben kann der minderbegabte Knabe sich nicht vorstellen, und so schließt er sich denn, noch schulpflichtig, verschiedenen militärisch-rauflustigen Bünden an, zunächst deutschnationalen Charakters, in denen Burschen sich zusammenfinden, die nichts besseres zu tun wünschen und die nicht wahr haben möchten, daß der Krieg zu Ende und verloren ist. Zunächst wird er Leiter der Gruppe «Kronprinzessin» im sogenannten «Bismarck-Bund», einer ziemlich kindischen Vereinigung. Ernster wird das Spiel, da er hintereinander der Gruppe «Wiking», der berüchtigten «Organisation Konsul» und der «Schwarzen Reichswehr» beitritt. Während aber diejenigen unter seinen Mitverschworenen, die aus dem Krieg kommen, verzweifelte, besiegte, aus der Bahn geworfene Soldaten, auch jetzt noch ihr Leben in die Schanze schlagen, – nach Schlesien ziehen, oder ins Baltikum, wo sie verlorenes deutsches Gebiet zu retten hoffen, – ist Horst Wessel, – zu jung um mitzukämpfen, – nichts als ein abenteuernder kleiner Tunichtgut. Da die Freikorps im übrigen immer ärger ausarten, verlieren sie ihren eigentlichen rein-nationalistischen Charakter und werden zu gemeingefährlichen Feme- und Mordorganisationen. Schließlich übernehmen die neuaufstrebenden Nationalsozialisten in vielen Stücken die Nachfolge der Freikorps. Auch Horst Wessel tritt ihrer «Bewegung» bei. Nach außen hin und seinen Verwandten gegenüber entschließt der Verwilderte sich fürs Studium. Freilich ist er nicht einmal das, was man einen «verbummelten Studenten» nennt, denn die Universität hat er kaum je mit Augen gesehen. In einem der verrufensten Viertel von Berlin ergibt er sich vielmehr einem andern, übrigens einträglichen Gewerbe: Horst Wessel lebt mit einer polizeinotorischen Hure, – der Sohn des Feldpredigers wird zum Zuhälter. Daß er das Soldatenspielen nicht vergißt über dieser neuen Tätigkeit, dafür sorgen die Nazis, und während seine Freundin Geld beschafft, beteiligt er sich an Saalschlachten und blutigen Straßenkeilereien, wie sie in jenen Jahren zwischen Arbeitern und herumlungernden Nazi-Horden an der Tages- und Nachtordnung sind. Horst Wessel wird schließlich erschlagen, von einem anderen Zuhälter, aus Rache, und keineswegs aus politischen Gründen. Der verkommene junge Mann hat in seinem Leben nicht gearbeitet, nichts hat er geleistet, was für ihn sprechen könnte. Aber gerade diesen so besonders Wertlosen, so besonders Fragwürdigen und Anrüchigen machen, nach seinem Tode, die Nazis zum Heros ihrer «Bewegung», – und sein Lebenswerk, das Lied «Die Fahne hoch...», zur deutschen Nationalhymne. Dieses Horst-Wessel-Lied stellt in beiden Beziehungen, der literarischen wie der musikalischen, das schlechthin Trostloseste dar, was an Untalent, Unbildung und Unwert vorstellbar ist. Ein roher, schwülstiger, von Fehlern strotzender Text ist einer Melodie beigegeben, die Horst Wessel gestohlen hat und die infolgedessen nicht einmal notdürftig mit dem holpernden Rhythmus der Verse übereinstimmt. Anläßlich eines urheberrechtlichen Prozesses zwischen zwei Musikverlagen kamen die beiden ersten Gerichtsinstanzen – das Landgericht und das Oberlandesgericht –, gestützt auf ein Gutachten der «Sachverständigen Kammer für Werke der Tonkunst», noch im Jahre 1937 zu folgendem erstaunlichen Urteil:

«Schon vor 1900 wurde ein Lied ‹Seefahrt nach Afrika› gesungen (‹Einst lebte ich im deutschen Vaterland...›), dessen erste Zeilen mit einer geringfügigen Abweichung in der Tonfolge und mit kleinen Abweichungen im Rhythmus genau dieselbe Melodie aufweisen wie die ersten beiden Zeilen des Horst-Wessel-

Liedes. Die Singweise der dritten Zeile und des Anfangs der vierten Zeile dieses Liedes findet sich fast ebenso in dem älteren Liede ‹Der Fischer und sein Liebchen› (‹ein armer Fischer bin ich zwar...›). Die letzten Takte des Horst-Wessel-Liedes endlich stimmen mit dem Ende der zweiten Zeile des Storndorfer Volksliedes ‹Es wollt ein Mann in seine Heimat reisen› überein, das wiederum in Westfalen nach fast genau derselben Melodie gesungen wurde wie das Lied ‹Seefahrt nach Afrika›.»

Es nimmt Wunder, daß ein Nazi-Gericht es wagt, so schroff über die Nazi-Hymne zu urteilen. Die Richter sprechen denn auch nicht von Horst Wessel als von einer diebischen Person, sondern, vager, – vom «Sänger des Horst-Wessel-Liedes». Immerhin weisen sie diesem noch Beschämenderes nach als den Diebstahl am «Fischer und seinem Liebchen». «Vor allem wird sich ein Künstler mit starkem musikalischem Empfinden», – heißt es weiter in der Urteilsbegründung, «bei der Vertonung den Worten weit mehr anpassen, als es der Verfasser des Liedes ‹Die Fahne hoch...› getan hat. Schon der Anfang zeigt ein auffallendes Auseinandergehen von Wort und Ton: Der Text ‹Die Fahne hoch...› weist auf eine Bewegung nach oben hin, die Melodie bewegt sich ohne ersichtliche Notwendigkeit gerade nach abwärts! Ein Zwiespalt zwischen Text und Weise liegt ferner darin, daß in der Zeile ‹Kam'raden, die Rotfront und Reaktion erschossen...› die Weise, – sinngemäßem Sprechen zuwider, – das ‹die› durch höheren, überdies auf den schwereren noch verlängerten Taktteil gelegten Ton hervorhebt.»

Nicht nur gestohlen also hat Wessel sein Lebenswerk, – er hat seinen Raub auch noch verdorben und traurig verpatzt.

Wesentlich bleibt: der Held und Märtyrer des Hitler-Regiments ist als notorischer Zuhälter gestorben, und die von ihm geschaffene «Nationalhymne» ist ein notorisches Plagiat – und unfähig arrangiert obendrein.

Die Schulkinder jedoch kennen den Horst Wessel als heldische, begnadete und reine Lichtgestalt, als einen Gott, den der Neid der Feinde den Nazis nicht gönnte und der denn also im Kampf gegen das Schlechte sein Leben lassen mußte. Sein Lied, so lernen sie, gehört zu den größten Schöpfungen deutschen Geistes, – und so singen sie es denn, ohne die Wahrheit solcher Lehre jemals in Zweifel zu ziehen.

Das Horst-Wessel-Lied ist verklungen, und wir treten, nach absolviertem Geschichts- und geopolitischem Unterricht, in die Rechenstunde ein, – leichten Herzens und froh, das Gebiet der «nationalen Belange» auf ein Weilchen verlassen zu dürfen. Da wir aber in unserer Lieblingszeitschrift blättern, um uns im «Nationalsozialistischen Bildungswesen» (Februar 1937) doch noch ein wenig über den tieferen Sinn der bevorstehenden Rechenstunde zu informieren, finden wir, von Dr. Erwin Geck geschrieben, das folgende: «Die abendländische Mathematik, wie sie sich in den letzten 300 Jahren entwickelt hat, ist arisches Kulturgut, sie ist eine Äußerung nordischen Kampfgeistes, nordischen Ringens um die Außenwelt und mit ihr, um sie zu beherrschen.»

Wenn wir nicht ziemlich sicher wären, es in dem Doktor Geck mit einem eher humorlosen Menschen zu tun zu haben, – und wenn wir nicht *ganz* sicher wären, daß keiner es sich im Jahre 1937 und im NS-Bildungswesen so leicht herausnehmen wird, drollig zu sein, wir könnten glauben, daß hier einer seinen Scherz treibt, etwa, um zu sehen, wie weit mit dem Humbug gegangen werden kann, ohne daß es auffällt. «Die Mathematik, – eine Äußerung des nordischen Kampfgeistes» – aber Herr Doktor Geck! Immerhin, wir sind gewarnt, und die Aufgaben, vor die unsere Rechenstunde uns nun stellt, erschrecken uns denn auch beinahe gar nicht mehr. Sie handeln samt und sonders von Flugzeugen, Bomben, Kanonen und Schießgewehren. «Nationalpolitische Übungsstoffe für den Rechenunterricht» (Otto Köhler und Ulrich Graf), «Rechenaufgaben im neuen Geiste» (Frankfurt 1935) etc., heißen die Lehrbücher, denen sie entnommen sind. Uns wird ein wenig wirr zumute bei alledem, – wir sind das Denken in Schußkurven noch nicht so gewöhnt, und erst die Aufgabenhefte «Völkisches Rechnen» (von Karl Pietzker, Pädagogischer Verlag, Halle an der Saale) machen uns hier ein wenig sattelfester. Leider ist mit dem gewöhnlichen Addieren, Multiplizieren und Dividieren, wie wir es hier in den ersten

Volksschulklassen lernen, nationalpolitisch noch nicht allzuviel auszurechnen. Das Eigentliche kommt später, im Stoffgebiet der Mittelschulen. Für heute beeilen wir uns, nicht zu spät zur Deutschstunde zu kommen, denn «deutsch», – das haben wir doch immer so gern gehabt.

In diesem Augenblick, einem besonders wichtigen unseres Volksschulvormittages, sei uns eine Bemerkung erlaubt, deren Fundiertheit wir an einer beliebigen Anzahl von Führer-Zitaten beweisen könnten: Der «Führer und Reichskanzler», der Beherrscher und Erzieher des deutschen Volkes, ist der deutschen Sprache nicht mächtig. Es gibt keine Seite in «Mein Kampf», die von schweren grammatikalischen Fehlern nicht wimmelte, alle Reden des «Führers» sind voll von Fehlern, und er ist außerstande, auch nur ein paar Sätze fehlerfrei zu bauen. Nun, er ist kein Gelehrter, der «Führer», sondern vielmehr ein «Mann aus dem Volke», – er hat das selber oft betont. Und wenngleich es einem *hochstrebenden* Mann aus dem Volke wohl anstände, die Sprache dieses Volkes recht zu erlernen, ehe er sich zu seinem Beherrscher machte, so ließe sich doch vorstellen, daß einer schlicht und ungebildet bliebe und daß er doch ein braver Mann wäre, uninteressiert nur eben an «höheren Dingen»; daß er seine Erlasse schlecht und recht und in simple Worte faßte und daß sie dem Volke, aus dem er käme, gerade deshalb leicht eingingen. Wie anders der «Führer»! Nicht daß er *schlecht* spricht und schreibt ist das Gravierende. Fehler sogar könnte man seiner Tapezierer-Herkunft konzedieren. Was wirklich peinlich ist und was die peinlichsten Konsequenzen hat, das ist seine Ambition, ganz besonders *gut*, – ganz auffallend herrlich zu sprechen und zu schreiben, und seine Überzeugtheit davon, daß er dies de facto tue; eine Überzeugtheit, die er auf alle ihm Untergebenen überträgt und die ihn so zum Beherrscher einer Sprache macht, die er nicht einmal im bescheidensten Sinne des Ausdrucks beherrscht.

Die Sprache des «Führers» ist gegen den Führer das unwiderlegbarste Indiz, – ein Indiz, das Ausländern nicht ohne weiteres zugänglich ist und das gerade deshalb ausdrücklich erwähnt werden muß. Man hat gesagt, die Menschheit bedürfe des zeitlichen

Abstandes, um geschichtliche Figuren oder Begebenheiten recht beurteilen zu können. Napoleon, hat man gesagt, ist auch ein wilder Mann gewesen zu seiner Zeit, ein Bedroher Europas, und seine Wildheit ist erst für spätere Generationen hinter seiner Größe zurückgetreten. Nun, das ist wahr. Der Wert von Taten ist ein relativer, er ist abhängig von den Umständen, – Taten sind gut, schlecht oder miserabel, je nach Zeit, Ort und Gegebenheiten. Die Sprache eines Buches aber, der Stil eines Briefes, der Tonfall einer Rede bleiben so gut, schlecht oder miserabel, wie sie es zur Entstehungszeit gewesen. Hitlers Sprache ist miserabel, und sie wird es bleiben. Sie ist in der Tat geeignet, ihren Sprecher auch in den Augen derjenigen zu vernichten, die sich im übrigen über das sittliche oder intellektuelle Niveau des «Führers» heute noch kein Urteil zu bilden vermögen. Und so ist sie vor allem ein Indiz von schlagender Beweiskraft. Zweitens aber ist sie gefährlich, – und da dieses «Führers» Wunsch der Wunsch aller Deutschen zu sein hat, seine Meinung ihre Meinung und seine Sprache ihre Sprache, wird es gewiß begreiflich erscheinen, daß einem jeden, der die deutsche Sprache liebt, bange ist, zumindest um *ihre* Zukunft. Es ist denn auch erschrecklich zu beobachten, wie sich in diesen fünf Jahren Hitlerschen Regimes die Sprache in Deutschland verändert hat. Will sagen, wie alle Zeitungen, Zeitschriften, Schulbücher, wie die gesamte offizielle Literatur der blumig-komplizierten, – dabei unteroffiziershaft-brutalen und vulgären Ausdrucksweise ihres «Führers» verfallen ist.

Der Unterricht im Deutschen aber geht, wie all und jeder Unterricht dort und heute, gar nicht primär darauf aus, Deutsch zu lernen. Er möchte die Kinder lehren, in der Sprache des «Führers» die Gedanken des «Führers» auszudrücken, – nichts weiter.

Eine kleine Grammatik, etwa, kürzlich in Leipzig erschienen, «Sprachkundliche Kleinarbeit im neuen Geiste» genannt und von Richard Alschner verfaßt, bemerkt in einem Vorwort das folgende:

«Was die Volksseele bewegt in Freud und Leid, im Sinnen und

Kämpfen, im Schaffen und Feiern, das schwingt im gesamten Unterrichte mit, nicht zuletzt in der Sprachstunde. Auch hier heißt es und muß es heißen: Gleichklang mit dem Leben! Gegenwartsnähe! Volksbezogenheit! Lassen wir deshalb das gewaltige Zeitgeschehen auch in unsern Sprachstunden zu Worte kommen! Wes das Herz des Volkes voll ist, des gehet auch der Mund der Jugend über. Es gilt den Kraftstrom blutmäßig-volkhaften Denkens, Fühlens und Wollens lebenswarm hineinfließen zu lassen in die sprachliche Form. Wir werden dadurch zu einem muttersprachlichen Unterricht kommen, der seine völkisch-nationale Aufgabe zutiefst erfaßt hat: die volkstumbildende Kraft der Muttersprache zu entbinden und in dem heranwachsenden Geschlecht so lebendig und wirksam zu machen, daß es mit dem eigenwüchsigen Wortgut unserer Tage zugleich das neue Gedankengut in sich aufnimmt und immer tiefer verwurzelt in deutscher Wesensart, immer weiter hineinwächst in deutsche Denkweise, deutsche Lebensgestaltung und deutsche Weltschau.»

Sollte man meinen, das Vorwort einer *Grammatik* zu lesen? Oder klingt dies nicht vielmehr wie eine der Hitlerschen «Kulturreden» und erwarten wir nicht im nächsten Satz, daß alle «zerschmettert» werden müssen, die nicht einverstanden sind? Die grammatikalischen Beispiele, die Alschner folgen läßt, sind denn auch danach:

S. 18: «Greuelmärchen des Auslandes behaupteten nach der Nationalsozialistischen Revolution, in Deutschland schlüge man die Juden tot; man nähme ihnen Hab und Gut, spiee sie an, schösse sie nieder, stieße sie ins Gefängnis, risse ihnen die Kleider vom Leibe, ließe sie in Konzentrationslagern verhungern.»

Unleugbar: hier «fließt der Kraftstrom blutmäßig-volkhaften Denkens und Wollens lebenswarm hinein in die sprachliche Form».

Beispiel 63 (Vorsilbe un): «Wenn das deutsche Volk einig bleibt, so ist es unbesiegbar, unüberwindlich, unbezwingbar, unwiderstehlich, unübertrefflich, unangreifbar, unerschütterlich, unerschöpflich, unverwüstlich, unvergänglich...»

Uns scheint die Manier, in der das «deutsche Volk» sich hier selbst besingt, mehr unausstehlich zu sein denn unwiderstehlich, aber nur so kann wohl «die volkstumbildende Kraft der Muttersprache» richtig «entbunden» werden, – und dies also ist, was die Nazis Grammatikunterricht nennen. Wo man früher in der Sprachlehre vielleicht zu sehr darauf bedacht war, das Interesse des Schülers durch völlige Sinnlosigkeit im Inhalt der gewählten Beispiele ganz aufs Grammatikalische zu konzentrieren, – wo er also etwa Subjekt und Prädikat des Satzes «Das Federmesser meines Großvaters ist niedlich» in den Plural zu übertragen hatte und scharf aufpassen mußte, um nicht versehentlich auch den Großvater zu pluralisieren, – brauchen die Kinder heute, bei Übertragung des Satzes «Das Bombenflugzeug meines Vaterlandes ist verderbenbringend» nur an den Inhalt zu denken und werden es schon treffen: «Die Bombenflugzeuge meines Vaterlandes sind verderbenbringend!»

Die *Lesebücher* aber sprechen fast ausschließlich von der Rasse, den Ahnen, von Bodenverbundenheit und Heldentum, vom Mysterium der deutschen Sendung und Seele. Die deutschen Romantiker, sorgfältig ausgewählt und zurechtgestutzt, werden herangezogen, aber man entschuldigt sich ihretwegen ein wenig, man zeigt ein nicht ganz reines Gewissen. Das «NS-Bildungswesen» etwa äußert kleinlaut (anläßlich einer Neuausgabe von Herder, Grimm, Claudius, etc.): «Es hat vor Adolf Hitler keine Nationalsozialisten gegeben. Aber es gab vor ihm Menschen, Dichter, Gelehrte, Rufer in unserem Volke, die zu Wahrern und Weckern deutschen Wesens wurden und so den ‹Urstoff› Volk mit vorbereiten halfen, aus dem und mit dem dann Adolf Hitler seine Bewegung, ein neues Reich schaffen konnte.»

In diesem Sinne also und in keinem anderen kann man sie allenfalls gelten lassen, die deutschen Dichter der Vergangenheit, – als Präparatoren des «Urstoffes», aus dem Hitler seine Nazis schuf. Herder, Grimm, Claudius, – ihr seid unschuldig, des sind wir Zeuge, – unschuldig und mißbraucht. Zusammengepfercht überdies in den Lesebüchern mit Leuten, die ganz gewiß eueres «Urstoffes» nicht sind und deren Namen vergessen sein werden in Deutschland, noch ehe sie in der Welt bekannt geworden: H. Fr. Blunck, Maria Kahle, H. Hanselmann (der den schlechthin «besten Entwicklungsroman der Gegenwart» geschrieben hat, einen «zweibändigen Jakobsroman» namens «Jaköbli», – so weiß es der NS-Erzieher). Maria Kahle aber, – die besonders in den westdeutschen Lesebüchern recht ausführlich zu Worte kommt, wohl, weil sie der nationalsozialistischen Forderung nach «Erweiterung des deutschen Lebensraumes» so beredten Ausdruck zu geben vermag, dichtet:

«Unser Haus ist zerstört, unsre Scholle entweiht,
Doch in Heimatwehnot und in Knechtschaftsleid
Seit tausend Jahren singt Ostseewind,
Sudetenwind, Karpathenwind,
Von Ostlands deutscher Herrlichkeit.»

Wo sie nicht reimen muß, wird M. Kahle noch deutlicher. In einem Aufsatz «Deutsche jenseits der Grenze» äußert sie:
«Vor dem Weltkrieg glaubten wir, das deutsche Volk beginne und ende dort, wo die Grenzen des Deutschen Staates beginnen und enden. Heute wissen wir, daß die Verbundenheit und das Wachstum eines Volkes nicht von seinen staatlichen Grenzen abhängig ist. Ein Deutscher kann Bürger eines fremden Staates sein, und dennoch gehört er durch sein Blut und seine Rasse, durch seine Wesensart und seine Sprache zu uns.»
So Maria Kahle, – und es ist wahr, daß ihre Erkenntnisse durch die allgemeine Fassung, in der sie gehalten sind, vergleichsweise harmlos anmuten.

Das für die Kinder direkt bestimmte Material überhaupt ist harmlos, im Vergleich zu demjenigen, welches die Anweisungen für Lehrer enthält. Hier wird sehr unverhüllt gesprochen; den Herrn Lehrern wird ganz genau Bescheid gesagt.

In einem Werk, das sich «Wege zum Deutschen Lesebuch 5. und 6. Schuljahr» nennt, geben die Herrn Rössing, Zaum, Irle, Herfurth und Schäfer ihre exakt formulierten Weisungen (Verlag Ferdinand Kamp, Bochum). Zu dem Thema «Das ganze

Deutschland soll es sein» etwa fragt der Lehrer seine Klasse: «Ist Südtirol wirklich deutsch?» Da antwortet einer, der es weiß: «Es ist kerndeutsch, und die Bevölkerung muß viel um des Deutschtums willen leiden.» Fragt der Lehrer weiter: «Und die Schweiz?» «Die meisten Schweizer sind Deutsche», – heißt die Antwort. «Aber die Schweiz ist schon fast 300 Jahre ein eigener Staat.» Da hiegegen der Lehrer nichts Rechtes zu erinnern weiß, fragt er nur noch: «Kennt ihr einen Staat, der damals auch dem Reiche verloren ging?», – freilich doch, – «Die Niederlande». Jetzt ist das Bedauern groß in der Klasse über so viel «kerndeutsche», dem Reich «verloren gegangene» Gebiete. Und der Augenblick ist da, einen Weg zu weisen, der zu ihrer Wiedervereinigung mit Deutschland führen könnte. «Welchem Teil des deutschen Volkes sieht man es an, daß er, trotz Unterdrückung, treu zum deutschen Volk und zur deutschen Sprache steht?» «Den Deutschen jenseits der Grenze!» antwortet der Gefragte, und gewiß ist viel Stolz und Trotz in seiner Stimme. «Welcher Bund sucht die Verbindung mit den Deutschen im Grenz- und Ausland aufrechtzuerhalten?» fragt der Lehrer und meint den «VDA», – (Volksbund für das Deutschtum im Ausland), – jene Organisation, die sich von Jahr zu Jahr aggressiver die «friedliche Durchdringung» aller deutschsprachigen Gebiete außerhalb Deutschlands angelegen sein läßt, – bis endlich die Südtiroler, die Deutschschweizer, die Sudetendeutschen die Hitlerschen Truppen «zu Hilfe rufen» und die «unblutige Annexion» erfolgen kann.

«Weil wir wissen», sagt zuversichtlich der Lehrer, – «wie wichtig es ist, mit jenen Deutschen in Fühlung zu bleiben, wollen wir mit einer deutschen Schule des Auslandes in Briefwechsel treten. Ihr sollt ihnen von der Heimat erzählen und ihnen Ansichten und Zeitungen senden.»

Der Briefwechsel von Nazi-Kindern mit Kindern des Auslands überhaupt spielt eine bedeutende Rolle innerhalb der Propaganda des «Dritten Reiches». Die kleinen deutschen Jungen und Mädchen werden von ihren Vorgesetzten angehalten, an jene kleinen Jungen und Mädchen zu schreiben, die noch nicht unter der Herrschaft des «Führers» leben dürfen, die daher bemitleidenswert sind und um die man sich kümmern muß. Unter dem Titel «Deutschland arbeitet» erschienen in der Kinderzeitschrift «Hilf mit!» (Nr. 11, 1937) die «Briefe zweier Jungen». Der erste, datiert «Marly vor Paris, 20. Juni 1937» stammt, wie die Redaktion bemerkt, von einem kleinen Franzosen namens Jean Baptiste.

«Lieber Kurt», – schreibt Jean Baptiste, – «... in unserm Garten blühen alle Blumen, Vater geht es wieder besser, nur hat er schrecklich viel zu tun, er ist jetzt als Richter in einer Zivilkammer, und alle Leute verklagen einander, weil die Verträge nicht mehr stimmen, seitdem der Franc so gefallen ist. Die Hauswirte wollen mehr Geld von ihren Mietern, die Handwerker höhere Preise für ihre Arbeit haben, und es ist immerfort viel Ärger und Aufregung für Vater... Wenn wir nicht noch ein bißchen Vermögen hätten, wäre es auch für uns sehr schlimm, denn Vater sagt, daß er durch die Inflation mit seinem Gehalt auch nicht mehr auskommt. Richter können doch schließlich nicht auf die Straße gehn und demonstrieren, sie können auch keinen Sitzstreik im Gericht machen, sie müssen froh sein, wenn sie die Verbrecher zum Sitzen bekommen.»

Und der kleine Jean Baptiste, ein seltsam unkindliches junges Geschöpf, das in seinem schönen Lande viel Ärger zu haben scheint, erzählt weiter, von der Weltausstellung und vom russischen und deutschen Pavillon: «... ich will Dir meine Meinung ohne Schmeichelei schreiben», verspricht er. «Auf dem bolschewistischen Haus sind Figuren angebracht, ... die aussehen, als ob sie auf das deutsche Haus loslaufen wollen, um es zu zerstören. Innen drin ist aber nicht viel los, – langweilige Statistiken und Tabellen... Dann bin ich in Euerem Hause gewesen. Es ist ein vollkommen anderes Bild... Besonders interessiert haben mich die Leichtmetalle, dann auch, was Ihr alles an Kunstharz herstellt und wie Ihr Euere Landwirtschaft in Gang bekommt. Ich muß doch auch einmal nach Deutschland kommen und mir das ansehen, wenn ich älter bin... Ich war doch dieses Frühjahr bei meinem Onkel Baptiste in der Gascogne, das ist ein wunderschönes Land, und trotzdem sind die Menschen gar nicht glücklich... Euer Haus auf der Weltausstellung hat mich interessiert. Natürlich glaube ich Euch nicht alles, denn wir Franzosen sind von Natur mißtrauisch – aber was ich dort so an Eurer Arbeit gesehen habe... das läßt mich doch nicht mehr los... Mit vielen Grüßen bin ich Dein treuer Freund Jean Baptiste.»

Ein merkwürdiger junger Franzose, – wie unzufrieden er mit Frankreich ist, – und wie gelangweilt von den «Statistiken und Tabellen» auf der Weltausstellung. Dafür freilich interessieren ihn brennend die deutschen «Leichtmetalle», – und «dann auch», was dort «alles an Kunstharz» hergestellt wird. Bei seinem Onkel in der Gascogne sind, wie er deutlich beobachtet hat, «die Menschen gar nicht glücklich», – aber, was er im deutschen Pavillon gesehen hat, das läßt ihn, wiewohl er, als Franzose, «von Natur mißtrauisch ist», «doch nicht mehr los». Man sieht kommen, daß Jean Baptiste eines nicht zu fernen Tages sein Ränzel schnüren und in Hitlers Leibstandarte um Aufnahme betteln wird; wäre es nicht töricht, in diesem Frankreich zu bleiben, wo alles so falsch, so sehr viel schlechter als in Deutschland gehandhabt wird? Der deutsche Adressat des Briefes aus «Marly vor Paris» antwortet postwendend aus «Wuppertal». «Lieber Jean», – schreibt er, – und nach nur einem einleitenden Sätzchen geht er in medias res: «Sieh mal, wir sind nun einmal in Deutschland kein sehr reiches Volk. Unser Boden ist ärmer als der französische, ein Kolonialreich besitzen wir auch nicht, dazu waren wir durch den Krieg und vor allem durch die schlechte Wirtschaft nach dem Kriege sehr heruntergekommen und verarmt. Als nun der Führer ans Ruder kam, haben die Juden überall in der Welt versucht, uns dadurch zu Fall zu bringen, daß sie uns die Rohstoffe sperrten... Wir arbeiten jetzt mit allen Kräften, immer neue Erfindungen zu machen, damit unser Volk Brot und Verdienst hat.»

Kurt und Jean Baptiste, das sieht man schon, haben ganz ähnliche Interessen. Nur daß Kurt den Dingen auf den Grund geht und weiß, woher beim andern das Elend kommt; der kleine Franzose muß sich von seinem Nazi-Freund belehren lassen. «Mir tut das so leid», schreibt er gutherzig, «daß Du zu Hause so Sorgen hast, oder Dein Vater, weil der Franc immerfort fällt... Inflationen machen immer die Juden. Auf der einen Seite hetzen sie die Arbeiter auf, immer höhere Lohnforderungen zu stellen, aber verhindern, daß mehr gearbeitet wird. – ...Der Jude redet den Völkern solchen Wahnsinn ein. Alle diejenigen, die von ihrem ersparten Vermögen leben, müssen dies dann ausgeben und verlieren, der Jude kauft noch außerdem aus den verarmenden Familien alle schönen Wertgegenstände zusammen – und eines Tages ist nichts mehr da. Dann wird der Jude entweder von sich aus den Leuten Geld zu Wucherzinsen leihen, oder, wenn er schon sich soweit glaubt, an der Spitze verzweifelter Volksmassen seine schreckliche blutige Herrschaft, den Bolschewismus aufrichten. Genau das versucht er jetzt in Frankreich bei Euch!»

Es ist ein schreckliches Zukunftsbild, welches Kurtchen seinem Jean da hinmalt. Dabei könnte, soviel ist klar, das ganze Unheil noch vermieden werden, falls Jeans Heimatland, das gefährdete Frankreich, sich in letzter Minute unter Hitlers Herrschaft begäbe. «Ich weiß doch», schreibt Kurt weiter, – «wie bescheiden und wie fleißig Euere Bauern sind... Ich verstehe gar nicht, daß sie sich so von einer Abwertung des Franc in die andere jagen lassen und alles verlieren, während der Jude sich ins Fäustchen lacht. Sieh mal – wir stellen auch keine solchen verrückten Puppen auf unser Haus in der Weltausstellung. Wir zeigen nur, was ein armes Volk, wenn es nur gut geführt wird und fleißig ist, leisten kann, sobald es den Juden einmal losgeworden... Ich freue mich schrecklich, wenn Du einmal hierherkommst; dann mußt Du Dir ansehen, wie wir hier schaffen und arbeiten und was wir aus unserm Boden machen... Bis dahin gebe ich Dir herzlich die Hand als Dein treuer Freund Kurt.»

«Deutschland arbeitet» ist der Titel, den die Zeitschrift «Hilf mit!» diesem Briefwechsel gegeben hat, – und es ist die Wahrheit, – Deutschland arbeitet!, – es arbeitet mit allen Mitteln!

Einer der allerersten Nazis in Deutschland war ein Mann namens Dietrich Eckart, persönlicher Freund und Bewunderer

Adolf Hitlers, den er im übrigen seinerseits beeinflußt hat. Vor allem in Sachen des Antisemitismus war Eckart vorbildlich für den «Führer». Da er im Jahre 1923 schon verstarb, konnte er früh zur mythischen Figur verwandelt werden. Er war der «getreue Eckart», – «einer unserer großen Toten», – der «Sänger der Partei». Als solcher spielt er eine dominierende Rolle in den deutschen Lesebüchern, wiewohl eigentlich nur ein Gedicht aus seiner Feder bekannt geworden. Es beginnt:

«Deutschland erwache!
Sturm, Sturm, Sturm!
Läuten die Glocken von Turm zu Turm!
Läuten, daß die Funken zu sprühen beginnen,
Judas erscheint, das Reich zu gewinnen,
Läuten, daß blutig die Seile sich röten,
Rings lauter Brennen und Martern und Töten.
Läuten Sturm, daß die Erde sich bäumt,
Unter dem Donner der rettenden Rache.
Wehe dem Volk, das heute noch träumt.
Deutschland erwache!»

Zur Erläuterung dieser Dichtung und der Gesamtgestalt ihres Autors erschien in Berlin (Neues Verlagshaus für Volksliteratur), als Heft 36 der Sammlung «Die Fahne hoch», eine kurze Biographie des Dichters. «Der Wunsch des Vaters», heißt es da, «war, daß er Medizin studieren sollte... Wie schon einmal erkrankte er mitten im Studium sehr schwer... Er nahm Morphium, er wurde Morphinist und blieb es auch, als die Krankheit schon vorüber war. Sein Zustand war so bedenklich, seine Gereiztheit so groß, daß er schließlich selbst einsah, daß er auf diesem Wege nicht fortfahren dürfte... Er entschloß sich, eine Nervenheilanstalt aufzusuchen... während seiner Anwesenheit in der Anstalt reiften seine ersten großen dichterischen Pläne...» (S. 7) Und der Bericht geht weiter, – voll revolutionären Stolzes: «Dieser junge Eckart ließ sich nicht einordnen in einen wohlgesitteten bürgerlichen Beruf, das mochte auch der

Vater mit der Zeit einsehen, und er gab es auf, mit dem Sohn zu streiten.» (S. 9) Nach alledem ist es denn auch nur zu «begreiflich, daß die jüdische Presse diesen Hecht im Karpfenteich ablehnte und ihn einfach totschwieg... Da starb im Jahre 1895 sein Vater und hinterließ ihm ein stattliches Vermögen... Und Dietrich Eckart machte ausgiebig Gebrauch davon mit dem Resultat, daß von dem stattlichen Vermögen in wenigen Jahren kein Sechser mehr vorhanden war» (S. 10). Als aber der Leichtsinnige den «damals noch gänzlich unbekannten Gefreiten des Weltkrieges, Adolf Hitler» kennenlernte, – «erkannte er mit merkwürdig seherischem Blick sofort die großen Führer-Eigenschaften dieses Mannes und ordnete sich ihm bedingungslos unter... So steht Dietrich Eckart vor uns... Der deutsche Dichter, den sein Volk nicht vergessen wird, weil es ihn nicht vergessen kann.»

Das ist logisch. Warum aber kann es ihn nicht vergessen? Weil das Propaganda-Ministerium dies nicht zuläßt, weil er unwiderruflich unter die Mythen rechnet. So sehen sie aus, die «deutschen Dichter» von Hitlers Gnaden. Dieser Dietrich Eckart hat miserables, blutrünstiges und schwülstiges Zeug geschrieben. Er war ein Morphinist und ein Verschwender, und nicht seine Gegner sind es, die dies von ihm sagen, sondern seine Anbeter; die Nazis rühmen ihn als einen, der sich in einen «wohlgesitteten bürgerlichen Beruf nicht einordnen ließ». Nicht *trotz* seiner Schwächen und Laster wurde er Hitlers Freund, nicht *trotz* ihrer hat man ihn nach seinem Tode zur nationalen Figur gemacht, sondern um dieser Schwächen und Laster willen. *Weil* er schrieb, wie er schrieb, wurde er berühmt in Nazi-Deutschland, *weil* er zeitlebens ein hemmungsloser, unbrauchbarer, aufsässiger, haßerfüllter und gestrandeter Geselle gewesen war, konnte er Aufnahme finden in die Nazi-Walhalla, wo er neben Horst Wessel, dem Zuhälter, und Leo Schlageter, dem Eisenbahn-Attentäter, seinen Platz hat. Wie aber muß es in den Köpfen von Schulkindern aussehen, denen ein solcher Held auf solche Art präsentiert wird?

Da wir nun den *Geschichtsunterricht* der ersten Volksschulklassen besucht haben, – die «*geopolitischen*» Unterrichtsmethoden kennen, – wissen, wie die Kinder *schreiben* und *rechnen* lernen, welche Sorte *Deutsch* man ihnen beibringt und wie die *Helden* aussehen, die man sie verehren heißt, – möchten wir doch zweierlei noch ergründen: Wie steht es um die «*Rassenlehre*» und wie um den *Religionsunterricht?*

Die «Rassenlehre» hat schon früh die Aufmerksamkeit des Erziehungsministeriums. Um für das neue Fach Platz zu schaffen in der Schulzeit, müssen andere, weniger wichtige Fächer zurückstehen, und es sollen die Lehrer für Deutsch, Geschichte, Geographie von nun ab in eben den Deutsch-, Geschichte- und Geographie-Stunden den Rassenlehre-Unterricht mitbesorgen.

Nach einer Sitzung mit dem Rasseamt der Partei verabschiedet Dr. Bernhard Rust einen Erlaß, dessen Inhalt sich wie folgt zusammenfassen läßt:

In allen Schulklassen soll von nun ab Rassenlehre-Unterricht abgehalten werden. Von der Rassenlehre sind Rückschlüsse auf alle Gebiete des öffentlichen und privaten Lebens zu ziehen. Eine allgemeine Stärkung des nationalsozialistischen Geistes ist hierdurch zu erzielen.

Es gilt:

1. den Schülern Einblick zu gewähren in die Zusammenhänge, Ursachen und Wirkungen aller mit Erb- und Rassenlehre in Zusammenhang stehenden Grundtatsachen.

2. Die Schüler von der Bedeutung der Erb- und Rassenlehre für die Gesamtheit der Nation und die Ziele der Regierung zu überzeugen.

3. In den Schülern den Sinn für Verantwortlichkeit zu wecken gegenüber der Gesamtheit der Nation, wie sie sich aus der Reihe der Vorfahren, der gegenwärtigen und zukünftigen Generationen zusammensetzt. Die Schüler mit Stolz darüber zu erfüllen, daß das deutsche Volk als wichtigster Repräsentant der nordischen Rasse zu betrachten ist, – und sie zu aktiver Mitarbeit bei der restlosen Aufnordung des deutschen Volkes zu bestimmen.

All dies hat in den ersten Schuljahren bereits betrieben zu

werden, damit des Führers Wunsch erfüllt werde, der gefordert hat, kein Schulkind, weder Knabe noch Mädchen, dürfe in Zukunft die Schule verlassen, ohne von Bedeutung und Notwendigkeit eines reinen Blutes durchdrungen zu sein. (Erlaß des Reichsunterrichtsministeriums R Min Amtsbl. 1935 S. 43 RU II C 5209)

Um diesen Herzenswunsch des «Führers» erfüllen zu helfen, scheuen die deutschen Schulen kein Mittel als zu plump, zu abergläubisch, zu brutal.

«Das Kind pflegt für solche fremden Züge einen guten Blick zu haben», schreibt die Zeitschrift «NS-Bildungswesen» (Heft 1, 1937) in einem Aufsatz «Anschauung und Bild im rassenkundlichen Unterricht». – «Wir werden ihm daher auch die rassische Zusammengehörigkeit des deutschen Volkes zunächst dadurch am besten zum Bewußtsein bringen, wenn wir ihm neben Bildern rassetüchtiger und artgleicher Menschen Bilder artfremder Rassen in Vertretern verschiedener Qualität zeigen. Hinsichtlich der Juden gilt hier, daß besonders Typen zu wählen sind, die klar das für uns unangenehm Charakteristische dieser negativen rassischen Auslese zum Ausdruck bringen, nicht Vertreter, in denen sich im Äußeren eine gewisse Anpassung an das Wirtsvolk vollzogen hat... Nicht zuletzt läßt sich an Bildern von Juden und Bastarden deutlich aufzeigen, wie sich seelische Minderwertigkeit und Zerrissenheit im Antlitze spiegeln. Besonders die jüdisch-bolschewistischen ‹Politiker› und Verbrecher liefern ein reiches und außerordentlich sprechendes Material hierfür.»

Und ein anderer Rassenlehr'-Spezialist, Professor Ernst Dobers von der Hochschule für Lehrerbildung in Elbing, schreibt in seinem Buch «Die Judenfrage – Stoff und Behandlung in der Schule»:

«Wie wünschen wir, daß unser Volk aussehen soll? Wir stellen zwei Gruppen von Bildern zusammen, auf der einen Seite nordisch bestimmte Körper und Gesichter, Sportstypen, Olympiakämpfer, Soldaten, Offizierstypen, Führergestalten; auf die andere Seite bringen wir eine Gruppe von Juden, mögen es gewöhnliche Zeitgenossen sein, oder ‹Größen› aus Juda, wie die Mehrzahl der Bolschewikenführer, Rosa Luxemburg, Hilferding, Eisner, Theodor Lessing, Gumbel, Stampfer, Bleichröder, Rathenau, Theodor Wolff, Georg Bernhard, Hirschfeld, Kestenberg und wie sie alle heißen mögen. Gerade in der Häufung der Typen auf beiden Seiten wird für die Kinder schon rein gefühlsmäßig die Zustimmung dort, die leidenschaftliche Ablehnung hier zu einer Selbstverständlichkeit werden. Diesen Instinkt und dieses Bewußtsein von der eigenen Art und von der Fremdheit der andern immer wieder zu stärken und von der Seite des Wissens und der Erkenntnis mit zu unterbauen, ist dann die Aufgabe des gesprochenen Lehrerworts.»

Es ist auffallend, daß hier kein namentliches Beispiel für die nordische Vollkommenheit der «Olympiakämpfer» und «Führergestalten» gegeben ist. Sollte Professor Dobers den Doktor Goebbels nicht als «nordisch bestimmten Körper» empfinden? Sollte er sich daran erinnert haben, daß der Jude Max Baer dem «arischen» Schmeling die Weltmeisterschaft im Boxen abgenommen und daß es eine Anzahl jüdischer Olympiasieger gegeben hat? Die «‹Größen› aus Juda» hingegen werden genannt, und es ist typisch für das Gemisch aus Unbildung und Lüge, das den Nazi-Erziehern Methode ist, wie hier die hochkapitalistischen Bankiers, die Chef-Redakteure an bürgerlichen Zeitungen und die liberalen Gelehrten als «Bolschewikenführer» denunziert werden. De facto ist Rosa Luxemburg in dieser Namensliste die einzige Kommunistin. Mit Kurt Eisner, Theodor Lessing und Walther Rathenau freilich teilt sie das Schicksal, von den Nazis ermordet worden zu sein.

Unbildung und Lüge, – dies typische Nazi-Gemisch spricht aus all und jedem Unterricht im Dritten Reich. Es spricht aus den notorischen Fälschungen, die den Schulen zur Verwendung empfohlen werden, – aus den «Protokollen der Weisen von Zion», – es spricht verwunderlich aus Richard Gauchs «Neue Grundlagen der Rassenforschung» (erschienen 1933), – einem Standardwerk der neuen Wissenschaft. Nach weitläufigen Auseinandersetzungen über die Wesensverschiedenheit der nordischen von den nicht-nordischen Menschen, deren jede hier wiedergegeben werden müßte in ihrer wissenschaftlichen Unverantwortlichkeit, – lehrt dieser Gauch klipp und klar das folgende:

«Somit können wir das rassenkundliche Grundgesetz aufstellen: Es gibt kein körperliches und seelisches Merkmal, das einen Begriff Menschheit im Unterschied zu den Tieren rechtfertigen würde, sondern nur Unterschiede zwischen den Nordischen Menschen einerseits und dem Tiere überhaupt, einschließlich des nichtnordischen Menschen oder Untermenschen als der Übergangsform andererseits». (S. 79)

Der Augenblick scheint herangekommen, in dem wir, noch einmal, darauf hinweisen müssen: was wir hier zitieren, ist *zufällig* herausgegriffen und *typisch*. Richard Gauch mit seiner Lehre ist *kein Ausnahmefall*, er ist einer von vielen, *ein Vertreter des Nazi-Durchschnitts*. Und wenn er fortfährt: «Daß aber der nichtnordische Mensch sich nicht mit dem Menschenaffen kreuzen könne, ist nicht bewiesen» (S. 79), – so gibt er damit die Herzensüberzeugung seines «Führers» wieder, der gesagt hat: «Ein völkischer Staat wird… in erster Linie die Ehe aus dem Niveau einer dauernden Rassenschande herauszuheben haben, um ihr die Weihe jener Institution zu geben, die berufen ist, Ebenbilder des Herrn zu zeugen und nicht Mißgeburten zwischen Mensch und Affe.» («Mein Kampf»)

Ein anderes Lehrbuch, – «Das A.B.C. der Rasse», von der «Schule für Rassenpolitik» in München «dringend für den allgemeinen Schulgebrauch empfohlen» (von Franz Lüke, Verlag Ferdinand Kamp, Bochum), geht besonders schlau zu Werke. Und wiewohl es in Bild und Wort den Juden mit der sprichwörtlichen Monsternase ausstaffiert, belehrt es die Kinder: «Natürlich dürfen wir bloße äußere Erscheinung nicht mit Rasse verwechseln. Rasse heißt Seele. Und es gibt Menschen, die äußerlich sogar gewisse nordische Kennzeichen aufweisen, aber Juden sind im Geiste.»

Und als die fünf großen Probleme, die Deutschland zu lösen habe, nennt dies erstaunliche ABC:

1. Deutschland hat zu wenig Grund und Boden, seit dem Verlust seiner Kolonien.

2. Ein Drittel der deutschen Bevölkerung lebt im Exil (gemeint sind jene 35 Millionen Österreicher, Tschechen, Schweizer, Holländer, Dänen, Elsässer, Amerikaner, die, auf Grund ihres Blutes und ihrer Sprache, dem neuen «Groß-Deutschland» anzugehören hätten!).

3. Die Bedrohung durch die Juden (welche «eine Mischung von asiatischem und Neger-Blut mit einer kleinen Beimischung von europäischen Blutbestandteilen vereinen»).

4. Der Rückgang der Geburtenrate. Und

5. wie 1. (hier schließt sich der Circulus vitiosus): Ein Volk ohne Raum wird mit der Zeit zum Volk ohne Volk... Wenn wir aber alle zusammen kämpfen, unter unserer mächtigen Nationalsozialistischen Führerschaft, und unter dem Schutz unserer neuen Rassegesetze, dann ist die herrliche nordische Zukunft des neuen Deutschland als gesichert zu betrachten. Hat nicht der Führer selber prophezeit: «Eine Nation, die nur ihre besten Kräfte einem rassisch degenerierten Zeitalter entgegenstellt, muß Herr der Erde werden.» (Rückübersetzt aus dem «Jewish Chronicle», 24. Januar 1936, S. 14)

Und die deutsche Volksseele, – diese höchste, mythische Instanz im Dritten Reich, hat kürzlich ein Kinder- und Marschlied hervorgebracht, das sehr eindringlich davon singt und sagt, wie es aussehen wird, dies deutsche «Herr-der-Erde-Sein»:

«Und liegt vom Kampf in Trümmern
die ganze Welt zu Hauf,
Das soll uns den Teufel nicht kümmern,
wir pfeifen drauf.
Wir werden weitermarschieren,
wenn alles in Scherben fällt,
Denn heute gehört uns Deutschland
und morgen die ganze Welt.»

Dies Ziel aber, die Nazis zu Herrn der Welt zu machen, und sei eben diese Welt nur noch ein Trümmerhaufen nach der Schlacht, scheint dem «Führer» und seiner Gefolgschaft am sichersten durch ein Mittel erreichbar: den Haß. Es muß gehaßt werden, in Deutschland, glühend, verzehrend und ohne Unterlaß muß all das gehaßt werden, was dem großen Ziel, der Eroberung der Welt durch die Nazis, entgegenstehen könnte, – unschuldige Begriffe selbst, wie die der «Vernunft», der «Frömmigkeit», der «Liebe zum Frieden». Und er wird sorgsam aufgebaut und gepflegt, der Haß, mit aller Systematik und aller Konsequenz.

Dabei bleibt unvergessen, daß Begriffe sich nicht so leicht hassen lassen wie lebende Menschen, – abwesende lebende Menschen nicht so leicht wie anwesende, – eine relativ kleine Anzahl von anwesenden Menschen leichter als eine relativ große. Eine relativ kleine Anzahl von anwesenden Menschen, die, vermöge ihres gesitteten Durchschnittsniveaus, vermittels ihrer mediterranären Zivilisiertheit ein Element der Vernunft in Deutschland verkörpern, ungeeignet, der «deutschen Sendung», der Eroberung der Welt, den erwünschten Vorschub zu leisten, – eine solche relativ kleine Anzahl von anwesenden Menschen repräsentieren in Deutschland die Juden. Der Haß gegen die Juden also scheint der beste, der aussichtsreichste, der «produktivste» Haß, und so wird er denn geschürt mit allen Mitteln der Verleumdung, der Pseudowissenschaft, der unverhüllten Pornographie. Wir haben geschildert und belegt, wie Verleumdung und Pseudowissenschaft am Werk sind, – wenden wir uns nun der unverhüllten Pornographie zu, – sprechen wir von etwas durchaus Erstmaligem in der Geschichte der Menschheitserziehung, von der Verwendung rein pornographischer Methoden beim Unterricht kleiner Kinder zum Zwecke der Vertiefung des Hasses gegen einen Teil der eigenen «Volksgenossen».

Einer von des «Führers» ältesten und intimsten Freunden ist der «Frankenführer» Julius Streicher, «Gauleiter» des Gaues Franken und Gründer und Herausgeber des Wochenblattes «Der Stürmer». Streicher ist selbst in Parteikreisen nicht beliebt.

Seine sexual-pathologische Person gilt als allzuschwere Belastung, sein hemmungsloses, zu Ausschreitungen aller Art geneigtes Wesen hat ihn schon früh in Konflikt mit der Umwelt, ja mit den Kameraden und Parteigenossen gebracht. Streicher, der vor dem Kriege der «Fortschritts»-Partei angehört und sich nach dem Kriege gar der USPD (Unabhängige Sozialdemokratische Partei) angeschlossen hatte, kandidierte im Jahre 1920 zum ersten Mal für die Nationalsozialisten, ohne damals freilich zu reüssieren. Er intrigierte gegen Hitler und hoffte, selber ans Steuer der Partei zu gelangen. Sein Wochenblatt «Der Stürmer» erschien zunächst als Konkurrenzunternehmen gegen die von Hitler inspirierte völkische Presse und übertraf diese von je an Unflätigkeit. Der Antisemitismus, den Hitler und die Seinen mit einem Glorienschein von Mystik umgaben, – bei Streicher hatte er von Anbeginn den rein pornographischen Charakter, der ihm den schlechteren Teil der deutschen Bevölkerung gewann. Freilich gewann er ihm auch nicht unwesentliche Teile der Jugend, deren unerfahrene Sensationsgier sich an den Phantasien des «Stürmer» sättigte. «Am Pranger» nennt sich eine besonders populäre Rubrik des Streicher-Blattes, und der «Stürmer» bemerkt einführend: «Es gibt immer noch sogenannte deutsche Frauen und Mädchen, die dem Juden willig sind. Aufklärung allein bringt diese artvergessenen Weiber auf den rechten Weg. Für sie hat der ‹Stürmer› ein letztes Mittel hervorgeholt. Er wird künftighin Frauenzimmer, die mit Juden verkehren, an den Pranger stellen. In Wort und Bild!»

Und nun ziehn sie vorüber, in jeder Nummer des «Stürmer», diese «Artvergessenen». «In Nürnberg, in der Adlerstraße 31/II hat der Jude Ernst Arnstein, Inhaber der Firma Wellhöfer und Co. Zirndorf, seine feudal eingerichtete Junggesellenwohnung... Eines der artvergessenen Frauenzimmer ist die Inge Manger, Nürnberg, Regensburgerstraße 144/II. Sie besitzt die Frechheit, am Arme des Juden in öffentlichen Lokalen zu erscheinen. – Die 19-Jahre-alte Berta Miel, Göppingen, Karlstraße, verkehrt mit dem Juden Riese. Man sieht sie nachts des öftern mit dem Juden in dunklen Hausecken stehn. Was ihr und dem Juden passiert, wenn sie nochmals dabei ertappt werden, kann sie sich selbst ausmalen...»

Wir haben sie «am Pranger» stehen sehn, die deutschen Frauen, nur weil sie, um der Barmherzigkeit willen, hinter einem Sarg hergegangen waren, in dem ein Jude bestattet werden sollte. Auf den Photographien im «Stürmer» trachten die Unglücklichen ihre Gesichter zu verhüllen, – wie die Verbrecher es tun, wenn man sie zur Hinrichtung führt.

Der «Führer» des «Dritten Reiches», Adolf Hitler, hat, wiewohl rachgierig von Natur, dem Streicher alles verziehen, was dieser in ihrer beider Anfangszeit gegen ihn unternommen, wohl, weil er ihn für einen guten Hasser hält. Es entspricht dem Niveau des deutschen Diktators, die wenig normalen Ergüsse seines Freundes und seine wahrhaft unnatürliche Roheit hochzuschätzen als Waffen im Kampfe.

«Der Fememordjude ist tot», schreibt Streicher am 16. Februar 1930, – anläßlich des Todes des sozialdemokratischen Reichstagsabgeordneten und berühmten Rechtsanwaltes Dr. Paul Levi. «Es war morgens um fünf Uhr, da machte Paul Levi, der an Grippe erkrankt war, einen Sprung aus seinem Fenster. Das hielt seine Wirbelsäule nicht aus. Sie brach auseinander, und das veranlaßte ihn, seinen Talmudgeist aufzugeben. Über die Ursache seines Todes ist man verschiedener Meinung. Die einen sagen, Paul Levi hätte den eigenen Rassegeruch nicht mehr ertragen...»

Um solcher Äußerungen willen liebt Adolf Hitler Herrn Streicher. Um ihretwillen hat er ihn gedeckt und beschirmt, immer wenn wegen der verschiedensten gemeinen Verbrechen Anklage gegen ihn erhoben werden sollte. Als im Jahre 1930 der bayrische Landtag sein Mitglied Streicher zur Strafverfolgung freigab, war es Hitler, der die Parteigenossen überredete, ihre Anzeige wegen schweren Betruges zurückzuziehen.

Der Münchner Polizeipräsident von damals, Pöhner, weigerte sich, privat mit Streicher Rücksprache zu nehmen, – «ich setze mich nicht auf einen Dreckhaufen», sagte er begründend. Aber Hitler hält ihm die Treue. Zu seinem 50. Geburtstag flog er anhänglicherweise nach Nürnberg, und so durfte er Zeuge sein, als die Ortsbehörden dem Jubilar als Festgeschenk ein Aktenstück überreichten, das «früher als Belastungsmaterial gegen ihn gebraucht worden war».

Julius Streicher, der im Jahre 1933 zweihundertundfünfzig Juden auf einer Wiese vor der Stadt das Gras mit den Zähnen auszureißen zwang, gehört zu den markantesten Figuren des Dritten Reiches, und sein Einfluß auf die Erziehung der deutschen Kinder ist erheblich.

Distinguierten Ausländern freilich auf ihren Deutschlandreisen wird versichert, kein vernünftiger Mensch lese den «Stürmer», Streicher «meine es herzlich gut», – «schieße aber doch wohl gelegentlich übers Ziel hinaus», – kurz, es gehört zu den Bestrebungen der Nazis in Richtung der «Weltmöglichkeit», die Bedeutung des Streicher-Blattes für das «kulturelle Leben» im Dritten Reich in Abrede zu stellen. De facto wird der «Stürmer», der fast ausschließlich vom Wesen der «Rassenschande», von Bettgeschichten und Skandal-Affären handelt, kleinen Kindern zwischen sechs und vierzehn Jahren im Unterricht vorgelesen, – seine Denunziationen werden zum Thema ihrer Hausaufsätze, seine Unanständigkeiten zum Gegenstand ihrer «Bildung» gemacht.

«Ich habe», – schreibt der Lehrer Max Burkert, Leiter der «Schule Overbeckstraße», Köln-Ehrenfeld, (Stürmer Nr. 35, August 1935), – «Ich habe mir aus Ihrer herrlichen Kampfzeitung, dem ‹Stürmer›, eine Reihe von Judenköpfen, die einstmals in Deutschland herrschen durften, ausgeschnitten, und, wie Sie aus beiliegender Photographie ersehen, aufgezogen. Mit dieser Anschauungstafel versehen halte ich in allen oberen Klassen meiner Schule Vorträge über die Judenfrage... Wie tief der Gedanke schon Wurzeln geschlagen hat, dürfte Ihnen folgendes Ergebnis, das ich mit einem neunjährigen Schüler meiner Klasse hatte, zeigen:

Eines Tages kommt er zur Schule und erzählt: Herr Lehrer, gestern ging ich mit meiner Mutter spazieren. Auf einmal, als wir beim Kaufhof vorbeigehen, fällt es meiner Mutter ein, daß sie notwendig einige Röllchen Zwirn braucht. Sie will mir Geld geben, damit ich im Kaufhofe den Zwirn kaufe. Darauf habe ich meiner Mutter gesagt: ‹Dahinein gehe ich nicht, das mußt du schon selber tun. Aber das sage ich dir, wenn du in den Kaufhof gehst, dann sage ich es morgen unserm Lehrer. Der läßt dich zur Schule kommen, da kannst du was erleben.›

Sollte Ihnen beiliegendes Bild gefallen, dann würden sich meine Kinder sehr freuen, wenn Sie es im ‹Stürmer› veröffentlichen könnten. Ich bin der Überzeugung, daß solche Bilder zum Nacheifern anregen.

Ihnen in dem heißen Ringen weiter stahlharte Nerven wünschend, verbleibe mit vielen Grüßen und Heil Hitler

Burkert Max, Schulleiter.»

Der «Frankenführer» verdankt seinen «stahlharten Nerven» «in dem heißen Ringen» denn auch manch schönen Erfolg, und der «Stürmer» sieht sich in der Lage, allwöchentlich mit Zuschriften aufzuwarten, die seine Verbreitung in den Unterrichtsstätten des deutschen Volkes zur Genüge nachweisen. Erna Listing aus Gelsenkirchen, wohnhaft dort in der Oswaldstraße 8, schreibt (Stürmer Nr. 2, 1935):

«Lieber Stürmer!

Gauleiter Streicher hat uns so viel von den Juden erzählt, daß wir sie ganz gehörig hassen. Wir haben in der Schule einen Aufsatz geschrieben unter dem Titel: ‹Die Juden sind unser Unglück›. Ich möchte bitten meinen Aufsatz in Abdruck zu bringen.

‹Die Juden sind unser Unglück.›

Leider sagen heute noch viele: ‹Die Juden sind auch Geschöpfe Gottes. Darum müßt ihr sie auch achten.› Wir aber sagen: ‹Ungeziefer sind auch Tiere, trotzdem vernichten wir es. Der Jude ist ein Mischling. Er hat Erbanlagen von Ariern, Asiaten, Negern und von den Mongolen. Bei einem Mischling herrscht das Böse vor. Das einzig Gute, das er hat, ist seine weiße Farbe.› . . . Jesus sagte einmal zu ihnen [den Juden]: ‹Ihr habt zum Vater nicht Gott, sondern den Teufel.› Die Juden haben ein böses Gesetzbuch. Das ist der Talmud. Auch sehen die Juden in uns das Tier und behandeln uns danach. Geld und Gut nehmen sie uns mit aller List weg... In Gelsenkirchen hat der Jude Grünberg Aas an uns verkauft. Das darf er nach seinem Gesetzbuch. Aufstände haben die Juden angezettelt und zum Krieg haben sie gehetzt. Rußland haben sie ins Elend geführt. In Deutschland gaben sie der KPD Geld und bezahlten die Mordbuben. Wir standen am Rande des Grabes. Da kam Adolf Hitler. Jetzt sind die Juden im Auslande und hetzen gegen uns. Aber wir lassen uns nicht beirren und folgen dem Führer. Wir kaufen nichts beim Juden. Jeder Pfennig, den wir ihnen geben, tötet einen unserer Angehörigen. Heil Hitler!»

Und der «Stürmer» jubiliert in einem kleinen Post-Scriptum: «Wie wir, so werden sich auch die Stürmer-Leser über das freuen, was die kleine Erna in Gelsenkirchen in ihrem Schulaufsatz zu sagen weiß. Der Stürmer hat Erna zu Weihnachten eine kleine Freude gemacht.»

Das Schaurig-Perverse der kleinen Weihnachtsfreude für Erna zum Lohn für ihren tief-christlichen Aufsatz dürfte dem «Franken-Führer» bewußt gewesen sein, ja, er wird seiner pathologischen Natur einen Spaß damit gegönnt haben, man mag es annehmen. Im übrigen hat Erna längst nicht alles, was sie, nach der «Stürmer»-Lektüre, wohl «zu sagen» gewußt hätte, in ihrer Arbeit wiedergegeben; Scheu und eine Scham, die den deutschen Kindern in jahrelangem Training erst wird ausgetrieben werden müssen, scheinen sie gehemmt zu haben.

Ein anderes Kind, die neunjährige Helga Gerbing, schickt, unterm «29. Lenzing», und «im Namen der vierten Mädchenklasse», dem «Stürmer» ein Aufsätzchen «Der Kuckuck und der Jude». «Der Kuckuck ist der Jude unter den Vögeln; denn in seinem Aussehen, Tun und Treiben ist er ihm sehr ähnlich. Sein gebogener Schnabel erinnert an die krumme Nase des Juden. Seine Füße sind klein und schwächlich, darum kann er nicht gut auf der Erde laufen.» [Während der deutsche Reichsadler bekanntlich ein flotter Fußgänger ist!] «So ist es auch beim Juden, der hat auch keinen schönen Gang. Beim Rufen ‹Kuckuck! Kuckuck!› macht er immer Komplimente wie der Judenkaufmann, wenn er seine Höflichkeit zeigen will, damit wir Deutsche bei ihm einkaufen sollen. Beide Juden, der unter den Vögeln und den Menschen, sind Schmarotzer, das heißt auf Kosten von andern wollen sie reich und fett werden... Doch wir Menschen sind nicht so dumm wie die Vögel. Wir lassen uns das nicht gefallen und werfen den frechen ‹Kuckuck› aus unserm Land hinaus. Wir Kinder in Roth helfen auch dabei mit. Etliche von unserer Klasse stellen sich oft ans Kaufhaus Baer hin; wenn dann Leute dort hinein wollen, dann schreien sie hin: ‹Schämt euch, beim Juden kauft ihr ein, pfui Teufel!› Dann werden die Frauen ganz rot im Gesicht und gehen wieder fort.

Gelt, Stürmer, das gefällt Dir?! Heil Hitler!» schließt das Helgakind; und dem «Stürmer» gefällt es in der Tat ganz vorzüglich. «Wie der Lehrer, so die Schüler», – schreibt er anerkennend, – «wenn die kleine Helga der vierten Mädchenklasse in Roth bei Nürnberg so gute Aufsätze schreibt, so ist dies der Lehrerin Hilde Palmedo zu danken, die im Geiste der neuen Zeit zu lehren und zu erziehen weiß.»

Ach, vielen Lehrern in vielen Schulen ist es zu verdanken, wenn der «Stürmer» immer wieder Photographien von Klassenzimmern reproduzieren kann, in denen seine Ausgaben an den Wänden hängen (die ganzen, unredigierten Ausgaben, inklusive Rassenschande und Bettskandal, inklusive der Namen derer, die sich «vergangen haben», und derer, die «verführt worden» und deshalb zu bespeien sind!). Immer wieder sieht der «Stürmer» sich imstande, Briefe von Lehrern abzudrucken, die ihre Kollegen auffordern, nun endlich auch den «Stürmer» als Lehrmittel einzuführen. Immer wieder finden sich in seinen Spalten drollige Aussprüche aus Kindermund, die den sicheren Erfolg dieses Lehrmittels beweisen. Im übrigen und für Kinder, deren Lehrer das Streicher-Blatt kühn dem Schulhause fernhalten, gibt es die «Stürmer-Kästen», in denen der «Stürmer» ausgestellt ist. An jeder zweiten Straßenecke, in jeder deutschen Stadt und in jedem Städtchen wird er so zugängig gemacht den Großen wie den Kleinen, in seiner ganzen, gottverlassenen, sittenwidrigen und beschämenden Niedertracht.

Die «New York Times» verspricht am Kopf jeder ihrer täglichen Ausgaben «All The News That's Fit To Print». In einem Vorwort zu diesem Buch hätten wir Ähnliches versprechen können: «Das Kind im Dritten Reich, – alle Neuigkeiten, soweit sie irgend für den Druck geeignet sind.» – Die Pornographien des «Stürmer» nun, in ihren Details, sind ganz zweifellos für den Druck *nicht* geeignet. Und so begnügen wir uns denn damit, nicht nur auf ihre (nachprüfbare) Existenz hingewiesen und ihre Bedeutung innerhalb Hitler-Deutschlands erhärtet, sondern überdies den Beweis erbracht zu haben, daß der «Stürmer» als Lehrmittel in den deutschen Schulen Verwendung findet, zur Vertiefung des Hasses, – oder, – neudeutsch ausgedrückt: «Zur besseren Ausgestaltung lebensnaher Rassenlehre im Anfangsunterricht.»

Was bedeutet «Religionsunterricht» im Dritten Reich? Er bedeutet, wie aller Unterricht im Dritten Reich: «Unterricht im Nationalsozialismus», – nichts weiter. Denn Nationalsozialismus, das *ist* die Religion der Nationalsozialisten, sie haben es selber oft genug gesagt. Baldur von Schirach, der «Reichsjugendführer», ruft aus: «Das Erlebnis der kämpfenden Kameradschaft, das Erlebnis der Einigkeit ist für uns nicht nur ein politisches, es ist auch ein religiöses Erlebnis.» («Jungvolk Jahrbuch» 1937) Und Alfred Rosenberg faßt es noch klarer: «Wenn ein SA-Mann sein Braunhemd anzieht, ist er nicht mehr Katholik, Protestant oder Deutschgläubiger» (nicht einmal dies letzte also ist er dann mehr!), – «sondern nur ein für die gesamte Nation streitender Deutscher.» («Nationalsozialismus, Religion und Kultur», S. 5)

Daß nun, trotz alledem, «Religion» noch gelehrt wird in den deutschen Schulen, scheint uns vor allem eine neue Äußerung jener «Taktik» zu sein, die sich bemüht, im Rahmen des «Weltmöglichen» zu bleiben, und die es nicht wagt, sich mit gefährlichen Weltmächten, wie die Kirche eine darstellt, schon heute kriegerisch zu überwerfen. Aus dieser Not aber (eine Not, die es dem «Führer» also nicht gestattet, die Religion in Deutschland schlechthin zu «verbieten»), sucht man nun eine Tugend zu machen, – man sucht den frommen «Glauben», der nicht nach Beweisen fragt, in den Dienst zu stellen der eigenen Sache. «Glaube» an Stelle von «Wissen», – das ist verwendbar. Der Deutsche hat zu *glauben:* an die Sendung der Deutschen in der Welt; *gläubig* hat er von ihrer Überlegénheit über alle Völker überzeugt zu sein, *glauben* muß er an die gottgesandte Reinheit seines «Führers» (*bewiesen* wird sie ihm nicht, soviel ist gewiß!). Im Religionsunterricht aber bietet sich Gelegenheit, die Kinder früh zum *Glauben* zu erziehen, zu einem Glauben freilich, der mit der christlichen Heilslehre nichts weiter gemein hat, als daß er in fast allen Stücken ihr Gegenteil predigt, – Haß statt Liebe, Hochmut statt Demut, Gewalt statt Milde. Die Nationalsozialisten aber nennen *ihren* «Glauben» ihr «positives Christentum...»

Jede katholische Religionsstunde wird von Lehrer und Klasse mit dem Wechselspruch «Heil Hitler! Gelobt sei Jesus Christus, – in Ewigkeit Amen» begonnen, und sie schließt mit den Worten «Gelobt sei Jesus Christus in Ewigkeit Amen, – Heil Hitler!» Wobei die Reihenfolge, laut Ministerial-Verordnung vom 5. Januar 1934, amtlich vorgeschrieben ist. Hitler ist der Anfang und das Ende, – mag dazwischen immerhin vorübergehend auch von Jesus Christus die Rede sein. Und für die Protestanten, deren Religionsstunde, wie jede Schulstunde im Dritten Reich, selbstverständlich ebenfalls mit «Heil Hitler» anhebt und schließt, – gilt, nach dem neuen «Lehrplan – Richtlinien für den Evangelischen Religions-Unterricht an Volks-Schulen im nationalsozialistischen Geist»: «daß unser Volk in seiner rassischen Eigenart von Gott gewollt ist und daß es eine Untreue gegen Gott ist, wenn es seine rassischen Werte mißachtet und vernichtet.»

Dies nun überhaupt ist einfach und leicht zu begreifen: Einmal unterstellt, daß der «Führer» seinem Volke direkt von Gott kommt, gibt es für seine wahre Gefolgschaft religiöse Skrupel nicht mehr. Denn nun sind des «Führers» Pläne Gottes Pläne, seine Methoden Gottes Methoden, und sein Wille ist Gottes Wille, – was wäre daran unklar? *Heute ist* dies alles denn auch klar und verständlich bis zu einem Grade, der es etwa dem

Reichsstatthalter von Sachsen, Martin Mutschmann, gestattet auszurufen: «Unser Glaube ist des Führers Weltanschauung und sonst nichts! Niemand kann zwei Herren dienen, diese Weltanschauung bringt den Willen und das Gewissen, die Gott uns gab, zum Ausdruck!» (Versammlung in Leipzig, Oktober 1937) Und Doktor Robert Ley, der «Führer der Deutschen Arbeitsfront», fügt hinzu: «Unser einziges Ziel und unser einziger Zweck muß sein, die Lehren Adolf Hitlers, das Evangelium des deutschen Volkes, zu beachten!»

So leicht begreiflich sprechen die Führer, so eindeutig und unmißverständlich: «unser *einziger* Zweck», – «unser *einziges* Ziel» und «Die Lehren Adolf Hitlers, *das Evangelium*».

Zu Anfang freilich, solange das Regime noch auf den Widerstand der Welt gefaßt sein mußte (ein Widerstand, der, zur *größten* Verwunderung eben der Nazis, beinahe völlig ausblieb), kann es nicht ganz leicht gewesen sein, den Glauben an das neue «Evangelium» mit demjenigen an das christliche notdürftig und für den Schulgebrauch unter einen Hut zu bringen. Die meisten Erlasse, die damals in diesem Zusammenhange ergingen, sind denn auch recht gewunden und ermangeln der schönen Eindeutigkeit, die etwa Mutschmanns oder Leys Leipziger Äußerungen heutzutage auszeichnet. In der Zusammenfassung sagen die an die Religionslehrer gerichteten Erlasse das folgende:

Die *beiden* Glauben (der nationalsozialistische und der christliche) beziehen ihre moralische Kraft vom Gott des Universums. Der Religionsunterricht muß daher vor allem darauf bedacht sein, religiöse Meinungsverschiedenheiten zu schlichten, wobei die *deutsche* Gotteserfahrung in den Vordergrund zu stellen ist. Hinsichtlich des Alten Testamentes bedarf es einer sorgfältigen Auslese, und es sollen nur jene Teile im Unterricht verwandt werden, deren Kenntnis für die Behandlung biologischer Fragen oder für das Verständnis des Neuen Testamentes notwendig ist. Denn das Alte Testament als Ganzes ist ein Spiegelbild des jüdischen Geistes und behandelt den Niedergang eines Volkes, das mit dem Göttlichen nichts gemein hat. Diese Definition des Heiligen Buches in den offiziellen Erlassen freilich ist vergleichsweise freundlich, – auf den Massenversammlungen hören wir's anders. Gau-Obmann Krause, zum Beispiel, bezeichnete bereits im November 1933 (im Berliner Sportpalast) das Alte Testament als ein «Buch der Viehtreiber und Zuhälter» («Frankfurter Zeitung», 24. November 1933), ohne von regierungswegen irgend für diese Keckheit gerügt worden zu sein.

Jesus sei anerkannt, fordern offiziell die Nazis, – er ist der furchtlose Held, der Siegfried echt nordischer Prägung, der gegen die Juden zu Felde zog, um schließlich von ihnen erschlagen zu werden. Aber auch hier gibt es, neben der *relativ* «weltmöglichen» offiziellen Fassung, eine große Zahl anderer, nur dreiviertel-offizieller Deutungen, die der Krauseschen Sportpalast-Äußerung über das «Zuhälterbuch» an Vermessenheit nicht nachstehen. «Der Brunnen», Düsseldorf, schreibt unter dem 2. Januar 1934: «Wie turmhoch steht Horst Wessel über diesem Jesus von Nazareth! Demselben Jesus, der flehte, man möge den bitteren Kelch von ihm nehmen. Wie unerreichbar hoch stehen alle Horst Wessels über Jesus!» (Celia Strachey und John Gustav Werner: «Fascist Germany Explains», S. 74)

Und angesichts einer Äußerung wie dieser sei nochmals daran erinnert, daß in Deutschland nichts erscheinen und nichts gesagt werden kann, was offiziellerseits nicht erwünscht wäre. Journalistenworte also sind dort in ihrer Art so «offiziell» wie Ministerworte. Die Journalisten schreiben nur, was die Minister denken, während die Minister nicht alles, was sie denken, laut werden lassen. Den Religionsunterricht in den Schulen angehend, so haben sich hier, wie überall, eifrige Helfer gefunden, die den Ministern ein Gutteil der Schwierigkeiten abnehmen und die, was jene dachten, in Form von «Richtlinien» und «Lehrplänen» unters Volk bringen. Eine Gruppe von Religionslehrern aus Hannover veröffentlichte (am 16. Juli 1937 in Nr. 29 der «Allgemeinen Evangelisch-Lutherischen Kirchenzeitung») einen «Neuen Lehrplan für den Religionsunterricht». Der Plan zerfällt in drei Abschnitte: Es seien behandelt:

1. Gott und Natur.

Christliche Tradition und Aufklärung. Das mechanisch-materialistische Weltbild und seine Auswirkungen in Liberalismus und Marxismus (in Frankreich, Deutschland, Rußland). Das moderne naturwissenschaftliche Weltbild und seine religiöse Bedeutung. Biologie und Christentum.

2. Religion und Rasse.

    a. Judentum und Christentum.

    b. Das römische Christentum vom Tridentinum bis zur Gegenwart.

    c. Der Islam, der Buddhismus.

    d: Die Deutsche Glaubensbewegung.

3. Christentum und Germanisch-deutsche Weltanschauung: Germanischer Gottglaube und christliche Mission. Der Heiland. Das mittelalterliche Mönchs- und Ritterideal. Parzival. Eckehart. Luther (dazu ausgewählte Abschnitte aus den Paulusbriefen). Arndt und Schleiermacher (mit Rückblick auf den Pietismus und Idealismus). Staatsmänner und Soldaten: Bismarck, Hindenburg, W. Flex. Christentum und Nationalsozialismus. National-kirchliche Bestrebungen in Geschichte und Gegenwart.

Überflüssig festzustellen, daß alles an diesem Lehrplan beleidigend ist für die christliche Religion, von deren «Lehrern» er verfaßt ist. «Biologie und Christentum», – kaum sind zwei Begriffe denkbar, die so wenig miteinander zu schaffen hätten wie diese. Und «Hindenburg und Walter Flex». Was in aller Welt haben Generäle und Schriftsteller im Religionsunterricht zu suchen? Die Religionslehrer aus Hannover aber finden Platz für «Rasse», «Ritterideal», «Arndt», «Bismarck» und «Deutschgläubigkeit». Ihnen allen ziemt sich, was den Nazi-Vorgesetzen gefällt. Und was ihnen gefällt, lernen die deutschen Kinder. Hitler, so lernen sie, seinerseits ist sehr fromm und gottesfürchtig, – sie lernen, es zu *glauben*, denn *bewiesen* kann's nicht werden. Nach dem Blutbad vom 30. Juni 1934 etwa, so wurde ihnen berichtet, habe der Führer sich, fromm und gottesfürchtig, in sein Berchtesgadener Häuschen und in die Einsamkeit zurückgezogen. Ein Mütterchen, das ihn dort besuchte, fragte ihn, wie er dies große Werk denn vollenden und das Blutbad so habe anrichten können. «Schweigend zog der Führer ein Buch aus der Tasche, und rasch erkannte das Mütterchen: es war das Neue Testament.»

Es gibt Frage- und Antwortspiele im Religionsunterricht, wie es sie im «geopolitischen» Unterricht gibt (und sie dienen dem gleichen Zweck).

«Wer, ihr Kinder, gemahnt uns in diesen Tagen am stärksten an Jesus, – durch seine Liebe zum Volk und seine Opferbereitschaft?» fragt der Lehrer. Und die Antwort lautet: «Der Führer». «Wer aber», fragt der Lehrer weiter, «wer gemahnt uns in unsern Tagen am stärksten an die Jünger durch gläubige Ergebenheit?» Und die Antwort lautet: «Der General Göring, der Doktor Goebbels und» (bis zum Tage des Blutbads) «der Hauptmann Röhm». Einer unter den Lehrern ging noch weiter. Er produzierte aus eigener Kraft ein Glaubensbekenntnis nach bekanntem Muster, welches die Kinder der Anstalt, an der er lehrte, der Königin-Luise-Volksschule in Wanne, von der Tafel ins Reinheft abschreiben und auswendig lernen mußten. Es lautet:

«Ich glaube an Deutschland, Gottes anderen lieben Sohn, den Herrn seiner selbst, der empfangen ist unter nördlichem Himmel, geboren zwischen Alpen und Meer, gelitten unter Papisten und Mammonisten, verleumdet, geschlagen und verelendet, ist versucht von Teufeln aller Art bis zur Hölle, nach Jahrzehnten der Verarmung und Verelendung immer wieder auferstanden vom staatlichen und völkischen Tode, aufgefahren in die geistig-seelische Welt Eckeharts, Bachs und Goethes, sitzend mit dem großen Bruder von Nazareth zur Rechten des Allmächtigen, von dannen er kommen wird zu richten die lebendig Begrabenen und die Toten.»

Der Mann, der dies verfaßt und verbreitet hat, heißt Deppe, und die «Allgemeine Evangelisch-Lutherische Kirchenzeitung» reproduzierte es am 14. Mai 1937. Glaubt man nicht einen Wahnsinnigen reden zu hören? Man glaubt es gewiß zu recht, aber er fällt nicht auf unter den Instruktoren des Dritten Reiches, die ihrerseits der Macht zum Munde reden müssen, – und beinahe alles, was aus ihrem Munde kommt, *ist* Wahnsinn, – hat es gleich Methode. Im Wesen dieser Methode liegt es, die deutsche Jugend reichlich mit «Spruchweisheiten» zu versorgen, – mit Glaubenssprüchen des Nationalsozialismus. Sprüche müssen sie lernen, die Kinder, – jede Woche einen, den sie aufzusagen haben, an jedem Tag dieser Woche. «Judas, der Jude, verriet Jesus, den Deutschen, den Juden.» Welch einprägsamer Wahnsinn! Und absichtlich verwirrend ist in allen diesen Sprüchen das Religiöse mit dem Nationalsozialistischen vermischt, – niemand soll wissen, was noch Religion ist, was schon Nationalsozialismus.

«Versailles ist Lüge, ist Schmach und Schand,
Versailles ist dein Tod, o Vaterland –,
Du bist ein deutsches Kind, so denke dran,
Was dir der Feind in Versailles angetan!»

Aber das Vaterland «sitzt zur Rechten des Allmächtigen, von dannen es kommen wird...», – ist also dies «Nationalsozialismus», – oder ist's «Religion»? Es ist beides, hat beides zu sein für das deutsche Kind. Denn das eine steht für das andere, in Deutschland, und das andere für das eine. Für Morgenfeiern, in den Schulkapellen begangen, schmückt man die Kanzeln mit der Hakenkreuzflagge. Hitlers Bild hängt unterm Kruzifix, das *benützt* und verwendet wird nur zur höheren Glorifizierung des «Führers». Sprechchöre der Kinder künden von den Heldentaten der Nazis, – von der herrlichen Brückensprengung des Leo Schlageter, vom Tode des Zuhälters Horst Wessel. Christliche Feste, wie die Konfirmation, werden «begangen» und *verwendet*.

«Gleich nach Anbruch der Dunkelheit», – beginnt ein Bericht über den Verlauf solch einer «heiligen Konfirmation» («Living Age», März 1937), – «fanden alle Schüler sich mit brennenden Fackeln auf dem Paradehof zusammen. Inmitten des Hofes brannte ein Feuer, und nun wurden die Knaben im Konfirmandenalter in die erste Hundertschaft aufgenommen. Der Rektor hielt eine Rede und sprach besonders von den Anforderungen in bezug auf Ehre, Sauberkeit und Mut, die das Vaterland an die

Jugend stelle. Dann überreichte er jedem Knaben den Dolch, den das neue Mitglied der ersten Hundertschaft von nun ab tragen sollte, – und einen Spruch. Diese Sprüche erinnern formal an die Tischgebete, wie sie vor Mahlzeiten gesprochen werden. ‹Gerechtigkeit soll nicht erbeten – sie muß erkämpft werden!› heißt einer, der typisch ist.»

Heidnische Feste, auf der andern Seite, werden, den christlichen Festen gleichberechtigt, allerorts begangen. Sehr wichtig und beliebt sind die «Sonnenwendfeiern», anläßlich derer über brennendes Holz gesprungen und die Treue geschworen wird dem Nationalsozialismus, der, «wie die Sonne, unaufhaltsam seine Bahn zieht». Und es freuen sich die Nazis der Errungenschaft, denn solch «schönes Brauchtum» ist lange Zeit vernachlässigt worden. Die «Politische Erziehung», die Zeitschrift des NS-Lehrerbundes Sachsen, schreibt (im März 1937): «Am meisten gelitten», heißt es da (auf Seite 72), «hat im Laufe des letzten Jahrtausends unserer Geschichte die Verbindung mit dem religiösen Lebensgut unserer Ahnen, so wenig sie jemals ganz unterbrochen werden konnte. Das erklärt sich ohne weiteres, – abgesehen von den Gewaltmaßregeln, die bei der Christianisierung angewandt wurden, – aus der bewußt und zähe durchgeführten Deklassierung des sogenannten heidnischen Götzendienstes, dessen hohe Festtage die Bekehrer gleichwohl nicht aus der Erinnerung des Volkes austilgen konnten...»

«Der sogenannte heidnische Götzendienst», – darin liegt viel für die «Taktik» der Nazis Bezeichnendes. Aus Gründen der angestrebten «Weltmöglichkeit» mag man das Heidnische als Religion nicht voll anerkennen. Daher leugnet man am besten die Berechtigung der Bezeichnung heidnisch im Zusammenhang mit dem Götzendienst, den man zu feiern wünscht, – dem «religiösen Lebensgut unserer Ahnen», – dem nur «sogenannt» heidnischen.

Die (absichtlich herbeigeführte) Verwirrung ist groß. Leidenschaftlich kämpfen die Frommen aller Religionen in Deutschland für ihren Glauben. Sie sind die einzigen in unserm unterdrückten Land, deren Organisationen noch nicht völlig zerschlagen werden konnten («Weltunmöglichkeit» für die Machthaber, dies zu tun!) und die also gelegentlich protestieren, die aufstehen und sich zu wehren suchen; nicht alle, – bewahre! Aber einzelne doch, und ihnen gehört unsere Bewunderung. Sie werden denn auch (eine «relativ kleine Anzahl von anwesenden Menschen», – wie die Juden, die durch Gesittung und Gottesfurcht ungeeignet scheinen, der Eroberung der Welt durch die Nazis den rechten Vorschub zu leisten), – sie werden denn auch (wie die Juden) verfolgt, «mit allen Mitteln der Verleumdung, der Pseudowissenschaft und der unverhüllten Pornographie». Und daß die Kinder, die kleinen Schulkinder, «erfaßt werden», daß nur sie es «rechtzeitig lernen», was die Geistlichen, die für ihren Glauben ins Zuchthaus gehen, für «Missetäter» sind, was für «Sittlichkeitsverbrecher» und «Jugendverderber», – daß nur ja die Kinder «aufgeklärt» werden, dafür wird gesorgt.

Vor uns liegt die erstbeste Nummer des erstbesten deutschen Blattes, der «Freiburger Zeitung» vom 3. Juni 1937. Davon sind zwei engbedruckte Seiten den Berichten über «Sittlichkeitsprozesse» im ganzen Reich eingeräumt. Durchaus glaublich, daß den Redakteuren der Stoff, und besonders dessen Verbreitung, ekelhaft ist. Aber sie müssen. Die amtlich zugestellten Greuel sind Pflichtstoff. «Ein Zug des Grauens... Klosterbrüder vergehen sich an Gebrechlichen... Die Irrenanstalt als Unterschlupf... Schleppenden Ganges und mit zitternden Gliedern und körperlich deformiert standen diese armen Opfer stammelnd und weinend vor dem Richter, um mit entsetzlichen Gesten ihre verzweifelten Anklagen gegen den tierischen Verbrecher zu wiederholen... alle Phasen der widernatürlichen Unzucht... Lüstlinge allergrößten Kalibers... Scheußlichste homosexuelle Verbrechen... dreizehn arme, körperlich behinderte Menschenkinder in der Klosterzelle auf das schändlichste mißbraucht... das Kind verführt, – der Mutter einen Rosenstrauß!... Widerlicher Zynismus eines Verbrechers im Priesterrock...» Und so, ganze große Zeitungs-Seiten lang, im Freiburger Blatt und in allen 3000 deutschen Zeitungen zugleich, Tag für Tag, seit Wochen! Dazu ist verfügt, daß die Freisprüche, wozu die Richter immer wieder gezwungen sind, ganz klein gedruckt und fast unauffindbar wiedergegeben werden. Welche Volks- und vor allem Jugendvergiftung! «Aus dem Rheinland erreicht uns ein Bericht, wonach die Schuljugend durch das Lesen der Prozeßberichte von sexualpathologischen Vorstellungen wie besessen sei. Und die Schule tut meistens nichts gegen die Krankheit, sondern befördert sie nur. In Schwärmen stehen die Kinder vor den ‹Stürmer›-Kästen und diskutieren. Die Eltern werden dauernd mit den peinlichsten Fragen bestürmt. Die Sexualpsychose ist schon so verbreitet, daß bald jeder jedem mißtraut. Den Schulärzten ist jetzt ohne Kontrolle durch die Lehrerin verboten, Schulmädchen zu unter-suchen. Ein wahrer Incubus des Mittelalters hat sich breiter Volksteile bemächtigt. Das politische Ziel ist klar: die katholi-sche Kirche soll unmöglich gemacht und vernichtet werden.» («Basler Nationalzeitung» vom 8. Juni 1937)

Und in der Tat hat die Sexual-Kampagne das Hitler-Regime ein gutes Stück weiter gebracht auf dem Wege zur Vernichtung der Kirche. Kurz nach Abschluß der Prozesse wurde den katho-lischen Priestern das Recht auf die Erteilung von Religionsunter-richt in den deutschen Schulen entzogen, die Kirche verlor damit eines ihrer ältesten Rechte, – die Nazis erbeuteten eines der we-nigen Fleckchen deutscher Erde, auf dem sie noch nicht allmäch-tig gewesen.

Was war in Wirklichkeit geschehen? Worauf gründete sich die monatelang tobende Kampagne? Wo sind die «Tausende von Verfehlungen», gegen die Doktor Goebbels in seiner Berliner Sportpalast-Rede und, zuletzt noch, in seinen Ausfällen gegen den Kardinal Mundelein von Chicago gewettert hatte? Von ins-gesamt 30719 (dreißigtausendsiebenhundertundneunzehn) ka-tholischen Priestern und Ordensbrüdern in Deutschland wer-den, – *von den Nazis*, insgesamt 120 als «belastet» erklärt. 68 von diesen wurden, – von der *Nazi-Justiz*, – schuldig befunden, – gegen 52 schwebt das Verfahren noch (Berechnung aus der katholischen Wochenschrift «Der Deutsche Weg» Nr. 40, Am-sterdam). Das ist die Bilanz, – eine *Nazi-Bilanz*, und sie erweist, daß, rund gerechnet, 0,39% der katholischen Priesterschaft in Deutschland von den Nazis beschuldigt worden ist. Unwesentlich zu untersuchen, ob zu Recht oder Unrecht. Wesentlich, festzustellen, daß nach einer Denunziationshetze sondergleichen, bei aller Unbedenklichkeit der Nazirichter, – bei allem Druck durch die Machthaber, kaum mehr als ein Drittel Prozent der Priesterschaft auch nur belastet, – kaum mehr als ein Sechstel Prozent verurteilt werden konnte. Ein schmächtiges Ergebnis. Aber wohlverwendet und zweckmäßig eingesetzt von den Kriegführenden im Vernichtungskampf gegen die Kirche. In Rom ist man denn auch nachgerade nicht mehr im dunkeln über den Krieg, der, unerklärt, wie Kriege heute tun, schrecklich hereingebrochen. Ein Leitartikel des «Osservatore Romano» vom 14. September 1937, der, wie ausdrücklich vermerkt, vom Papst gelesen und gebilligt worden ist, sagt, unter anderem: «Beweise dieses offen und versteckt geführten Krieges gegen die Kirche und gegen alle Rechte, die der Kirche in einem heiligen Konkordat verbürgt waren, sind die fortgesetzten, maßlosen und milde gesagt, unziemlichen Kampagnen von Seiten der Presse und die kürzlich erfolgten Verordnungen, die den Religionsunterricht aus den Händen der kompetenten Autoritäten, will sagen aus den Händen des Klerus nehmen. Verordnungen, die zudem von diesem Klerus verlangen, er möge den Katechismus im Sinne der nationalsozialistischen Weltanschauung umarbeiten, ein Verlangen, welches eine Verneinung der Grundlagen des christlichen Glaubens in sich schließt. Darüber hinaus hat der Nürnberger Parteitag erwiesen, daß die Durchdringung der Nazi-Bewegung mit dem neuen Nordischen Paganismus zunimmt und daß die offiziellen Vertreter der Partei, weit entfernt davon, dieser Entwicklung Einhalt zu gebieten, ihr vielmehr Vorschub leisten. Dem Heiligen Stuhl wurde wiederholt schriftlich und mündlich versichert, Herrn Rosenbergs Werke seien die Privatangelegenheit dieses Herrn, und die Reichsregierung wünsche für sie nicht verantwortlich gemacht zu werden. In Wirklichkeit wird die offizielle Propagierung der Rosenbergschen Ideologien in immer wachsendem Maße betrieben. Seine Anschauungen sind zur

Grundlage allen Unterrichtes gemacht worden, den eine von Staat und Nazi-Partei abhängige Lehrerschaft erteilt. Seine Lehren haben ihren Weg in die deutschen Schulen gefunden, – mit dem Ergebnis, daß die Erklärungen und Zusicherungen der Reichsregierung ihren Wert verloren haben.»

Der verbissene und von allen Windrichtungen her geführte Kampf des Nationalsozialismus gegen die Kirche tobt auf einem zu weiten Felde, als daß dieses Buch Raum für die Schilderung auch nur einer seiner Schlachten böte. Da gibt es Uneinigkeit und Spaltungen innerhalb der angreifenden Armeen, da werden Siege erfochten, die Pyrrhussiege sind; da gibt es Schein-Rückzüge, Friedensangebote und Verträge, die man nur schließt, um sie zu brechen. Die Kinder aber, soviel ist sicher und soviel glauben wir erhärtet zu haben, sind Hauptobjekte des Kampfes, – um ihre Seelen geht es hüben wie drüben den Kämpfenden, denn hüben wie drüben geht es um die Zukunft.

«Wenn zwischen unserer Generation noch vereinzelte Menschen leben, die da glauben, sie könnten sich nicht mehr umstellen, so werden wir ihnen die Kinder nehmen und sie zu dem erziehen, was für das deutsche Volk notwendig ist.» (Hitler, in seiner Erfurter Rede. «Frankfurter Zeitung», 18. Juni 1933)

Die Schule nun und ihr «Religions»-Unterricht stellt den Hauptkriegsschauplatz nicht dar. Die großen Schlachten werden außerhalb ihrer geschlagen, – im Kreise der «Hitlerjugend» und des «Jungvolkes», – im Schoße des «Bund Deutscher Mädel» und der «NS-Ordensburgen». Dorthin werden wir uns wenden müssen, sobald die Schule uns entläßt. Noch aber sitzen wir in den kleinen und harten Bänken der Vor- und Volksschulen, noch sind um uns die unterdrückten Flüsterstimmchen der Kinder und die Kommandostimmen der Lehrer, die alle gleich klingen und alle gleich einer einzelnen Stimme. Was die eine sagt, das wiederholen sie zu allen Stunden des Schultages. Achtung denn also, – vorwärts marsch, – der Unterricht geht weiter!

Er geht weiter, und gewiß ist glaubwürdig, daß er genau so weitergeht, wie er begonnen. Wir werden darauf verzichten dürfen, Fächer, die wir für die ersten Schuljahre hier belegt und im

Nazi-Lichte gezeigt haben, nun für die höheren Klassen der Volksschulen und für die Gymnasien nochmals zu behandeln. «Geschichte», «Geopolitik», «Deutsch», «Rechnen», «Rassenlehre», «Religion», sie werden den größeren Kindern nicht anders dargestellt als den Kleinen. «Das Zeitalter der ‹reinen Vernunft›, der ‹voraussetzungslosen› und ‹wertfreien Wissenschaft› ist zu Ende», schreibt Professor Dr. Ernst Krieck, Sturmbannführer und Rektor der Universität Heidelberg, in der «Nationalpolitischen Erziehung», Leipzig, Armanen Verlag, 1933. Es *ist* beendet in Deutschland und für den Augenblick, daran ist nicht zu rütteln, – und selbst die Anführungszeichen, zwischen die der Rektor die «reine Vernunft» und die «voraussetzungslose» und «wertfreie Wissenschaft» stellt, wohl, um sie als Begriffe herabzuwürdigen, oder gar anzuzeigen, daß es sie de facto niemals gegeben, werden daran nichts ändern.

Wenden wir uns Gegenständen und Fächern zu, wie sie in den Anfangsjahren nicht oder kaum gelehrt werden, und beginnen wir kurz mit dem Unterricht im *Französischen*: «Der Unterricht war ungenügend», – schreibt ein englischer Public-School-Junge, der im November 1933 mehrere Wochen als Austausch-Schüler in Deutschland verbrachte und der seine Eindrücke in «The Manchester Evening Chronicle» wiedergibt. «Die französischen Stunden bestanden ausschließlich darin, daß wir die Reden des ‹Führers›, soweit sie in französischen Zeitungen erschienen waren, ins Deutsche zurückzuübersetzen hatten. Die meisten konnten diese Reden ohnedies auswendig, und so kann es für sie nicht schwer gewesen sein.»

«Ungenügend» nennt der freundliche junge Engländer solch einen Unterricht. Aber er weiß nicht, daß er *genügt*, der Unterricht, und daß er seinen Zweck sehr wohl erfüllt. Die Schüler *sollen* nicht die *französische* Sprache lernen, sondern die *nationalsozialistische*, – und außerdem allenfalls (weil dies dem großen Ziele, – der Eroberung der Welt durch die Nazis, – dienlich erscheint), – die *englische*. Englisch ist aufgerückt in den deutschen Schulen, es ist Hauptfach geworden, – die Nazi-Propagandisten in angelsächsischen Ländern sollen in Stand gesetzt werden, ihre Arbeit in der Landessprache zu tun. Mit dem Unterricht im Englischen wird früh und systematisch begonnen im Leben der deutschen Kinder. Im übrigen aber gilt der Satz, daß aller Unterricht Nazi-Unterricht ist im Dritten Reich, – und alle Wissenschaft Nazi-Wissenschaft. Physik also ist Nazi-Physik, – «Wehrphysik», wie das Wort heißt. Professor Lenard (alter Heidelberger Gelehrter, Nobelpreisträger, einer der wenigen Nazi-Anhänger, auf deren wissenschaftliche Verdienste das Regime stolz sein könnte, – wenngleich sie lang zurückliegen, die Verdienste), – Lenhard also schreibt in einem Buch «Deutsche Physik» (das dem Dr. Frick, preußischem Innenminister, gewidmet ist) einleitend das folgende: «Deutsche Physik? wird man fragen. Und ich hätte auch ‹Arische Physik› sagen können, – oder die Physik der nordisch gearteten Menschen, – oder die Physik derer, die alle Tiefen der Wirklichkeit ergründet haben, der Wahrheits-Sucher, – die Physik der wirklichen Gründer dieser Wissenschaft. ‹Aber›, wird man mir antworten, – ‹Wissenschaft ist und bleibt international.› Das ist falsch. Wissenschaft ist und bleibt, wie alles, was der Menschengeist geschaffen, rassisch gebunden und bedingt durch das Blut.» («Heidelberg and the Universities of America», The Viking Press, New York)

Klingt nicht sogar *uns* schon dieses Vorwort in den Ohren wie eine altvertraute, wenngleich wenig geliebte Melodie? Haben wir sie nicht alle dasselbe versichern hören, die Herren des Nazi-Unterrichtes, und zweifeln wir noch an ihrer wundersam geglückten «Gleichschaltung»?

Die «Wehrphysik» aber wird natürlich «bei der Erziehung der deutschen Jugend zur Wehrhaftigkeit eine ausschlaggebende Rolle zu spielen haben» (Oberstudiendirektor Erich Günther in der Einleitung zu seinem Handbuch über «Wehrphysik», Verlag Diesterweg, Frankfurt). Die Umgestaltung des Physikunterrichtes zum nationalpolitischen Unterricht hat, nach Günther, den Sinn, sowohl Wehrwillen und Wehrkräfte zu wecken, wie auch «darüber hinaus die technischen Wege und Mittel zu zeigen, den Wehrentschluß durchzuführen». Im ersten Kapitel «Sehen, Messen, Richten» sind alle physikalischen Gesetze, die sich auf

Entfernungsberechnung beziehen, praktisch auf Geschützrichten und militärische Zielberechnung bezogen. Beispiel:

«Ein Küstengeschütz beschießt ein Schiff, das in 12 000 m Entfernung mit einer Geschwindigkeit von 30 Knoten quer zur Schußrichtung fährt. Wie groß ist das Vorhaltemaß? Die mittlere Geschoßgeschwindigkeit sei mit 600 m/sec angenommen.» (S. 34)

Und so geht es weiter im Text. «Schall und Schallmessung» werden in Hinsicht auf die Flugabwehr behandelt, «Wetterkunde» und «Pioniermechanik» erhalten je ein eigenes und kriegerisches Kapitel zugewiesen, alle technischen Nachrichtenmittel werden auf ihre Verwendbarkeit im Felde geprüft.

Ein Ministerialerlaß vom 17. Februar 1934, in dem allen Schulen und für alle Fächer befohlen wird, «den Luftfahrtsgedanken zu pflegen und unterrichtlich sowie erzieherisch zu fördern», hat natürlich großen Einfluß, besonders auf den Physikunterricht. Als Zusatzbroschüre für die Physikstunde erscheinen alsbald zwei Hefte von Professor Dr. K. Schütt: «Grundriß der Luftfahrt» (in der Schriftenreihe «Luftfahrt und Schule», die auch den neusprachlichen Unterricht mit einem Büchlein «Luftfahrt im neusprachlichen Unterricht» versorgt). Und die Luftfahrt spielt nun eine beherrschende Rolle in beinahe allen Fächern. Der Mathematikunterricht in den höheren Klassen der Volksschulen und in allen Klassen der Mittelschulen steht beinahe ausschließlich im Dienste der «Luftfahrt», soweit er nämlich nicht auf die Berechnung von Bevölkerungs-Prozentsätzen im Interesse der Rassenkunde und auf die rechnerische Bestimmung verlorener deutscher Gebiete und zu erobernden deutschen «Lebensraumes» ausgeht. Die *«Nationalpolitischen Übungsstoffe für den Rechenunterricht»* (O. Köhler und U. Graf) stellen die Schüler etwa vor folgende Aufgaben:

«Deutschland mußte, gemäß dem Versailler Vertrag, alle seine Kolonien abgeben. [Und es folgt eine genaue Liste der verlorenen Kolonien, nach Größe und Bevölkerung.]

A. Wie groß war Deutschlands Gesamt-Verlust an Raum und Bevölkerung?

B. Wie groß war der Gewinn jedes einzelnen Siegers an Raum und Bevölkerung?

C. Um wieviele Male größer ist das verlorene Gebiet als das deutsche?

D. Vergleiche die Größe der deutschen Bevölkerung mit der Größe der Bevölkerung in den verlorenen Gebieten!»

Oder: «Ein Bombenflugzeug kann mit sich führen: eine Explosiv-Bombe à 350 Kilogramm, drei Bomben à 100 Kilogramm, vier Gasbomben à 150 Kilogramm und 200 Brandbomben à 1 Kilogramm.

A. Wie groß ist das Fassungsvermögen?

B. Welchen Prozentsatz der Ladung stellt jede einzelne Bombenart dar?

C. Wieviele Brandbomben à 0,5 Kilogramm könnten hinzugefügt werden, wenn das Fassungsvermögen um 50% gesteigert würde?»

Oder: «Ein Flugzeug fliegt mit 240 Kilometer Stundendurchschnitt nach einem 210 Kilometer entfernten Ort, um Bomben abzuwerfen. Wann wird es zurückkehren, wenn das Abwerfen der Bomben 7,5 Minuten in Anspruch nimmt?»

(Rückübersetzt aus I. L. Kandel: «Teaching The Young Idea to Shoot», in: «School and Society», Nr. 44, 19. Dezember 1936)

Ein anderes Lehrbuch, «Nationalpolitische Anwendung zur Algebra Mittelstufe» (von Otto Zoll), erfüllt die gleichen Zwecke wie die «Übungsstoffe»:

«Wieviel Personen können in einem Schutzraum Unterkunft finden, der 5 m lang, 4 m breit und 2,25 m hoch ist, wenn man mit dreistündigem Aufenthalt im Keller rechnet und wenn für die Person in der Stunde 1 cbm Luft benötigt wird?» (S. 12)

Herr Fritz Tegeder, in seinem Büchlein «Luftschutz in Zahlen» (Verlag Beltz), fragt nicht viel anders:

«Wieviel Stunden gebraucht ein Verkehrsflugzeug mit einer Stundengeschwindigkeit von 175 km für die Flugstrecken: *a.* Berlin – Moskau mit 1925 km; *b.* Berlin – Kopenhagen mit 481 km; *c.* Berlin – Warschau mit 817 km?» Die 7,5 Minuten, die das «Verkehrsflugzeug» bekanntlich benötigt, um Bomben abzuwerfen, sind in dieser Aufgabe seltsamerweise nicht erwähnt. Ein anderes Buch, genannt «Deutschlands Niedergang und Aufstieg – Bilder aus dem Rechenunterricht auf der Oberstufe der neuen Volksschule» (Verlag der Dürrschen Buchhandlung, Leipzig) war schon im Jahre 1936 in 715 000 Exemplaren in Umlauf. Die «Bilder aus dem Rechenunterricht», die es zeigt, sind etwa so:

«Fremdrassig sind in Deutschland die Juden. 1933 hatte das Deutsche Reich 66 060 000 Einwohner. Darunter waren 499 482 Glaubensjuden; wieviel %?»

Sollen wir mehr Buchtitel nennen, mehr Aufgaben zitieren? Oder wird man uns glauben, daß Zusatzbroschüren wie die *«Mathematischen Aufgaben aus der Volks-, Gelände- und Wehrkunde»* (Adolf Dorner, Verlag Diesterweg), – die *«Geländekundliche Mathematik für die Mittelstufe»* (Studienrat Sieber) oder die *«Sammlung artilleristischer Aufgaben zum Gebrauch im Mathematikunterricht der Oberklassen höherer Schulen»* (Karl Justrow, Oberstleutnant a. D.) nicht friedlicheren Themen gewidmet sind?

Das «NS-Bildungswesen» aber läßt im April 1937 durch seinen Mitarbeiter Dr. Rudolf Krieger («Gedanken zum Aufbau einer geistigen Wehrerziehung an den Schulen») den deutschen Lehrern das folgende mitteilen: «Es kommt nicht darauf an, dem Lehrer zu sagen, daß er in seinem Unterricht Wehrdinge behandeln muß, – das weiß heute jeder Erzieher, – noch auf die Frage, wie er sie seinen Schülern mundgerecht machen kann, – das weiß der Schulpraktiker in der Regel besser als der Theoretiker, der über solche Fragen schreiben soll. Es kommt vielmehr darauf an, daß dem Erzieher sachlich an die Hand gegangen wird, daß er durch wehrgeschichtliche und wehrpolitische Abhandlungen in die nationalsozialistische Anschauung über solche geschichtlichen oder gegenwärtigen Tatsachen eingeführt wird, daß ihm durch wehrgeopolitische, wehrgeographische und wehrwissenschaftliche Artikel der Blick für solche Fragen erschlossen und das Urteil [«ein gesundes wehrpolitisches Urteil», – wie Krieger an anderer Stelle sagt] über solche Dinge geschult wird.»

Auch die *Chemie* bietet dem Lehrer, der seinen Schülern «die Wehrdinge mundgerecht machen» möchte, schöne Möglichkeiten. Die «Schulversuche zur Chemie der Kampfstoffe – Ein Experimentierbuch zum Gas- und Luftschutz» (Carl Heymanns-Verlag, Berlin) wollen dazu dienen, «die Jugend mit den Mitteln und Gegenmitteln der chemischen Kampfführung eingehend vertraut zu machen». Der Autor, Dr. Walter Kinttof, erklärt einführend, daß es ja doch im Ernstfall die noch nicht dienstfähigen jungen Leute zwischen 15 und 18 Jahren sein würden, welche die Verteidigung der Heimat würden übernehmen müssen. Eben diese Kinder gelte es für das Verteidigungswerk in Form zu bringen – und hierfür sei nichts dienlicher als eine sorgsame Einführung in die Chemie der Kampfstoffe. Daß diese sorgsame Einführung auf gewisse Schwierigkeiten stoße, da sich «die Herstellung dieser oder jener Verbindung im Unterricht wegen der damit verbundenen Gefahr nicht verantworten läßt», erfüllt den Doktor mit Mißmut. Immerhin empfiehlt gleich das erste Kapitel über die «Brandstoffe» nicht ungefährliche Experimente, wie das mit einem Thermitbrandsatz, der bei der Füllung von Brandbomben und Brandgeschossen verwendet wird, – und es beginnt mit folgender Betrachtung: «Dem Feuer kommt bei kriegerischen Handlungen eine doppelte Aufgabe zu: einmal soll es erheblichen Schaden anrichten, andererseits die Bevölkerung moralisch zermürben, das heißt, ihren Widerstand brechen... Erst die moderne Chemie stellt die Technik der Brandstiftung auf eine neue Stufe.»

Weitere Kapitel behandeln die «Gaskampfstoffe», die «Lungengifte», oder «erstickende Kampfstoffe» (Grünkreuz), die Hautgifte (Gelbkreuz), die «Nasen- und Rachenreiz-Stoffe» (Blaukreuz).

So lebensfroh und kindlich geht es zu im Chemie-Unterricht, und nun wird gewiß der Herr Zeichenlehrer sich nicht beklagen können, daß die Buben und Mädchen zu wenig wissen in bezug auf die wichtigsten Objekte der zeichnerischen Darstellung. Die Kollegen haben sie ihm vorbereitet und gut zugerichtet, seine Schüler, er wird nicht viel Mühe haben mit ihnen.

Wenn wir jedoch, immer wieder und für jedes Fach aufs neue, den Beweis erbringen, daß die deutschen Kinder für den Krieg erzogen werden und für nichts als den Krieg, – müssen wir fürchten, unsere Leser zu ermüden? Aber die *Nazis* sind *unermüdlich*! Mit einer völlig manischen Fixiertheit auf ihr Ziel (die Eroberung der Welt durch die Nazis) werden *sie* keinen Augenblick müde, in allen Tonarten, in allen Zusammenhängen und für alle Fälle ihre Schlagworte und Heilsmaximen einzuhämmern in die Köpfe der Jugend. Die «Zeichenstunde», – diese harmloseste Unternehmung des Schultages, diese lustigste, unbeschwerteste, – was ist aus ihr geworden?

Die Zeitschrift «Kunst und Jugend» (herausgegeben vom «Hauptamt für Erzieher», Bayreuth) entwirft (im Mai 1937, – und *nicht* etwa im Rahmen eines «Spezialheftes», – es ist *irgendein* Heft, das wir vor uns haben!), – «Kunst und Jugend» also entwirft ein äußerst lebhaftes Bild des deutschen Zeichenunterrichtes. Neben einer «Ahnentafel der deutschen Erzieherschaft» und einem «Stammbaum der Wohnstätten» bringt diese Zeitschrift, als Haupt- und Kernstück, einen großen illustrierten Aufsatz von Joseph Stühler, München, «Luftschutz im Zeichenunterricht», dem wir unsererseits einigen Platz einräumen möchten, so sehr instruktiv kommt er uns vor. «Der *volkserzieherische Wert* einer Aufgabe», heißt es da, «sei also erste Forderung einer umfassenden Gestaltungstätigkeit. Es liegt im Zeichen unserer Zeit, die Wehrhaftmachung der Jugend durch Weckung des Wehrwillens zu fördern. In diesem Sinne kommt der Gedanke des Luftschutzes den erzieherischen Zielbestrebungen des Zeichenunterrichtes sehr entgegen.»

Unermüdlich, – unermüdlich. Und nun folgt, für jede der neuen Gymnasialklassen, eine Ausarbeitung des zeichnerischen Themas «Luftschutz». Mit der Sexta fängt es an, und von zehnjährigen Kindern spricht der Herr Zeichenlehrer, wenn er sagt:

«Alles, was sich bewegt, was außergewöhnliche Erlebnisse hervorruft, ist Gegenstand und Ziel ihrer Gestaltung, – so zum Beispiel der Fliegerangriff, die Tätigkeit der Abwehrgeschütze, die Scheinwerfer, der Fallschirmabsprung, Explosionen, brennende Häuser, die eingreifende Feuerwehr, die Hilfeleistung der Sanitäter, die seltsame Erscheinung der mit Gasmasken versehenen Hilfsmannschaften, dazu dann noch die Farbe. Dies alles gehört zur Erlebniswelt des zehnjährigen Jungen. – Tote Formen, wie die Häuser der Stadt, sind nur belanglose Kulisse, die als unbedeutsam oft sogar weggelassen werden.»

Für seine Quinta ist der Lehrer bereits ehrgeiziger: «Nun gehen wir in der Bewegung weiter», sagt er verheißungsvoll, «und behandeln das ‹Davonstürzen›, beide Arme nach oben ausgestreckt... Auch das ‹ohnmächtige Zurückfallen› mit der starken Neigung des ganzen Körpers und der Arme nach rückwärts ist leicht wiederzugeben. Wir betrachten nun die Sanitätsmannschaft bei ihrer Arbeit. Die einfache Gangbewegung des Sanitäters beim Transport der Verwundeten auf den Tragbahren sowie die kniende Haltung machen selbst dem Schwächerbegabten wenig Schwierigkeit.»

Die Quarta darf den «Luftschutzkeller» zeichnen; dabei wird den Schülern «nicht so sehr die seelische Not der eingeschlossenen Bevölkerung nahegebracht, vielmehr eine dramatische Begebenheit, wie beispielsweise die Schilderung eines Bombeneinschlages in der Nähe des Kellers. Auf diese Art vermag der Lehrer die im Kinde lebende Phantasie anzuregen und sie nutzbringend für unser Thema zu verwerten.»

Für die Untertertia «entscheiden wir uns für einen Luftangriff auf eine Fabrik», und bei dieser Entscheidung bleibt es, auch für die Obertertia und Untersekunda. Nur greifen wir nun gleich, «um an den Lehrstoff der Chemie anzuknüpfen, das im Unterricht sehr genau besprochene Haber-Bosch-Verfahren heraus und stellen uns seine praktische Verwirklichung in der gigantischsten aller chemischen Fabriken vor, nämlich der Badischen Anilin- und Sodafabrik... Ein Werk deutschen Fleißes und deutscher Geisteskraft steht vor uns, das die Welt in Staunen setzt und das der deutschen Wirtschaft unnennbaren Gewinn verschafft. [Professor Haber, ein Jude, starb in der Emigration, wiewohl er der deutschen Wirtschaft unnennbaren Gewinn verschaffte.] Der Neid der Feinde wird daran haften, so lange dies

Werk besteht. Es zu vernichten, wäre bei der starken feindlichen Luftwaffe eine Kleinigkeit, ein Schauspiel von wenigen Minuten. Die Not, das Elend und die grauenhafte Verwüstung sich auszudenken, überlassen wir jedem selbst.»

Klingt dies noch wie kriegsvorbereitender Unterricht oder klingt es nicht vielmehr wie Unterricht *während* des Krieges? «Neid des Feindes», – und «die starke feindliche Luftwaffe». *Wer* ist der Feind, Herr Joseph Stühler, München?

Für die Obersekunda kommt wieder der «Luftschutzkeller» zu Ehren, nur daß diesmal noch detaillierter zu Werke gegangen wird:

«Es ist Nacht. Nur mehr fahl brennt das Licht; zwar genügend, um die notwendigsten Maßnahmen treffen zu können, aber zum Lesen auf die Dauer unmöglich. Auf einer Bahre brachte man eben einen Verunglückten. Er hat Nase und Mund verbunden und scheint zu schlafen. Ein Arzt versucht sein möglichstes. Daneben liegt wiederum auf einer Bahre ein zweiter Verwundeter. Ein Tuch bedeckt seinen Körper. Vielleicht schläft er schon für immer... Ein Mann versucht die Frauen zu beruhigen, die sich immer wieder in die Angelegenheiten der beschäftigten Männer mischen wollen. Ihr Fragen, wie es stehe, nimmt kein Ende... Dort schläft ein Kleiner mit seinem hölzernen Pferdchen unter dem Arm. Er ist wohl der glücklichste von allen.»

Die beiden Primen sollen sich zeichnerisch besonders auf Gasmasken spezialisieren, die sich gut zur Darstellung eignen, «da sie die an sich schwierige Kopfform wesentlich vereinfachen. Deutlich ist daran die Form des Schädels als ein Ellipsoid erkennbar. Dann wird der auswechselbare Filtereinsatz und die Sauerstoffmaske beobachtet. Der Nasenansatz ist hier noch deutlicher sichtbar als bei der S.-Maske. Die gegen ätzende Gase schützende Kleidung der Hilfsmannschaften eignet sich in ihrer Einfachheit sehr gut für unsere Zwecke... Das feinempfindliche Gemüt eines jungen Menschen hat hier reiche Gelegenheit, die Skala der Bewegungsmöglichkeiten festzuhalten, angefangen von der nervösen Hast der Hilfeleistenden, dem kraftlosen Zusammenbrechen eines armen Opfers, in dessen äußersten Gliedmaßen noch der Strom des Lebens pulsiert, und endlich in der Starrheit des Todes.»

«Wir können und wollen keine Künstler erziehen», fährt das Organ des NSLB an- und abschließend fort, – «ebensowenig es auch nicht Ziel des Deutschunterrichtes ist, Dichter heranzubilden. Was mit Recht im freien deutschen Aufsatz verlangt wird: ein Bekenntnis über die im Menschen ruhenden seelischen Kräfte des Verstandes, des Willens und des Gefühles; genau dasselbe fordern wir im gestaltenden Zeichenunterricht. Die Schulung formbildender Kräfte, die Pflege des Schönheitssinnes und eine eindeutige Stellungnahme gegenüber dem Unwahren und Vorgetäuschten sind die bleibenden Bildungswerte, die dem jungen Menschen dadurch in das Leben hinaus mitgegeben werden.»

Dieser letzte Abschnitt, als Schluß der Studie «Luftschutz im Zeichenunterricht», hätte etwas Bestürzendes in seiner beispiellosen Unehrlichkeit (und überdies in seiner beispiellosen grammatikalischen Entgleistheit), wenn es der Beispiele nicht eben ungezählte gäbe in Deutschland für solche Unehrlichkeit (und für solch grammatikalische Entgleistheit), – und wenn wir sie nicht kennten in Hülle und Fülle. «Die Schulung formbildender Kräfte, die Pflege des Schönheitssinnes und eine eindeutige Stellungnahme gegenüber dem Unwahren und Vorgetäuschten» also «sind die bleibenden Bildungswerte», welche die jungen Leute mitnehmen aus dieser Art Zeichenunterricht. Man sollte es nicht für möglich halten. Und wir gestehen, daß wir selber, und daß selbst wir, die wir mit Zielen und Methoden des «Nationalsozialismus» von Anbeginn an vertraut gewesen zu sein meinten, daß wir ungläubig und entsetzt vor dem Material saßen, das sich vor uns türmte, ehe wir seine unbedingte Zuverlässigkeit erhärtet und das Glaubwürdige des Unglaubwürdigen erwiesen fanden. So also sieht das aus. So weit also ist das schon gediehen. So folgsam ist das Volk gewesen, so unbedingt hat es sich ausgeliefert. Und die Kinder, sie *sind* ausgeliefert, wehrlos und ohne es zu wissen, die Maschine hat sie erfaßt. Die Schule, ein Teil nur der Maschine, arbeitet, wie ihr Ganzes, mit allen Mitteln der Macht und der einhämmernden, tausendfach sich wiederholenden, hypnotisierenden Propaganda. In ihrem Dienst stehn Film und Rundfunk. Sind die Stimmen der Lehrer für kurze Zeit müde geworden der ewigen Wiederholungen, gleich löst die Stimme des «Schulfunks» sie ab.

«Deutschland, ein Land der Schönheit», – «Volk ohne Raum», «Volkskunst wächst aus der Scholle», «Deutscher Gemeinschaftsgeist und Opferwille», «Vom Wunder des Glaubens, der Deutschland rettete», «Deutsche Olympia» (Parteitage), «Das Reich, die deutsche Staatsidee», «Blutgemeinschaft deutsches Volk», «Auf Wache vor Deutschland», – das sind zehn von elf Themen, die der Reichssender Leipzig (gemeinsam mit der Reichsverwaltung des NSLB und der Reichssendeleitung) für das Schuljahr 1937/38 festgesetzt hat. Das elfte Thema, das der «Schulfunk» annonciert, lautet: «Leben ist Arbeit, – Arbeit ist Glück.»

Wir aber wissen nun, wie die Arbeit aussieht, die den Schulkindern aufgebürdet wird von ihren Führern. Und wir wissen: sie ist kein «Glück», diese Arbeit. Sie ist ein Unglück! Ein Unglück für die Köpfe und Herzen der deutschen Jugend, – ein dunkel drohendes Unglück am Horizont der Zukunft der Welt.

Schulgesetze und ihre Erfüllung, Schullehrer und ihre Bestimmung, Schulbücher und ihre Verwendung, – nun fehlen, um die Schule betriebsfähig zu machen, nur noch die Schüler. Sie sind heute, im Jahre 1938, schon beinahe durchwegs, was die Nazis «arisch» nennen. Neuaufnahmen von «Nichtariern» in die staatlichen Schulen sind nicht mehr zulässig; so entstand ein kleines Ghetto von jüdischen Schulen auf der einen Seite, während auf der anderen nur jüdische Kinder, die sich in den Schulen bereits befanden, als die neuen Gesetze kamen, weiterhin den Nazi-Unterricht besuchen dürfen. Sie führen ein Leben der qualvollsten Erniedrigung und der schmerzlichsten Vereinsamung.

Dr. Bernhard Rust, der Erziehungsdiktator, erließ 1935 folgende Bestimmung:

«Die Herstellung nationalsozialistischer Klassengemeinschaften als Grundlage einer auf dem deutschen Volkstumgedanken beruhenden Jugenderziehung ist nur möglich, wenn eine klare Scheidung nach der Rassenzugehörigkeit der Kinder vorgenommen wird.

Ich beabsichtige daher, vom Schuljahr 1936 ab für die reichsangehörigen Schüler aller Schularten eine möglichst vollständige Rassentrennung durchzuführen.

Die sogenannten Viertelsjuden, bei denen ein Großelternteil jüdisch ist, beabsichtige ich, bei der auf dem Gebiete des Schulwesens vorzunehmenden Rassentrennung außer Betracht zu lassen.

Voraussetzung für die Errichtung einer öffentlichen jüdischen Volksschule ist das Vorhandensein einer zur ordnungsgemäßen Beschulung hinreichenden Zahl jüdischer Kinder innerhalb einer Gemeinde oder eines unter Berücksichtigung zumutbarer Schulwege abgegrenzten Gebietes (Stadt- oder Landgebietes).

Dabei müssen gegebenenfalls mehrere oder sämtliche Jahrgänge in einer Volksschulklasse zusammengefaßt werden. Als eine zur ordnungsgemäßen Beschulung hinreichende Richtzahl wird die Zahl von 20 Kindern anzunehmen sein.»

Überflüssig zu bemerken, daß der Nazistaat den neu zu erbauenden Schulen für «Nichtarier» keinerlei Geldmittel zur Verfügung stellt, und vielfach liegt es an der Unmöglichkeit, diese Mittel aufzutreiben, wenn noch heute den «fremdrassigen» Kindern das Martyrium des Nazi-Unterrichts von ihren Eltern nicht immer erspart werden kann. Die Nazis, die auch hier aus ihrer «Not» eine «Tugend» zu machen trachten, benutzen die Unglücklichen häufig als lebende Exempel in der «Rassenlehre». Ein jüdisches Kind wird zum Lehrer gerufen, blaß und zitternd steht es an erhöhter Stelle vor seinen Kameraden, die doch seine Kameraden nicht sein dürfen, und nun werden an ihm die «Merkmale der jüdischen Rasse» demonstriert. «Was seht ihr in diesem Gesicht?» fragt der Lehrer. Und die Kinder, wie immer auch das «Modell» in Wirklichkeit beschaffen sein möge, antworten, was sie aus dem «Stürmer» wissen: «Wir sehen die Riesennase, die Negerlippen, das minderwertig gekrauste Haar.» Die Tränen in den dunklen Augen des Kindes sehen sie nicht, und sie spüren nicht, daß sie ihm Unerträgliches und Unvergeßbares antun in diesem Augenblick. «Was seht ihr noch?» fragt der Lehrer, und, da die Klasse schweigt (denn selbst Kinder kennen Grenzen der Grausamkeit), sagt er abschließend: «Ihr seht überdies den feigen und betrügerischen Gesichtsausdruck.»

Taumelnd geht das Kind auf seinen Platz zurück. Die «arischen» Schüler aber sollen, das ist die Absicht, nicht nur die «Rassenmerkmale» am lebenden Objekt studieren, sie sollen gleichzeitig lernen, wie man «Nichtarier» zu behandeln hat.

Der große italienische Schriftsteller und Staatsmann Graf Carlo Sforza erzählt in einer schweizerischen Zeitung das folgende:

«Eine Kusine von mir verbrachte letzten Sommer auf einem Schloß in Württemberg. Da sie einen Titel hatte und Gast auf dem Schloß war, stand sie über jedem Verdacht. Sie konnte die Schulen, die sie besonders interessierten, besuchen. Und dies ist, was sie sah: Während der Morgenpause marschierten die Kinder an den Türen der Kantine vorbei und erhielten eine Tasse Milch und ein Stück Brot. Die kleinen Mädchen warteten, bis sie an die Reihe kamen. Aber jedes Mal, daß ein jüdisches Mädchen dran kam, schrie die Austeilerin: ‹Mach, daß du wegkommst, Jüdin! Die nächste, bitte!› Diese Szene wurde täglich wiederholt. Den kleinen jüdischen Kindern wurde es nicht erspart, mitzumarschieren und die Hand nach einer Tasse auszustrecken. Die christlichen Kinder mußten täglich der Szene Zeuge sein, um zu lernen, wie man ein jüdisches Kind, das hungrig ist, behandelt.»

Es ist außer Frage: die Folgen, die Lebensfolgen, die aus solcher Behandlung für die jüdischen Kinder erwachsen, sind fürchterlich. Fürchterlicher aber, so scheint uns, sind die Folgen der Nazi-Erziehung für die «deutschen», die «arischen» Kinder, – denn diese werden *verdorben*, während die jüdischen «nur» *gequält* werden. Während von den «Nichtarischen» einige, – die Starken, Unverletzbaren unter ihnen, sich erholen mögen oder gar gestählt hervorgehen aus den Erniedrigungen ihrer Kindheit, scheinen die «Arischen» uns höchst gefährdet. Ihnen ist jedes Gefühl für Recht und Menschlichkeit genommen; ihnen fehlt bis auf weiteres der Sinn, nach dem wir alle leben, der unser Gleichgewicht bestimmt und kraft dessen wir aufrecht gehen durch diese Welt, – der Sinn für die Wahrheit.

Wenn hier bisher meist von «Schulkindern» im allgemeinen oder, im speziellen, von Knaben die Rede war, so hat das seinen Grund darin, daß im Hitlerland die Mädchen eine durchaus sekundäre und geringe Rolle spielen und zu spielen bestimmt sind. Sie sollen Mutter werden, Mutter, Mutter.

«Denn im letzten Urgrund», so schreibt die «Gaureferentin» Dr. Tschernig in «Der deutsche Erzieher» (5. Juni 1937), – «im letzten Urgrund deckt sich der Begriff Nationalsozialismus mit dem Wort Muttertum». Muttertum aber «ist gar nichts Sentimentales, nichts Weichliches, Muttertum ist etwas Stahlhartes. Die nationalsozialistische Frau ist mütterlich und wehrhaft... Es gibt Frauen, die diese wahrhafte Mütterlichkeit heute schon leben. Aber die große Masse hat sich noch nicht soweit durchgefunden. Auf uns Erzieher kommt es an, ob solche Frauen dereinst in Deutschland leben werden.»

Werden sie in Deutschland leben, dereinst? Wird Deutschland bevölkert sein von Männern, die nichts kennen als Krieg, – und von Frauen, die nichts können, als Krieger in die Welt zu setzen, in «stahlhartem Muttertum»? Ihr kleinen deutschen Mädchen, arme irregeleitete, unwissende Geschöpfe, zweitrangige Existenzen in den Augen eueres «Führers», – die ihr euere Puppen uniformiert, neidisch auf die Uniformen eurer Brüder, – wie wird es in euch aussehn, wenn ihr groß seid? Aber am Ende ist die Vernachlässigung gerade, die ihr erfahren, eure Rettung, und die Geringschätzung, mit der man euch abtut, euer Glück? Am Ende ist Beiseitegeschobenwerden besser dort als Teilhaben? Und am Ende werdet ihr aufwachen eines Tages und aufbegehren, – ihr kleinen deutschen Mädchen, die ihr jetzt still die Stirnen senkt, «wehrhaft» nur im Dienste des Tyrannen?!

Wieweit nun die Nazimachthaber auch schon gediehen sein

mögen in der «Umgestaltung des deutschen Erziehungswesens», – noch geben sie sich keineswegs zufrieden. Ihre Pläne sind hochfliegend und mannigfaltig. Das dunkle Gefühl aber, daß die *Gymnasien* und *Universitäten* sich bei der Ausführung solcher Pläne als hinderlich erweisen könnten, daß in diesen Bildungsinstituten noch immer das Gespenst eines Geistes umgehen möchte, der die Wissenschaft ernst nahm, um friedlicher Ziele willen, – dies tief beunruhigende Gefühl wohl vor allem veranlaßt die Nazis, einen völlig neuen Typ Schule zu kreieren und einen völlig neuen «Bildungsgang» für die «Elite des deutschen Volkes» vorzusehen.

«Eine letzte Einflußmöglichkeit», schreibt Dr. Gerhard Mollowitz in «Der nationalsozialistische Erzieher» (15. Juni 1937), «glaubt der Gegner noch in dem Bezirk des Kulturellen, des Geistlichen gefunden zu haben. Hier hat der Nationalsozialismus noch nicht offiziell zum Gegenangriff aufgerufen... Hier wirkt noch weitgehend der alte liberalistische Geist. Und diesen Zustand sucht der Gegner mit allen Mitteln aufrechtzuerhalten und sogar als notwendig hinzustellen: das Geistige, die Wissenschaften, seien nun einmal ihrem Wesen nach ‹unpolitisch›, müßten ‹objektiv› betrieben werden, stünden als eine höhere Region über dem ‹bloß› politisch, wirtschaftlich, sozial usw. ausgerichteten Alltagsleben... So glaubt und hofft man, auf diesem Umwege doch noch einen aufhaltenden oder abschwächenden Einfluß auf den gewaltigen Umbruch in Deutschland nehmen zu können... Aber man irrt sich. Das Zeichen zum Angriff ist vom Nationalsozialismus auf diesem Gebiete zwar noch nicht gegeben worden. Jedoch die ersten Vorkämpfer stehen schon lange bereit, der Generalstab arbeitet bereits fieberhaft, und es fehlt eben im wesentlichen nur noch das Zeichen, bis auch hier die bei allen Unternehmungen des Nationalsozialismus gewohnte gründliche, radikale Reinigung und Neuordnung durchgeführt wird und Form gewinnt. Mögen es sich unsere Gegner gesagt sein lassen: sie stehen auch hier auf absolut verlorenem Posten!»

Und Dr. Mollowitz weiß sehr wohl, daß seine Prophetien eintreffen werden, denn sie gründen sich auf einen «Ministerialerlaß über die Vereinheitlichung des höheren Schulwesens» vom 20. März 1937. Neben «Übergangsbestimmungen» zweiter Ordnung, die alle dazu angetan sind, das humanistische Bildungsideal aus der Welt (oder doch aus Deutschland) zu schaffen (Englisch wird Hauptfremdsprache, dann kommt Latein, – erst als dritte Sprache Griechisch oder Französisch), enthält der Erlaß, in einem Nebensatz, eine Ankündigung von großer Tragweite: «Die Gymnasien», heißt es da, – «die nach der Schulplanung in Zukunft als Nebenform noch bestehen bleiben...»

Als Nebenform also. Und wie soll die Hauptform aussehen? Wo soll in Zukunft die geistige Elite des Landes herangebildet werden? Wir wissen es, seit dem 18. Januar 1937, dem Tag, an dem der «Führer» kurz und bündig erklärte:

«Nach Vortrag des Reichsorganisationsleiters der NSDAP und des Jugendführers des Deutschen Reiches genehmige ich, daß die neu zu errichtenden nationalsozialistischen Schulen, die gleichzeitig als Vorschulen für die Nationalsozialistischen Ordensburgen gelten sollen, meinen Namen tragen.» Berlin, den 15. Januar 1937.

(«Völkischer Beobachter», 19. Januar 1937)

Die Verfügung wurde ergänzt durch eine Äußerung des «Reichsjugendführers» Baldur von Schirach und des «Führers der Arbeitsfront» Dr. Robert Ley. Diese beiden erklärten der Öffentlichkeit: Knaben, die sich im Jungvolk der «Hitlerjugend» besonders ausgezeichnet haben, werden von nun ab, nach Erreichung des zwölften Lebensjahres, in die «Adolf-Hitler-Schulen» aufgenommen, wo sie sechs Jahre zubringen. Achtzehnjährig werden sie zunächst dem Freiwilligen Arbeitsdienst, dann der Armee zur Verfügung gestellt. Anschließend aber beziehen die Besten unter ihnen (und wir wissen, die in welchem Sinne Besten) die «Nationalsozialistischen Ordensburgen».

Der Name klingt mittelalterlich, und er soll so klingen. Die Ordensritterburgen des Mittelalters sind bei den neuen Schulen Pate gestanden, – das gewaltsam Rückschrittliche, das den Nazis und vielen ihrer «Neuerungen» anhaftet, hier wird es offen und unbefangen zugegeben und plakatiert. «Ordensritter» freilich waren fromm im Prinzip, – wenngleich rauh von Bräuchen und kriegerisch; die Frömmigkeit gerade war das Zeichen, in welchem sie vereint auf ihren Burgen hausten und alles Übrige, – Wildheit und Unkultur der Sitten, entsprach der Wildheit und Unkultur des Zeitalters, es war «natürlich», es stand im Einklang mit den Gepflogenheiten des Jahrhunderts. Aber jetzt und heute? Inmitten der zivilisierten Länder Europas? «NS-Ordensburgen»? Und was für ein «Orden» ist es denn, dem die «Junker» (denn «Junker» werden sie genannt, die gehobenen «Adolf Hitler-Schüler» in ihren Schlössern) sich weihen? Der Orden heißt «Nationalsozialismus», und gewiß ist er nichts weniger als fromm, wiewohl die schönen alten Schlösser, in denen er sich da eingenistet, vielfach aus klösterlichem Besitz stammen. Man hat sie requiriert im ganzen Land, die Burgen, weggenommen den Nonnen und den Mönchen; – und es gab auch im Mittelalter Ritter, die *keinem* frommen Orden dienstbar waren. Roh und ungebildet, konnten sie nichts als rauben und morden, und vor ihnen zitterten die Lande, – sie hießen «Raubritter», und ihre Burgen hatten sie gestohlen. Die Nazis aber stehlen nicht, – sie nehmen «Umwandlungen» und «Neugestaltungen» vor, – und die «Ordensburgen», schön gelegene Wald- und Bergschlösser, wurden denn also «umgewandelt» von einem Staat, der sie, nun da sie sein sind, überreichlich mit Geldmitteln versorgt. Die Schüler zahlen Schulgeld je nach dem Vermögensstand ihrer Eltern. Auch die Ärmsten unter ihnen genießen die Vorteile, die der «Orden» seinen «Junkern» bietet.

In seiner Schlußrede auf dem Reichsparteitag 1936 erklärte Hitler nach dem «NS Erzieher» (15. Juni 1937): «Die Partei muß die politische Führerauslese in Zukunft mehr denn je ohne Rücksicht auf die Herkunft, bisherige Lebensstellung, Geburt oder Vermögen, sondern erfüllt nur von höchster Gewissenspflicht und Verantwortung vor der Nation vornehmen. Sie hat dabei weniger Wert zu legen auf die sogenannten gesellschaftlichen Mängel, sondern ausschließlich auf die politische, d. h.

volksführungsmäßige persönliche Veranlagung und damit Würdigkeit.»

Die Vorstellung des «Führers», irgendeine Partei könne für ihre «Führerauslese» geradezu *Wert* auf die sogenannten gesellschaftlichen Mängel legen, wäre sehr komisch, wenn wir nicht wüßten, daß er es ja gar nicht so meint. Zu deutsch wollte er sagen, sogenannte gesellschaftliche Mängel dürften kein *Hindernis* darstellen, und *trotz* ihrer könnte man «Führer» werden. Er hat bewiesen, daß dem, zumindest in Deutschland, so ist, und wie froh wollten wir sein, wenn es seinen «Junkern» in ihren Burgen an weiter nichts fehlte als eben am gesellschaftlichen Schliff. An militärischen Ausrüstungsgegenständen, so viel ist gewiß, fehlt es ihnen *nicht*. «Schulpforta», eine der ehrwürdigsten Bildungsstätten Deutschlands, seit 400 Jahren hochberühmt durch die Strenge und Unbedingtheit, mit der seine Schüler zu höchster geistiger Verantwortlichkeit herangezogen wurden, – «Schulpforta» also wurde «umgewandelt» und «neugestaltet». Es wechselten die Besitzer, die Lehrkräfte wurden entlassen, die Schüler mußten ihre Schule räumen, und ein zog das Heer der «NS-Führerauslese». Es erhielt auf Staatskosten Uniformen angemessen, dies Heer, und der Verdacht drängt sich auf, daß General Göring selber mit im Spiele war, denn es sind nicht weniger als neun Uniformen, die jeder Knabe nun besitzt. Immer zwei von den so reich Uniformierten erhalten gemeinsam ein Motorrad, die älteren unter ihnen Automobile. Zur Zeit existieren zwölf «NS-Ordensburgen» in Deutschland, aber dies ist nur ein Anfang.

Über die Art des Lebens, welches die «Junker» führen, berichtet J. W. Tate in der «London Morning Post»: «Das Leben in diesen Schulen ist durch ein stark ausgeprägtes politisches Motiv und einen ausgedehnten Gebrauch von militärischen Formen gekennzeichnet. Eine besondere Uniform wird getragen; die verschiedenen Schulen werden nur unterschieden durch die Farbe des Schulter-Riemens. Diese Uniform, von Knaben über 15 und von Lehrern getragen, besteht aus einer feldgrauen Mütze mit Schirm, Rock und Kniehosen mit Feldstiefeln und

Seitengewehr. Die jüngeren Knaben tragen offen feldgraue Hemden, Shorts und eine Feldmütze.

Schularbeiten, inklusive Gymnastik, werden auf den Morgen beschränkt, und die Nachmittage und Abende, außer 1½ Stunden Aufgaben, werden einem festen Sportprogramm gewidmet, in dem Schwimmen, Boxen, Schießen und Handball die Hauptrolle spielen; die älteren Knaben erhalten außerdem Unterricht im Reiten, Motorrad- und Autofahren. Es gibt wenig wichtige Wettspiele, und alles wird durchgeführt mit dem Ziel, körperlich tüchtige Nationalsozialisten zu produzieren.

Marschieren ist nicht nur ein Mittel, um Knaben von einer Tätigkeit zur anderen zu bewegen, sondern ist eins der Schulspiele. Wenigstens zweimal pro Woche wird eine Zeitspanne dem Geländesport gewidmet. Vielleicht hatte dieses Spiel seinen Ursprung in dem Bestreben der Patrioten, eine Art von militärischer Schulung aufrechtzuerhalten während der Zeit vollkommener Entwaffnung unter dem Versailler Vertrag. In militärischer Terminologie könnte man es als ‹Taktische Übungen ohne Waffen› bezeichnen.

Ein Zug nach dem anderen marschiert raus aufs Land . . .

Zwei- oder dreimal im Jahr gibt es Manöver, die ungefähr eine Woche dauern. Die Schulknaben marschieren von Platz zu Platz (die älteren Knaben laufen manchmal mehr als 20 Meilen pro Tag) und bauen ihre Zelte auf aus den Zeltdecken, die jeder Junge trägt. Ein Lastwagen und Feldküchen begleiten sie. Im September letzten Jahres waren alle 12 Schulen zum ersten Mal gleichzeitig mit diesen Übungen beschäftigt.»

Es steht dahin, bis zu welchem Grade die Eltern der begünstigten kleinen «Junker» mit der Sorte von «Bildung» einverstanden sind, die ihren Kindern zuteil wird. Sicher ist aber, daß es eine Einspruchsmöglichkeit für sie nicht gibt. Wenn der Staat sie ruft, müssen die Jungen abgeliefert werden, – auch sie sind als requiriert zu betrachten, und den Eltern bleibt nichts als schweigender Gehorsam.

Aus vielen Gegenden Deutschlands, – aus den katholischen,

vor allem, dringen Berichte nach außen, wonach die Bevölkerung sich zeitweilig in der größten Erregung befunden, da die Nazis aus allen konfessionellen Schulen die Kruzifixe entfernt und Hitlerbilder wie Hakenkreuze an ihre Stelle gesetzt haben. Im Bistum Münster sei es zu einer Zusammenrottung der Bauern gekommen, die eindrucksvoll genug gewesen sein muß, denn es wurde während ihrer nicht gesprochen, sondern nur gemurmelt, und es wurde nur ein Wort gemurmelt, dieses aber stundenlang und ohne daß die Menge sich hätte unterbrechen lassen. Sie murmelten: «Kreuze, Kreuze, Kreuze, Kreuze...» – nichts weiter als dies. Die Nazis haben klein beigegeben in diesem einen Fall und in den betreffenden Schulen die Kruzifixe replaciert. In beinahe allen anderen Fällen blieben sie Sieger, denn in beinahe allen andern Fällen stießen sie nicht auf Widerstand.

Wir schließen das Kapitel «Schule im Dritten Reich» und fassen zusammen. Die deutschen Schulen, bis 1933 hochgeachtet in der Welt, durch Gewissenhaftigkeit, Gründlichkeit und eine Fortschrittlichkeit, von der für die Zukunft das Beste zu hoffen war, – heute schon sind sie außerstande, den Vergleich mit irgendwelchen europäischen oder außereuropäischen Erziehungsstätten auszuhalten. Die deutschen Abiturienten, bis 1933 auf dem Bildungsniveau etwa der amerikanischen Collegeboys des zweiten oder sogar des dritten Studienjahres, heute schon sind sie an Wissen den jungen Amerikanern unterlegen, die, sechzehn- oder siebzehnjährig, nur eben ihre Aufnahmeprüfung ins College hinter sich haben. Die Absolventen der französischen Lyceen und der schweizerischen Mittelschulen, sie alle blicken mit Recht hinab auf ihre deutschen Kameraden, die nichts können als marschieren. Verwunderlich bleibt, daß noch immer (oder schon wieder?) einzelne Stimmen laut werden in der Wüste des deutschen Geisteslebens, die, vorsichtig und zweideutig, aber verständlich doch, dem aufmerksam Zuhörenden den Tiefstand beklagen, auf den die deutsche Bildung gesunken. Ein Studienrat namens Naßhoven gibt seinem Kummer im «NS Erzieher» öffentlich Ausdruck: «Es ist nun eine bedauerliche Tatsache, daß das Schülermaterial, besonders der Abiturienten der höheren Schule... *in keiner Weise* den gestellten Anforderungen als Führerauslese entsprechen. Das darf in Zukunft im Interesse unseres Volkes nicht so weitergehen... man wagt vielfach nicht, mit der erforderlichen Energie vorzugehen und die notwendigen Folgerungen zu ziehen.»

«Man wagt vielfach nicht...», und wir wissen, warum man nicht wagt; weil jeder schlechte Schüler, dem ein gewissenhafter Lehrer «mit der erforderlichen Energie» begegnete, Anzeige erstatten könnte gegen diese um irgendeines phantastischen Vergehens willen, – wegen «Verletzung des nationalsozialistischen Geistes», oder auch einfach wegen «Verunglimpfung des Führers», da doch Verleumdung zu den erlaubten Waffen gehört im Dritten Reich. *Man wagt nicht*», – weil es Stellung und Leben kosten könnte, dies Wagnis.

«Man habe den Mut», fordert tollkühn der Studienrat, «tatsächlich mal eine Reihe von *wirklich ungeeigneten* Schülern abzuweisen!»

«Man habe den Mut.» Ist es vorzustellen? Und war uns, ehe wir diese kannten, eine Schule denkbar, die es ganz einfach nicht «*wagte*», von ihren Schülern ausreichende Leistungen zu verlangen, und die den «*Mut*» nicht hätte, «*wirklich ungeeignete*» Schüler abzuweisen? Den Mut aber, zu fälschen und zu lügen, zu verschweigen und zu erfinden, diesen Mut hätte sie, und sehr wohl wagte sie, als erste Tugend die Unmenschlichkeit zu predigen und ihre Schüler als ungebildete und haßerfüllte kleine Militärs ins Leben zu entlassen, anstatt geistige Menschen aus ihnen zu machen, zivilisierte Bürger dieser Welt? Nein, eine solche Schule war nicht denkbar, und sie ist selbst heute und trotz allem nicht denkbar als Schule der deutschen Bildung für alle Zeiten. Fünf Jahre sind wenig in der Geschichte eines Landes, – noch zehn Jahre sind nicht viel. Mögen die Wunden schrecklich sein, die sein «Führer» dem deutschen Volk geschlagen, – mögen ihre Narben noch auf den Stirnen dieses Volkes brennen, als Kainszeichen, – einmal werden, das glauben wir zuversichtlich, wieder Geltung erlangen all die Gaben des Geistes, des Charakters und des Gemütes, die unserem Volk Sympathien verschafft haben in der Welt und die nicht auszurotten sein werden, denn sie sind unvergänglich. Einmal wird die Finsternis von uns weichen und aufatmend werden wir in das Licht blicken, das nun hereinbricht; es wird das Licht der Besinnung sein und der endlich wiedergewonnenen Vernunft.

Die «Staatsjugend»

Der weiteste Zirkel, der in Nazideutschland um die Jugend gezogen ist, aber auch der wichtigste, der unüberschreitbare, ist die Hitlerjugend-Organisation. Bleiben wir bei dem System von drei konzentrierten Kreisen, deren gemeinsame Mitte das deutsche Kind bildet, ein Pünktchen, ahnungslos, – umhegt gewiß, aber eingesperrt und ausgeliefert, – überantwortet den Herrn der Kreise, den Machthabern des «Dritten Reiches». Den engsten Zirkel, wir erinnern uns, stellt die Familie dar. Sie ist machtlos, altmodisch als Institution, in Auflösung begriffen und von geringer Wichtigkeit. Das Kind selbst, sobald es ihm behagt, springt aus diesem Kreise, – mit soldatisch-unbekümmerter Gewandtheit setzt es über ihn hinweg. Es findet, zweitens, sich umringt vom Zirkel, den die Schule bildet. Hier herrscht mehr staatlicher Ernst, dies fühlt das Kind. Das Private, daheim wie aus Versehen manchmal noch spürbar, hier ist es ausgelöscht zugunsten des Offiziellen, des «Eigentlichen». Hier stehen in den Klassenzimmern die Bücher des «Führers», hier reden von den Wänden die Sprüche des «Führers», – hier kommen aus den Mündern der Lehrer die Worte des «Führers», und Strafe wie Auszeichnung wird dem Kind im Namen des «Führers».

Gibt es aber nicht trotzdem irgendeinen alten Geographielehrer vielleicht noch immer? Einen, der selbst in China gewesen ist und in Afrika? Der die fremden Sprachen spricht und der von den weitentfernten Völkern erzählen kann wie von sonderbaren, aber guten Freunden? Vergeht mit ihm nicht manchmal eine Stunde, ohne daß man des «Führers» ein einziges Mal gedacht hätte? Und wenn der Alte zum Schluß «Heil Hitler» murmelt, wie zufällig den Arm hebt und mit einem friedlich-zivilen Lächeln das Klassenzimmer räumt, zugunsten des nächsten Herrn Instruktors, des kriegerischen jungen Chemielehrers, – geschieht es nicht manchmal, daß man alles vergessen hatte, den

Staat und das Blut und die Rasse, – daß man nichts ist als ein Einzelwesen, träumerisch für den Augenblick und entrückt einer Wirklichkeit, die «Gleichschaltung», «Unterordnung» und «fanatische Gefolgschaft» fordern wird, schon in der nächsten Sekunde.

Und so ist dieser zweite Kreis (die Schule) gewiß ein Nazi-Kreis, und gewiß findet sich nichts innerhalb seiner, was dem Nazi-Geist widerspräche. Trotzdem aber und trotz aller Vergewaltigung der Wissenschaftler wie der Wissenschaften: noch sind vereinzelt Männer hier am Werk, die Deutschland kannten, ehe Hitler es verwandelt, noch sind Fakten hier zu beachten, die feststehen und unverrückbar sind. Zwei und zwei ist vier, weiß das Kind. Es wird vier bleiben, auch wenn es dem Führer morgen einfallen sollte zu erklären, daß zwei und zwei fünf ausmache.

Die Hitlerjugend-Organisation dagegen, – der dritte Kreis um das deutsche Kind, ist ein Nazi-Kreis ohne Lücke. Nichts gibt es hier, was noch «privat» (wie daheim), – was noch «vorhitlerisch» (wie in der Schule), – was anders, um eine Schattierung, um eine Winzigkeit anders wäre, als der «Führer» es bestimmt hat.

Und während eben dieser «Führer» Familie und Schule als notwendige Übel hingehen läßt, während man nichts von Ehrungen und Besuchen weiß, die er diesen Institutionen hätte widerfahren lassen, – gehört den Jugend-Bünden sein Herz. Ihre Formationen versammelt er zuhauf auf den Nürnberger Parteitagen, an sie richtet er seine Reden, ihren obersten Leiter, den «Reichsjugendführer» Baldur von Schirach, hat er unmittelbar seiner, des «Führers und Reichskanzlers», Person unterstellt. Dieser dritte und weiteste Kreis, die Hitlerjugend-Organisationen, zusammengefaßt unter dem Namen «Staatsjugend», bildet den magischen Zirkel, außerhalb dessen es kein Leben gibt für das Kind im «Dritten Reich».

Was geschieht innerhalb dieses Zirkels? Wer regiert hier und nach welchen Gesetzen?

Adolf Hitler, dem das deutsche Kind «gehört», hat beschlossen, daß, erstens, dieses Kindes Körper, zweitens sein Charakter und drittens sein Geist gebildet werde. Er selber (dessen Geist ungebildet und dessen Charakter den unberechenbarsten Schwankungen unterworfen ist) hat einen untrainierten Körper, sportlich unausgebildet und von Natur eher benachteiligt. Der schmalschultrige und breithüftige Mensch hat sich körperlich niemals hervorgetan. Als Junge schon war er nervös, – «mondsüchtig» hat seine Mutter ihn genannt (H. Roberts: «The House that Hitler built», Methuen, London), und er selbst erinnert sich (in «Mein Kampf»), ein «schwierig zu behandelndes Kind gewesen zu sein, – wenngleich «ein kleiner Rädelsführer» schon damals; dreizehnjährig hatte er eine Lungenentzündung zu überstehn, – im Krieg litt er an völliger Erblindung, die hysterischen Charakters gewesen zu sein scheint. Die Verletzung, welche er sich im Jahre 1923 anläßlich seines Putsches an der Münchner Feldherrnhalle zuzog, – eine Prellung des Schulterblattes, rührte daher, daß der «Führer» sich gar zu eilfertig aufs Pflaster warf, als er die Kugeln pfeifen hörte. Gleich darauf entfloh, der gelobt hatte, sich ums Leben zu bringen, falls der Putsch mißglücken sollte, der so offensichtlich mißglückt war. (Gunther: «So sehe ich Europa», Amsterdam 1937, S. 12) Im Gegensatz etwa zu Mussolini, der Wagen wie Flugzeug selber zu lenken weiß und ein brillanter Redner ist, wissen wir Hitler außerstande, auch nur eine Parade auf einem Gaule sitzend entgegenzunehmen. Der «Führer» ist körperlich weder gewandt noch mutig. Daß ihm Sinn und Sehnsucht für «seine» deutsche Jugend in Richtung und Gewandtheit und des Mutes stehen, wäre nicht zu verwundern, auch wenn die Attribute dem Kanzler für die Generation der Zukunft nicht dringend nötig erschienen zur Erreichung des großen Zieles: der Eroberung der Welt durch die Nazis. Die jungen Führer dieser «Staatsjugend» also haben ihren jüngeren Untergebenen zweierlei beizubringen:

1. Das Kriegshandwerk (als da sind: marschieren, schießen, reiten, fliegen, etc.) 2. Die psychische Bereitschaft zur Ausübung des Kriegshandwerks (als da sind: Vergottung des «Füh-

rers» als des obersten Kriegsherrn, – Verherrlichung Deutschlands als des heiligen Bodens, zu dessen Bestem der Krieg entfesselt werden soll, – Verehrung der eigenen, «nordischen» Rasse als der einzigen, die würdig ist, nach gewonnenem Krieg den Erdball zu beherrschen).

Der erste Grundsatz der «Staatsjugend»: «Jugend soll von Jugend regiert werden» birgt für die Nazi-Machthaber vor allem die Garantie, daß kein Älterer, keiner, der «es» noch anders wissen könnte, seine Finger mehr im Spiel haben darf. Zweitens aber werden die zwölfjährigen «Pimpfe» (es ist nicht erwiesen, wer dies ungewöhnlich häßliche und lächerliche Wort ersonnen hat als Bezeichnung der kleinen deutschen Buben in Uniformen), – die zwölfjährigen «Pimpfe», also, werden alle Unbill, alle Härte und Roheit, ja alle Ungerechtigkeit, die ihnen von ihren vierzehnjährigen Vorgesetzten widerfahren mag, willig hinnehmen, sobald sie wissen, daß sie selber mit nächstem, – in zwei Jahren schon, – die Kleinen werden quälen dürfen, – es ist leider menschlich.

Zählt nun die «Staatsjugend» wirklich alle Kinder in Deutschland zu ihren Mitgliedern? Will sagen, ist Mitgliedschaft Zwang, – ist sie *Gesetz* – oder ist sie es nicht? Die Frage klingt einfach, aber sie ist schwierig zu beantworten. Kinder wie Eltern in Deutschland sind im ganzen der Ansicht, daß ein Gesetz dieser Art existiere und daß die deutsche Jugend den Hitlerjugend-Organisationen beitreten *müsse*. De facto gibt es einen Erlaß vom 1. Dezember 1936 (RGBl 1, S. 993) des folgenden Wortlautes:

«Gesetz über die Hitlerjugend vom 1. Dez. 1936. Von der Jugend hängt die Zukunft des Deutschen Volkes ab. Die gesamte deutsche Jugend muß deshalb auf ihre künftigen Pflichten vorbereitet werden.

Die Reichsregierung hat daher das folgende Gesetz beschlossen, das hiermit verkündet wird:

§ 1 Die gesamte deutsche Jugend innerhalb des Reichsgebietes ist in der Hitlerjugend zusammengefaßt.

§ 2 Die gesamte deutsche Jugend ist außer in Elternhaus und

Schule in der Hitlerjugend körperlich, geistig und sittlich im Geiste des Nationalsozialismus zum Dienst am Volk und der Volksgemeinschaft zu erziehen.

§ 3 Die Aufgabe der Erziehung der gesamten deutschen Jugend in der Hitlerjugend wird dem Reichsjugendführer der NSDAP übertragen. Er ist damit «Jugendführer des Deutschen Reiches». Er hat die Stellung einer Obersten Reichsbehörde mit dem Sitz in Berlin und ist dem Führer und Reichskanzler unterstellt.

§ 4 Die zur Durchführung und Ergänzung dieses Gesetzes erforderlichen Rechtsverordnungen und allgemeinen Verwaltungsvorschriften erläßt der Führer und Reichskanzler.»

Diese «Reichsverordnungen und allgemeinen Verwaltungsvorschriften» nun hat der «Führer und Reichskanzler» niemals erlassen, – aus guten Gründen nicht. Das Gesetz steht in striktem Widerspruch zu dem mit dem Heiligen Stuhl abgeschlossenen Konkordat, welches der deutschen Jugend das Recht sichert, weiterhin zwischen den katholischen und den staatlichen Jugendvereinigungen frei zu wählen. Es entspricht der Nazi-Taktik, die wir kennen, dies Konkordat zwar zu brechen durch ein Gesetz, das man verkündet und von dessen Wirkung auf die Gemüter der Betroffenen man überzeugt sein darf. Nach der Verkündigung aber unterläßt man, das Gesetz zu bestätigen, man nimmt es dadurch praktisch zurück, nachdem es seinen Dienst getan, und versichert, das Konkordat sei ungebrochen. Außerdem aber und für den Fall, daß die Aufmerksamen und Erfahrenen unter den Deutschen das «Gesetz» als solches nicht verstanden haben sollten, richtet man, zur Vorsicht, die konfessionellen Jugend-Bünde einzeln und einen nach dem andern zu Grunde, – macht ihnen Skandale, Prozesse und Schwierigkeiten aller Art, konfisziert ihre Häuser und Gelder und vermittelt gleichzeitig der deutschen Jugend und ihren Eltern den Eindruck, daß es praktisch gesetzwidrig und in den Lebensfolgen unabsehbar für die jungen Leute wäre, sich außerhalb der «Staatsjugend» zu halten. Die Fiktion der Freiwilligkeit jedoch wird bis auf den heutigen

Tag nicht aufgegeben. Am 4. März 1937 erließ Baldur von Schirach den folgenden Aufruf:

«Alle Jugend dem Führer!
Jungvolkwerbung 1937 –
Aufruf des Reichsjugendführers Baldur v. Schirach

Der Jugendführer des Deutschen Reichs, Baldur von Schirach, hat folgenden Aufruf zur Jungvolkwerbung 1937 erlassen:
Deutsche Eltern, deutsche Jugend!
Wieder rückt der Tag heran, an dem ein neuer Jahrgang deutscher Jugend in den Dienst des Führers treten soll. Wie alljährlich rufe ich die Jugend auf, zum Geburtstag Adolf Hitlers [!] in die große Gemeinschaft des jungen Deutschland einzurücken und in selbstlosem Dienst am Werk des Führers ihre *Pflicht* zu tun. Im vorigen Jahr hat dieser Aufruf zur Folge gehabt, daß fast Hundert vom Hundert aller deutschen Jungen und Mädel, die das zehnte Lebensjahr vollendet hatten, *freiwillig* in unsere Reihen eintraten. Ich weiß, daß der nun aufgerufene Jahrgang 1927 ebenso selbstverständlich dem Ruf der Jugend [?] folgen wird.
Die Millionenzahl unserer Jugend ist die Kraft und das Glück des Deutschen Reiches. Keiner darf abseits stehen, wenn es darum geht, Deutschland *stärker und glücklicher* zu machen. Es gibt keine größere Ehre, als diesem Reiche dienen zu dürfen.
Deutsche Eltern, deutsche Jugend, erkennt die Bedeutung der Forderung, die an euch gerichtet wird.
Alle Jugend dem Führer!»
(«Völkischer Beobachter», 4. März 1937)

«Alle Jugend dem Führer», dies Anfangs- und Schlußwort des Werberufes bildet eine Art von Refrain in Baldur von Schirachs Äußerungen. Das deutsche Kind kennt die Formel in vielen Variationen, – «Auch du gehörst dem Führer», – «Die deutsche Jugend gehört dem Führer», – «Deutsche Jugend, dein Leben gehört dem Führer!» Seit dem Parteitag 1937 gibt es überdies einen Schwur, den von Schirach selbst formuliert hat, – er lautet: «Ich schwöre bei Gott diesen heiligen Eid. Ich werde meinem Führer Adolf Hitler allzeit treu und gehorsam sein. Ich will als Parteigenosse im Dienst der Gemeinschaft des deutschen Volkes gewissenhaft und opferbereit meine Pflicht erfüllen für die Größe und Ehre der deutschen Nation. So wahr mir Gott helfe.»

Es ist der Verfasser dieses Schwures, der Zehntausenden von jungen Leuten, die da in Nürnberg versammelt waren, den Eid vorgebetet hat, und sie alle haben ihn nachgesprochen, im Chor. «Gott», – das ist wiederholenswert, dient hier, wie überall im «Dritten Reich», als *Folie* für den «Führer». Sein Name wird *verwendet* und benutzt. *Noch* wird ihm genug propagandistischer Wert, noch genug *Zugkraft* zugesprochen, um die Treueschwüre feierlicher zu gestalten, vermittels derer man die Seelen dem «Führer» verschreibt.

Die «Staatsjugend» ist ganz wie eine Armee gebaut. Es gibt in ihr Korps, Divisionen, Bataillone, Brigaden, Regimenter, Kompagnien und Schwadrone, und es gibt Offiziere der verschiedensten Ränge. Die Hitlerjugend ist in 5 Obergebiete geteilt, in 22 Gebiete, 82 Oberbanne und 328 Banne. Der BDM (Bund Deutscher Mädel) hat 5 Gauverbände, 22 Obergaue, 83 Gaue und 330 Untergaue. Das Jungvolk schließlich zerfällt in 580 Jungbanne und ebensoviele Jungmädel-Untergaue. Zum Jungvolk (und den Jungmädeln) rechnen die Kinder zwischen 10 und 14 Jahren, – zur Hitlerjugend die Jungen zwischen 14 und 18, – zum BDM die Mädchen zwischen 14 und 21. Um nur ein paar von den Titeln zu nennen, wie sie die kindlichen deutschen Militärs beiderlei Geschlechts auszuzeichnen bestimmt sind: es gibt Fähnleinführer, Stammführer, Obergebietsjungvolkführer, Gefolgschaftsführer und Führer des Stabes. Es gibt die Gauverbandsjungmädelführerin, die Reichsreferentin des BDM. Und es gibt den entscheidenden Unterschied zwischen der Mädelscharführerin und der Mädelschaftführerin. Wir zählen alles in allem, und abgesehen vom Titel des Reichsjugendführers, 32 verschiedene Chargen in der Staatsjugend.

Von Schirach selber, dreißigjährig, der Oberstkommandierende dieser enormen und glänzend organisierten Armee, ist ein sehr fetter und weichlich aussehender junger Mann. Die Mischung aus Roheit und Hang zu den schönen Künsten, die ihm eignet (und die von jeher seinem «Führer» anhaftete, – aber auch Horst Wessel, dem Zuhälter-Heros, und vielen seiner Kameraden), ist typisch für Ton und Umgangsform in der deutschen Staatsjugend. Baldur von Schirach ist nicht nur Herr der Nachtmärsche und Geländeübungen, – er macht auch Gedichte und deklamiert sie vor seinen Untergebenen. Er läßt seine Dichtungen drucken, – wir finden die schwülstigen in allen Jugendzeitschriften des «Dritten Reiches», – und ihrer gibt es eine große Zahl. Sie heißen etwa: «Das junge Deutschland», – «Wille und Macht», – «Das Jungvolk», – «Morgen», – «Die Trommel der deutschen Jugend», – «Hilf mit!», – «Die HJ – das Kampfblatt der Hitlerjugend», – und so weiter und so fort. Diese Druckschriften (die meist illustriert erscheinen) werden, – wie etwa das gemäßigte, relativ «weltmögliche» «Hilf mit!», – vom «NS-Lehrerbund» herausgegeben. Großenteils zeichnet jedoch die «Reichsjugendführung» für sie verantwortlich, oder der «Deutsche Jugendverlag» (der seinerseits der Abteilung «für Schulung, Kulturarbeit, Propaganda, Presse» der Schirachschen Staatsjugend angegliedert ist). Die Staatsjugend verfügt über viele Spezialabteilungen, sie ist organisiert und konstruiert wie für die Ewigkeit. Wir nennen die Abteilung «für Einsatz, Organisation und Ausbildung» und – das «Personalamt», wir nennen mit der Betonung, die ihr zukommt, die Abteilung «für Jugendauslands- und Kolonialarbeit» (eingegliedert die «Mittelsstelle deutscher Jugend in Europa»), – die Abteilung «für Flugertüchtigung, Fliegervorschulen, Segelflugwesen, Motorwesen, Reitwesen». Wir nennen nur diese wenigen, die einen Bruchteil darstellen des Ganzen.

Für die Hitlerjugend-Führer gibt es eigene Ausbildungs-Schulen, 32 an der Zahl, eine für jeden der 32 deutschen «Gaue», – und außerdem vier Reichs-Schulen – in Potsdam und Mehlen je eine (für Knaben) und eine je in Godesberg und Potsdam (für Mädchen). Gelehrt wird auf diesen Schulen: Nationalsozialismus.

Die körperliche Ausbildung, welche die deutsche Jugend von ihrem zehnten Lebensjahr an erfährt, wird von den deutschen Machthabern als eine «friedlich-sportliche» bezeichnet. Allenfalls räumt man, schon durch Erfindung und Verwendung des Wortes «Wehrsport», – ein, daß es sich hier um eine Ausbildung handle, die den Ausgebildeten in Stand setze, sich zu «wehren», – wenn er nämlich angegriffen werden sollte, – von Räubern, oder Juden auf der Straße, man kann ja nie wissen. Die Welt weiß, daß Hitler die deutsche Jugend physisch und psychisch auf den *Angriffskrieg* vorbereiten läßt, und uns obliegt nur, aufzuzeigen, bis zu welchem Grade und in welcher Art er dies tut.

John W. Taylor, der (in «The Baird Ward Company», Nashville, Tennessee) ein umfangreiches Buch «Youth Welfare in Germany» erscheinen läßt, bedankt sich in einem Vorwort für den «sehr ehrenvollen Beistand» («much valuable assistance»), den er bei Abfassung dieser dokumentarisch äußerst gründlich belegten Arbeit bei den deutschen Behörden gefunden. Er nennt Nazi-Offizielle bei Namen, – den Ministerialrat im Unterrichtsministerium Richter, den Bannführer der Reichsjugendleitung Senn und andere. Das Buch, das sich eines objektiven Tonfalles befleißigt, kann keinesfalls als nazigegnerisch angesprochen werden, wiewohl der Autor durch bloße Nennung der deutschen Fakten manch einen seiner Leser zum Nazi-Gegner gemacht haben mag.

Die «wehrsportliche» Ausbildung der deutschen Jugend angehend, sagt John W. Taylor (auf S. 86) das folgende:

«Die Hitlerjugend-Organisation hat über dies Training niemals ein offizielles Handbuch veröffentlicht. Der Autor hat viele Stunden mit Mitgliedern der Reichsführerschaft verbracht, und er hat viele Stunden auf Besuche in Hitlerjugend-Lagern verwandt. Natürlich finden sich in den deutschen Buchläden verschiedene Publikationen über ‹Geländesport›, ‹Wehrsport› etc., und die Leiter der Jugendlager treffen aus diesen Büchlein ihre eigene Wahl».

Da haben wir es wieder, und diesem Phänomen begegnen wir nun zum zweiten Mal! Was für die deutschen Schulen die «Zusatzheftchen» bedeuten, – die nicht- oder nur halb- und dreiviertels-offiziellen Instruktions-Blättchen, hinter denen die offizielle Schulbuchliteratur an Bedeutung zurücksteht, – das sind für die «Staatsjugend» diese «verschiedenen Publikationen». Und hier wie dort läßt man es bis zum gewissen Grade an ganz, an völlig und unleugbar offiziellem Regierungsmaterial fehlen, – nicht zufällig etwa, sondern beabsichtigtermaßen und im Interesse der «Taktik», des Versteckenspiels und der angestrebten «Weltmöglichkeit».

John W. Taylor fährt fort:

«Während eines Besuches in solch einem Lager machte der Verfasser die Bekanntschaft des Polizei-Oberleutnants J. Remold, der hier Leiter war. Die folgende Übersicht über das in seinem Lager Gelehrte stammt großenteils aus einer Arbeit des Oberleutnants, – ‹Handbuch für die Hitlerjugend›, München 1933». Hinzugefügt wurde einiges aus den persönlichen Erfahrungen des Verfassers.

«A. Geländesport:

1. Drill in geschlossenen Formationen.
2. Kartenlesen (Maßstab 1 : 25000 und 1 : 100000). Richtung-Finden, mit und ohne Kompaß.
3. Beschreibung der verschiedenen Geländearten (Bodenbeschaffenheit, Beurteilung der Landschaft).
4. Zielübungen. Schätzen von Entfernungen.
5. Deckung-Suchen, Camouflage und Irreführen des Gegners durch falsche Wegbauten.
6. Pfadfinden, Rapport-Erstatten und Karten-Zeichnen.
7. Drill in offenen Formationen.
8. Beschützen einer marschierenden Kolonne.
9. Zelt-Aufschlagen und Spatentechnik.
10. Orientierung und Richtung-Finden (auch bei Nacht).
11. Einfache Geländespiele.

B. Körper-Ertüchtigung:

1. Übungen ohne Apparate.
2. Sturzübungen und Bodengymnastik.
3. Boxen.

4. Spiele ohne Apparate.
5. Spiele mit dem Medizinball.
6. Gymnastik an den Apparaten.
7. Schwimmen.
8. Land- und Dauerlauf.
9. Diskuswerfen.
10. Gruppenspiele.
11. Marschieren in voller Ausrüstung.
  C. Kleinkaliber-Gewehr-Übungen:
1. Studium der Feuerwaffen.
2. Schießunterricht.
3. Verhalten am Schießstand.
4. Betätigung als Zielrichter und Munitionsträger.
5. Betätigung als Instruktor für Gewehrschießen.
6. Abzug des Drückers, Anwendung der Schießscheiben, – Stellungen vor dem Feuern, während des Feuerns und nach dem Feuern.
7. Schießstellungen: Ruhe, liegend, sitzend, kniend und stehend.»

John W. Taylor gibt keinerlei Kommentar zu dieser Übersicht, die eines solchen auch kaum bedarf. Gruppe A und C vor allem haben mit «friedlichem Sport» so viel zu tun wie etwa das Bombenwerfen. Und die nun folgenden Vorschriften für das «Marschieren in voller Ausrüstung» ergänzen das kriegerische Bild.

Alter	Strecke pro Tag	Strecke pro Tag auf längeren Märschen	Gewicht des Gepäcks
10 Jahre	8 bis 10 km		
11 Jahre	10 km		
12 Jahre	15 km	10 bis 12 km	
13 Jahre	18 km	12 bis 15 km	
14 Jahre	20 km	15 km	
15 Jahre	22 km	18 km	5 kg
16 Jahre	25 km	20 km	5 kg
17 Jahre	25 km	20 km	7 kg
18 Jahre	30 km	25 km	10 kg

Und John W. Taylor fährt fort:

«Die Hitlerjugend genießt besondere Ausbildung im Reiten, Autolenken, Wagenfahren, Signalisieren, Pfadfinden, im ‹Erste-Hilfe›-Leisten und in Musik. Auch erhält sie ein Sondertraining in Luftschutz und Segel- sowie Motorfliegen».

«Besondere Ausbildung im Erste-Hilfe-Leisten und in Musik», – steht das *so*, in dieser Reihenfolge, in irgend einer Nazi-Tabelle, oder hat Mr. Taylor die Anordnung besorgt? Wie dem auch sei, – der Geist der ganzen «Staatsjugend», – ja, des gesamten Nationalsozialismus spricht aus dieser Kombination, und in ihrem Sinne vermöchte der «Führer» den Klängen des Lohengrin zu lauschen, an dem Tage, an welchem seine Bomber Paris zerstört haben würden.

Sachlich erfahren wir aus der Übersicht: Dreizehnjährige müssen an einem Tag 18 Kilometer weit marschieren, – Fünfzehnjährige marschieren 22 Kilometer weit, und ein jeder von ihnen schleppt eine Last mit sich, die 10 Pfund wiegt. Ein hartes Training, – ohne Zweifel. Ob freilich dies Training *gut* ist, auch für die *Körper* der Kinder, – oder ob es nicht vielmehr Gefahren birgt, sogar für diese Körper, das ist eine Frage, die uns von den Nazis persönlich und in erstaunlichem Sinne beantwortet wird. Die «Frankfurter Zeitung» vom 26. Mai 1937 schreibt in einem Leitartikel:

«Bei den jüngsten Musterungen hat sich nun die überraschende Tatsache herausgestellt, daß an erster Stelle der typischen Leiden diejenigen der Füße stehen, die unter der Rubrik ‹Plattfuß›, ‹Knickfuß› und so weiter verzeichnet werden; unter 100 Dienstpflichtigen des Jahres 1931 z. B. werden nicht weniger als 37, 38 unter dieser Rubrik aufgeführt... Es zeigt sich... daß auch für den militärischen Dienst nicht diejenige Vorbildung am besten ist, die möglichst früh mit spezifisch militärischen Anforderungen beginnt, sondern eine freiere und allgemeinere».

Der Plattfuß also, – neben Riesennase und Negerlippen der beliebteste Scherzartikel für antisemitische Karikaturisten, er ziert nachgerade 37, 38 Prozent der dienstpflichtigen jungen «Arier» in Deutschland. Und die «Frankfurter Zeitung» ist es keineswegs allein, die auf diese «überraschende Tatsache» hinweist. Die «Münchner Medizinische Wochenschrift» Nr. 14 vom 2. April 1937 schreibt in ihrem Bericht über einen Vortrag des Magdeburger Orthopäden Professor A. Bleneke, der sich mit dem «Platt-, Knick- und Spreizfuß in seinen Beziehungen zur Arbeits- und Wehrfähigkeit unserer Volksgenossen» beschäftigt, das folgende:

«Er weist ferner darauf hin, daß man solche entzündlichen Reizerscheinungen, die man früher in der Hauptsache in den Lehrlings- und Entwicklungsjahren sah, jetzt sehr häufig bei *Schülern* und *Schülerinnen* zu sehen bekommt, bei denen man sie früher niemals gesehen hat. Nach der Ansicht des Vortragenden ist dies darin zu suchen, daß den Füßen dieser Jungen und Mädchen zuviel zugemutet wird durch Märsche auf harter Landstraße, noch dazu mit akzidentellen Lasten u. dgl. mehr, also Strapazen, denen sie noch nicht gewachsen sind... Wie wichtig gerade die Prophylaxe nach dieser Richtung hin ist, beweisen ja unsere Musterungen, die bei den Einstellungen eine erschrekkend große Zahl von Leuten ergeben haben, die wegen Plattfüßen untauglich für den Heeresdienst waren».

Zu ähnlichen Feststellungen gelangte, am 21. Mai 1937, der Professor Schede aus Leipzig auf einer «Tagung für Krüppelfürsorge». Er berichtet von «Untersuchungen des Jungvolks, der Arbeitsdienstpflichtigen und der Militärdienstpflichtigen» und meint, bei mehr als 50% dieser jungen Leute sei der Fuß unter den Grad seiner natürlichen Leistungsfähigkeit hinuntergedrückt, – und bei einem übergroßen Prozentsatz setze sich die Schwächung des Fußes obendrein in einer Schwächung der Wirbelsäule fort. Ein für allemal, – Sport müsse in leichten, schmiegsamen Schuhen betrieben werden und mit kurzen, wenn auch intensiven Beanspruchungen. Lange Beanspruchungen durch Märsche und überdies in schweren, harten Stiefeln sei dazu angetan, den Menschen zu ruinieren. «Der Marsch ist zur Leistungssteigerung völlig ungeeignet!» ruft der Leipziger Gelehrte, – «er ist höchstens eine Probe auf die Leistungsfähigkeit».

Es ist anzunehmen, daß Professor Schede so gut wie der Leitartikler der «Frankfurter Zeitung» und der Vortragende über «Platt-, Knick- und Spreizfuß» heute offiziell unter die «Meckerer» gerechnet werden, unter jene «ewig gestrigen Miesmacher», die sich dem «neuen Geiste» nicht anzupassen vermögen. Die Fakten berührt dies nicht. Und so glanzvoll organisiert wir die «Staatsjugend» kennen, so vollkommen wir die deutsche Jugend in ihr versammelt wissen und so bedrohlich die Ausbildung erscheint, die ihr dort zuteil wird, es könnte sein, daß man dieser Jugend zu viel zumutet, auf beiden Gebieten, – auf dem *physischen*, der Erlernung des Kriegshandwerks, wie auf dem *psychischen*, der Vorbereitung zur Ausübung des Kriegshandwerks. Es könnte sein.

Dem «Jungvolk», der Zeitschrift für die Zehn- bis Vierzehnjährigen, vom Juni 1934 entnehmen wir das folgende Geschichtchen, das wir wörtlich und ungekürzt wiedergeben.

«*Die letzten fünf Kilometer*.

Wir sitzen im Straßengraben.

Einige meckern über das Essen, andere über das schlechte Leben und ewige Laufen.

Wir sind jetzt schon ein paar Tage unterwegs. In den ersten Tagen haben wir so viel gegessen, daß wir uns kaum helfen konnten. Nun, wo das Geld und damit auch das Essen knapp wird, ist plötzlich bei den meisten ‹ausscheiden›. Alle Pimpfe meckern, bis auf Heini, der ganz vergnügt den ganzen Tag auf einem Stück Keks rumkaut. ‹Meckern könnt ihr Idioten, aber besser machen…› Heini zieht seine Mundwinkel runter und spuckt aus. Alles schweigt. Einer knurrt was von ‹gar nicht meckern wollen›, aber ‹bei diesem Fraß verreckt man ja›.

Unser ‹Juschafü› [Jungenschaftsführer] Hans erhebt sich, sagt kurz: ‹Los, auf, wir müssen weiter!› Wir machen uns fertig und tippeln los. 20, – 25, – 30 Kilometer. Die Füße gehn kaputt und – stinken.

Noch fünf Kilometer. Heini schaukelt schon merkwürdig.

Einer macht schlapp: ‹Laß uns mal fünfzehn machen!›

‹Nein, weiter›, erklärt Hans. Peter tröpfeln die Schweißtropfen wie ein kleiner Bach vom Kinn.

Hans nimmt seinen Affen [Tornister].

‹Wer nimmt Heinis Affen?› fragt er dann.

Es meldet sich keiner. Heini beißt die Lippen aufeinander.

‹Na, gib schon her, für fünfhundert Meter, – dann muß ihn ein anderer nehmen›, sag ich.

Gleich brummen einige: ‹Ich aber nicht›.

Nach fünfhundert Metern nimmt Hans mir den Affen weg und gibt ihn weiter, – an einen von den Meckerern. Der will ihn nicht nehmen.

‹Na ja, Kameradschaft!› Hans ist scharf. Nügg nimmt den Affen. Wieder fünfhundert Meter weiter. Da nimmt ihn dann der, der ihn vorher nicht haben wollte, und während er seine zwei Affen schleppt, pfeift er leise vor sich hin, irgendein Lied der Kameradschaft. – Der hat sich was gemerkt!

Und wieder fünfhundert Meter. ‹Laß man!› sagt er, – ‹ich habe mich jetzt daran gewöhnt.› Wir müssen ihm den Affen mit Gewalt abnehmen. Der nächste, der ihn kriegt, meckert nicht erst.

Die letzten fünf Kilometer kamen uns viel länger vor als die ersten zwanzig. Schließlich sind wir in dem Dorf am Meer. Wie tot fallen wir ins Stroh.

Morgens macht Nügg erst mal sein Lazarett auf für die Fußkranken.

Heini war zuerst wieder fertig. Gestern, daß er durchgehalten hatte, das hatte ihn beliebt gemacht.

Ganz merkwürdig: – Es war eine saubere Stimmung in der ganzen Jungenschaft. Kein Krach, keine Meckerei. Beim Essen taten sie so, als schmeckte es fabelhaft (dabei war das Essen das schlechteste auf der ganzen Fahrt).

Nach einem Ruhetag geht die Tippelei weiter. Allerdings ganz langsam, denn wir waren ja jetzt am Meer. Die Stimmung blieb gut – die ganzen vierzehn Tage, die wir noch unterwegs waren. Und wenn einer den Mund aufmachte, um zu meckern, dann kriegte er gleich von Heini einen Stoß oder auch einen über die Schnauze.

Drei Wochen nach der Großfahrt. Heimabend. Wir sprachen über Sozialismus. Und auch über Kameradschaft.

Einer sagte: «Was Kameradschaft ist, das haben wir doch damals gelernt – auf der Großfahrt!›

Hans Blohm, Altona.»

Bedenken wir, daß wir es in Vorstehendem mit einem Stückchen *Nazi-Propaganda* zu tun haben, mit einer kleinen Geschichte aus dem Leben des «Jungvolk», dazu bestimmt, jedermann für diese Organisation und ihre «Großfahrten» einzunehmen und also gewiß darauf bedacht, die besten, die attraktivsten Seiten zur Geltung zu bringen, – bedenken wir dies alles, dann wollen uns unsere eigenen Angaben über Leben und Ton in der «Staatsjugend», – es wollen uns die offiziellen Ziffern, es will alles, was objektiverweise über dies Thema geäußert werden kann, blaß, wenigsagend, untertrieben erscheinen. Und war die Befürchtung, diesen Kindern möchte zu viel zugemutet werden, eine überängstliche? «Bei diesem Fraß verreckt man ja», – «20, 25, 30 Kilometer», – «erst mal ein Lazarett für die Fußkranken!», – «wie tot aufs Stroh», – und «einen Stoß, oder auch einen über die Schnauze, wenn einer nur den Mund aufmacht, um zu mekkern».

War die Behauptung irrig, diese Kleinen möchten vor ihren «Führern» zu zittern haben, die ihnen im Alter nur zwei Jahre voraus sind, die aber Repräsentanten darstellen der Macht? Aber man achte auf Hans, den «Juschafü», man schaue ihm zu, wie er seinem kindlichen Untergebenen schließlich den schweren Tornister abnimmt, um ihn weiterzugeben, an ein Bübchen, das schon geklagt hatte und das sich zunächst einfach weigert, doppelte Last zu schleppen. Am Ende, natürlich, schleppt er sie doch, – denn der «Juschafü» ist «scharf» geworden. Daß, nach alledem, schließlich noch eine «saubere Stimmung» unter den Jungen herrscht, erscheint dem Verfasser denn auch selbst «ganz merkwürdig». Und der idyllische Abschluß der lebenswahren kleinen Skizze, die Konversation am Heimabend mutet an wie jene Szenen, Jahre nach dem Krieg, in denen alte Kriegskameraden ihre Erinnerungen austauschen: – «schön war's doch», sagen sie einander gedächtnislos, «damals, – so gemeinsam, – vor dem Feind!» Diese «Heimabende der Staatsjugend», mit patriotischer

Musik, kriegerischer Poesie, mit großem Geprahle und Jägerlatein, – mit derben Späßen auf Kosten der «Schwächlinge», – der Schullehrer, der Pfaffen und des lieben Gottes, – diese kindlichen Heimabende sind denn auch rechte Abende «in der Etappe», wie die Soldaten sie hinbringen, deren Lustigkeit Galgenhumor ist und die schon morgen vielleicht sterben müssen.

Die Stimmung von Kriegsnähe, ja *Kriegsgegenwart*, die das Regime Adolf Hitlers der deutschen Bevölkerung mitzuteilen weiß, stellt eines der wichtigsten Hilfsmittel dar seiner «Innenpolitik». Man kann ein Volk zwingen, Hunger, Unfreiheit, Willkür, Entbehrungen aller Art hinzunehmen, man kann einen dauernden Ausnahmezustand über das Volk verhängen, das Standrecht einführen und die Konfiskation allen Eigentums, – man kann dem Volke (und gewiß dem deutschen!) *Übermenschliches* zumuten, *sobald* man und *nur wenn* man ihm einzureden weiß, daß irgend ein Krieg herrsche, daß es nun einmal gelte zu kämpfen, zu siegen, oder zu sterben. Mit großer Kunstfertigkeit haben die deutschen Machthaber es verstanden, den Eindruck zu erwecken, als ob dem in der Tat so sei. Und besonders die Halbwüchsigen, die Millionen von in der «Staatsjugend» organisierten Kindern, leben völlig in dem Bewußtsein eines solchen Kampfes von tödlicher Bedeutung. Gegen wen der Kampf sich richtet? Gleichviel! Wo, im Grunde und so recht eigentlich, der Feind steht? Einerlei! «Der Führer befiehlt! Wir folgen!» Dieser «Führer» allerdings eignet sich, seiner ganzen Person nach, ganz besonders zum obersten Kriegsherrn solch eines, noch, völlig imaginären, – noch, völlig aus der Luft gezauberten, solch eines nichts als romantischen Kampfes ohne sichtbaren Feind. Hitler, der ungebildete Wagnerianer, der Liebhaber von Blutfahnen und nächtlichen Schwüren, Hitler, dem Deutschland sich kampflos ausgeliefert und der an jenem 30. Juni 1934, da er seine besten Freunde hinterrücks hatte ermorden lassen, des abends, beim Anhören von Musik, erschöpft und weichgestimmt durch so viel Blut, in Tränen ausbrach, dieser Hitler ist der ideale Kriegsherr schlechthin für solch einen wirklichkeitsbaren Wunsch-Kampf. Daß aber die träumerisch-romantische, die, *auf tiefstem Niveau*, blutig-phantasiebegabte Seite des «Führers» sich mit einer andern, – einer berechnend-planenden und, *auf tiefstem Niveau*, genialisch-insistenten Seite trifft, – daß diese beiden in Akkord gebracht werden konnten in seinem Inneren, dies erst macht den deutschen Diktator zur beängstigenden Figur. Ob freilich, im «Ernstfall», – dann, wenn der Traumkrieg sich zur «Materialschlacht» wandelt, wenn der Feind leibhaftig sichtbar wird und wenn er sich zu wehren beginnt, ob dann Hitler, der romantisierende und entrückte, oder Hitler, der schlaue und zähe, die Oberhand gewinnen wird, das ist eine Frage von wahrscheinlich entscheidender Bedeutung.

Um seiner «Staatsjugend» den Hunger schmackhaft, die Gewaltmärsche akzeptabel und den ganzen nebelhaften, aber äußerst spürbaren Kriegszustand einleuchtend zu machen, sind, neben Führer-Ansprachen, Fahnenweihen und Treueschwüren, vor allem die *Zeitschriften* gut.

Eine der wichtigsten Erscheinungen in der langen Reihe der Jugendblätter ist die «HJ – das Kampfblatt der Hitlerjugend». Ein Blatt im Kampf, gegen wen? Und was hätte eine Jugendorganisation, die von der allmächtigen Regierung eines autoritären Staates selbst gebildet und leidenschaftlich von ihr gestützt wird, innerhalb dieses Staates und mitten im Frieden noch zu kämpfen? Seltsam genug, aber keiner fragt danach.

«Hitlerjungen, ihr steht im Kampf! Wappnet euch durch die Lektüre der ‹HJ›!» (Gebietsführer Fritz Brennecke, «HJ», 11. September 1937). Mit solchen Worten wirbt die Zeitschrift zum Abonnement. Und in beinahe allen ihren Beiträgen, – Aufsätzen, Gedichten, Novellen, Memoiren, – liegt der Akzent der «HJ» auf «Kampf».

Groß ist natürlich die Rolle, welche die «Jahre des Kampfes» vor der «Machtergreifung» in allen diesen Zeitschriften spielen. Es muß für die Herausgeber eine Wohltat sein, doch *ein* kleines Gebiet zu kennen, auf dem von der heutigen «Staatsjugend», wenn auch beinahe gar nicht, so doch ein ganz klein wenig «gekämpft» worden ist. Es handelt sich um jene «Saalschlachten», in denen jugendliche Nazis pazifistische Versammlungsteilnehmer

überfielen, – um jene «Straßenkämpfe», in denen die Hitler-
buben wegen der verschiedensten Gesetzwidrigkeiten von der
republikanischen Polizei gestellt wurden. Da war noch Kampf!
Da wurde noch «Schmiere gestanden», – da wurde «illegal geklebt
und gemalt», – da täuschte man auf hundert Schleichwegen die
hohe Obrigkeit. Das «illegale Kleben und Malen» jener he-
roischen Jahre vor allem spukt in beinahe jedem Heft beinahe
jeder Nazi-Jugend-Zeitschrift. Sogar das «gemäßigte» «Hilf
mit!» (Herausgeber: der «NS-Lehrerbund») weiß vom «illegalen
Pinseln» der «Kampfjahre» nicht genug Rühmens zu machen.
Spezialist für das Thema ist hier ein Herr Peter Osten, der, etwa in
«Zackige Berliner Jungen», «ernste und heitere Erlebnisse aus
vergangenen Tagen nacherzählt» («Hilf mit!», September 1936,
S. 372). Er schreibt:

«Wir waren ein kleiner Trupp Hitlerjungen und halfen die
Zettel- und Zeitungspropaganda vorbereiten. ‹Angriffe› und ‹Si-
gnale› [Naziblätter] wurden gefaltet, schon vom Nachmittag an
bis in die tiefe Nacht. Kurz nach 1 Uhr waren wir endlich fertig.
Da jedoch der größte Teil von uns so spät nicht nach Hause gehen
konnte, da ihre Eltern annahmen, sie seien mit irgendwelchen
harmlosen Vereinen auf ‹Wanderfahrt›, so entschlossen wir uns,
weiter Propaganda zu machen. Wir wollten pinseln gehn. Die
Zeit eignete sich dazu vorzüglich. Also richtig, alles war einverstanden. Es fehlte nur noch eins: der Topf mit Farbe und zwei
Pinsel. Doch auch die waren auf einmal da. Lulu, einer unserer
aktivsten und besten, hatte sie irgendwo ‹her organisiert›. Er-
kundung der Gegend. Dann folgten die Schriftenpinseler, hinter
ihnen wieder, als Vorsichtsmaßregel, insbesondere für Schupo
[Schutzpolizei] ein paar ‹harmlose Passanten›.»

Ein wenig weiter oben im Text, da Peter Osten von einer
«Werbefahrt» im Automobil erzählt, welche von einer größeren
Schar «Hitlerjugend» durchs Land unternommen wurde, sagte
er: «Alles ging zunächst seinen gleichmäßigen Gang, und einige
von uns waren leicht enttäuscht, daß es gar nichts Neues in der
Mark zu geben schien. Ein paar kommunistische Taglöhner, die
des Wegs daherkamen und trotzig ihr ‹Rot-Front› zu uns hinauf-

schrien, wären früher höchstens ausgelacht worden. Da wir aber, wie gesagt, irgendwelche Erlebnisse suchten, wurden sie unsere Opfer. Der Wagen hielt, und einige von uns erledigten die Arbeit prompt und sauber».

So sah sie aus, die «Kampfzeit», so sieht sie noch aus, in den *Nazi*schilderungen. Belogen die Eltern, genarrt die Behörden, gestohlen das Werkzeug, und «ein paar kommunistische Taglöhner» (es mögen irgendwelche Arbeiter gewesen sein, die es wagten, wiewohl sie sich in der Minderzahl wußten, die nichtarbeitende Nazijugend auf ihrer «Werbefahrt» zu mißbilligen), ein paar Arbeiter also wurden, – «da wir, wie gesagt, irgendwelche Erlebnisse suchten, *unsere Opfer*». Und «*erledigt*» wurde die «Arbeit *prompt* und *sauber*».

In der sechsten Fortsetzung seiner Suite «Mietskasernen irgendwo» («Hilf mit!», Mai 1937) erzählt derselbe Peter Osten eine andere Schnurre aus dem Leben der «illegalen Kleber und Maler» (S. 243 f.):

«Tief drückt Hans seine Mütze ins Gesicht, klemmt die Aktentasche untern Arm und stelzt mit mächtigen Schritten dem verabredeten Ort zu. Aus seiner rechten Seitentasche lugt eine große blaue Kaffeeflasche, die das Bild eines verfrühten Arbeiters noch abrundet. Mit wahnsinniger Geschwindigkeit kommt da auch schon Gerhard auf seinem Vehikel angebraust. Freudestrahlend begrüßen sich die beiden und müssen feststellen, daß sie sich ziemlich verändert haben. Gemeinsam machen sie sich nun auf den Weg und stoßen dann endlich hinten an der Laubenkolonie auf die andern. Beinahe lachen sie alle laut los. Mitten in der kleinen Gruppe steht ein Mädchen und schmust nicht schlecht mit Werner, dem Trompeter, herum. ‹Auf Probe›, sagt sie, oder vielmehr er, denn dieses vermeintliche Mädchen ist kein anderer als Traugott, der mit seiner zarten Haut am besten in diese Rolle paßt... ‹Ruhe›, befiehlt Gerhard, ‹jetzt werden wir erst einmal Bestandsaufnahme machen.› Zwei schöne große Farbentöpfe, zwei nagelneue Pinsel und einiges Klebematerial kommen zum Vorschein. ‹Farbe und Pinsel habt ihr natürlich meinem Organisationstalent zu verdanken›, verkündet Werner mit

Stolz. Bald ist alles bereit. ‹Wenn wirklich einer von der Polizei geschnappt wird, keine Aussagen über die andern machen›, sagt Gerhard, der Kameradschaftsführer, noch einmal als letzte Mahnung. Zwei Radfahrer starten, fahren die Gegend ab, um die Gruppe vor irgendwelchen Überraschungen zu bewahren. Vor den Jungen, die pinseln sollen, läuft engumschlungen ein Liebespärchen, das in seinem Köfferchen sämtliche Malutensilien trägt... Jetzt ziehen die Maler sich Handschuhe an... und wählen einen schönen schwarzen Zaun als erstes Opfer. Auch das Pärchen steht nicht untätig da, sondern greift sich einen Farbtopf und beginnt schamlos den Asphalt zu beschmieren...»

Als schließlich doch die Polizei kommt, gelingt es den kindlichen Gangstern, sie irrezuführen. «Nichts Böses ahnend, fahren sie dann wieder weiter, auf der Suche nach den nächtlichen Frieden störenden Verbrechern. ‹Schwein gehabt›, sagt Hans. ‹Das mit dem vorgetäuschten Liebespaar war 'ne gute Idee...› Dann gehen die Jungen sich angeregt unterhaltend im frühen Morgengrauen nach Hause.»

Auch diese stolze Anekdote enthält viele von den unentbehrlichen Requisiten der «Kampfzeit», – «Schmierestehen», gestohlenes Werkzeug und Foppen der Polizei. Daß die Schutzleute hier durch den zarthäutigen Traugott gefoppt werden, der, als Mädchen verkleidet, «nicht schlecht mit Werner, dem Trompeter, herumschmust», ist eine Extra-Pikanterie, aber keine untypische. Hauptmann Röhm war nicht der einzige seiner Art in den Reihen der Nazigetreuen, und die Organisation Baldur von Schirachs hält der Röhmschen Tradition bis heute die Treue. Schirach selber, der (und das ist ebenfalls nicht untypisch!) für «Das Deutsche Mädel» als Herausgeber zeichnet, befaßt sich, aus schwesterlicher Nähe, viel und feinsinnig mit «der geistigen Situation der Frau in Deutschland», – mit ihrer «großen Berufung» und mit allen «spezifisch weiblichen Zielen». «Die Hitlerjugend» dagegen, die Organisation aller Herrn von Schirach unterstellten Knaben zwischen 14 und 18, «ist eine Korporation, betont männlich in der Art der Uniformierung, männlich auch in ihrer Bedingungslosigkeit, Brutalität und ganzen Härte der Auffassung» («Das Deutsche Mädel», 15. Dezember 1933). Das Wort Brutalität, man wird es bemerkt haben, ist hier durchaus positiv, ganz als etwas gefaßt, das zu besitzen und anzuwenden erstrebenswert ist. Es gibt eine Reihe von Worten, die man überall sonst in der Welt nur in negativem Sinne verwendet, denen die Nazis jedoch eine positive Bedeutung verleihen. «Fanatismus» rechnet unter diese Worte, – und Adjektive wie «hart», «schonungslos», «erbarmungslos», «blind», – ja sogar «barbarisch».

Barbarisch in jenem Sinne, den die Welt außerhalb der deutschen Grenzen diesem Wort beimißt, – schlechthin barbarisch also muten uns die Lieder an, die Sprechchöre und die Theaterstückchen, die von der Nazi-Jugend gesungen, rezitiert und aufgeführt werden und deren Texte sich in den Magazinen, aber auch in der großen Reihe von Spezialpublikationen finden, welche von der Reichsjugendführung und ihren Unterabteilungen verbreitet oder empfohlen werden. Wir blättern aufs Geratewohl in «Mögen sie nur kommen» («Lieder für Landstraße und Lager», herausgegeben im Auftrage des Gebietes 20 der Hitlerjugend, Heft 4) und lesen:

«Oh Herr, schick uns den Moses wieder,
Auf daß er seine Glaubensbrüder
Heimführe ins gelobte Land.
Laß auch das Meer sich wieder teilen,
Wohl in zwei hohe Wassersäulen,
Feststehn wie eine Felsenwand.
Wenn dann das Judenpack darinne,
Wohl in der festen Wasserrinne,
Dann mach, o Herr, die Klappe zu
Und alle Völker haben Ruh.»

Ein anderes Liederbuch: «Trum Trum – Lieder für das Jungvolk» (Herausgeber Hitlerjugend, Oberbann Magdeburg-Anhalt, Trommler-Verlag) ist, wie sein Titel sagt, ausdrücklich für die Buben zwischen 10 und 14 Jahren bestimmt. Aber seine Lieder klingen so:

«Ihr Sturmsoldaten, Jung und Alt, nehmt eure Waffen in die
   Hand,
Denn Juden hausen fürchterlich im deutschen Vaterland.»

Oder:

«Hundertzehn Patronen umgehängt,
Scharf geladen das Gewehr,
Und die Handgranaten in der Faust,
Bolschewist nun komm mal her!»

Sie haben alle den gleichen kriegerischen und haßerfüllten Charakter, diese Lieder, die man in Deutschland die Kinder lehrt, –
aber in vielen ihrer Strophen ist auch das romantisierende Element spürbar, das erst die Mischung aus Roheit und Herzens-
kitsch ergibt, wie wir sie als typisch erkannt haben für Hitler und
sein Volk.

«Du kleiner Tambour, schlage ein!
Nach Moskau wollen wir marschieren!
Nach Moskau wollen wir hinein!
Der Bolschewik soll unsre Kräfte spüren.
Am Wege wilde Rosen blühn,
Wenn Hitlerleut' nach Rußland ziehn!»

Oder:

«Entrollt die Fahnen blutgetränkt,
Ein Feigling, wer an sich noch denkt...
Und naht dereinst der Rachetag,
Dann führen wir aus Not und Schmach
Das Hakenkreuz von Sieg zu Siege.
Dann ziehen wir beim Morgenrot, ja rot,
Für Hitlers Fahne in den Tod.»

(Aus: «Uns geht die Sonne nicht unter»,
herausgegeben vom Obergebiet West der HJ)

«Wilde Rosen am Wege» und «das Morgenrot», – sie sind nicht neu, diese lyrischen Ingredienzien in deutschen Kriegsliedern. Nur früher sang man so, *wenn Krieg war,* und nicht die Kinder waren es, für die dergleichen verfaßt und in Druck gegeben wurde. Auch war da immer vom «Vaterland» die Rede und *seiner* Fahne, während in diesen Lieder stets von «Hitlers Fahne» geschwärmt wird, für welche die «Hitlerleut' nach Rußland ziehn» und für die sie sterben möchten.

All diese Liederbücher für Jugendliche gleichen einander wie ein Ei dem andern, – auch äußerlich. Auf all ihren farbigen Umschlägen sind die gleichen Hitlerjungen, Fahnen, Trommeln und Hakenkreuze zu sehen. Wo ist der Unterschied zwischen dem «Schutz- und Trutz-Liederbuch für die deutsche Jugend» (Verlag der Kulturwacht, Berlin 1934) und «Marschieren und Singen» (NS Liederschatz, Band II, Verlagsanstalt Paul Schmidt)? Zwischen «Blut und Ehre» (herausgegeben von Baldur von Schirach, Deutscher Jugendverlag, Berlin) und dem «H. M.-Liederbuch für deutsche Mädchen und Frauen» (Verlag der Kulturwacht, Berlin)? Wir sehen keinen. Denn auch die Mädchen singen:

> «Feinde ringsum, greife zur Wehr, greife zur Wehr
> Steh fest im Westen und Osten,
> Laß deinen Ernst sie kosten,
> Viel Feind, viel Ehr!
> Braun Heer voran! Heil Hitler dir!
> Treu willst den Frieden du halten
> Gegen der Feinde Gewalten
> Folgen wir dir!»

So sind die Lieder, – so sind die Sprechchöre, die Jahrbücher, die Kalender, und so ist das, was man in Nazi-Deutschland «Kinderspiele» nennt. Fragt man einen kleinen deutschen Jungen: «Was führt ihr denn auf an euren Heimabenden, – und ist es schön?» So wird er pflichtgemäß antworten: «Ja, – es ist schön, – es heißt, zum Beispiel, ‹Circus Freimauritius›». Was das bedeutet, «Freimauritius», das freilich weiß der kleine Junge nicht, aber er sagt, in dem Stück sei der Herr ein unangenehmer Zauberkünstler, und ein scheußlicher Jude, namens Amschel Rothschild, ist Zirkusdirektor. Dann gibt es noch einen «schwarzen Bruder», der sehr bös und sehr komisch ist und in einer Art Pfaffenkostüm auftritt, einen schlimmen «roten Bären», der mit russischem Akzent spricht, einen nachgiebigen Dämelack, der englische Züge aufweist, und «eine von den Hauptrollen habe ich selbst gespielt», sagt der kleine Junge, «natürlich, ich war verkleidet, – als ‹Marianne›, – ich glaube, ich sollte Frankreich bedeuten, parfümiert hat man mich auch dafür, – das ganze ist nämlich ein ‹politisches Spiel›!»

«Ach», antwortet man da wohl dem kleinen Jungen, – «ein politisches Spiel, – und wie geht es aus, – wenn man fragen darf?»

Da muß aber der kleine Junge etwas lachen. «Wie es ausgeht?» ruft er, – «du weißt wirklich nicht, wie es ausgeht?!» «Nein», sagt man und legt, drastisch nachdenkend, den Zeigefinger auf die Nase, – «nein, wie sollt ich es auch wissen, – ich kenne das Stück doch nicht?!» «Na», sagt der kleine Junge, und den nächsten Satz «bringt» er, wie ein guter Schauspieler die Pointe, – er läßt ihn mit eleganter Selbstverständlichkeit fallen: «Na, – der deutsche Michel besiegt sie doch natürlich alle.» «Natürlich», sagt man, – «daß ich darauf nicht selbst gekommen bin! Kannst du deine Rolle noch?» «Ich kann *alle* Rollen», sagt der hochintelligente kleine Junge. «Wir haben das Stück doch bei der Gautagung aufgeführt und ewig daran probiert.» – «Donnerwetter, – alle Rollen?! Was redest du, – ich meine, was redet denn die parfümierte Marianne so mit dem roten Bären?» – Gleich stellt der talentierte kleine Junge sich in Positur. Sobald er Marianne ist, wackelt er drollig mit dem Hinterteil und beträgt sich auch sonst nicht ungeschickt wie ein sehr ordinäres Straßenmädchen. Als Bär droht er ständig mit der Faust. «Ach süßes Weib», brummt er faustdrohend als Bär. «Ach rotes Bärchen!» zirpt er Hinterteil-wackelnd als Marianne. Schwierig wird es für den vielseitigen kleinen Jungen erst, da Bär und

Marianne jetzt gleichzeitig auszurufen haben: «Wir schließen jetzt ein Ehepäktchen!» Aber auch diese Zwiegestalt weiß er irgendwie deutlich zu machen. «Vor Michel brauch ich ein Konträktchen», sagt Marianne weitblickend, – aber der Bär, roh und gierig, antwortet faustdrohend: «Auf dich, mein süßes Kind, bin ich versessen, aus lauter Liebe werde ich dich fressen!»

«Ah, das ist reizend», sagt man applaudierend dem gefälligen kleinen Jungen. «Und der Michel? Was redet der Michel so zum Beispiel?»

Der verwandlungsfähige kleine Junge zieht alsbald die Stirn in grimmige Falten, und mit einer Stimme, die grob, heiser und monoton ist und die irgendwie bekannt anmutet, bellt er:

«In Genf am See, da steht ein Haus, –
Da gehen viele Männer ein und aus.
Und reden und reden und reden!»

«Au!» ruft er dann plötzlich und krümmt sich überzeugend, – «Au!! Die Abrüstung ist mir auf den Magen geschlagen. Ich muß mal eben austreten. Macht euren Dreck alleine!»

Sein Gesicht verzerrt sich, – er schüttelt seine hübschen blonden Haare wie in einem Wut- oder Ekelanfall, er streckt dem Völkerbund die Zunge heraus, – schließlich spuckt er ihm noch eins hin, – reichlich und in hohem Bogen!

Dann tritt er ruhig ein paar Schritte zurück, wohl um anzuzeigen, daß die Vorstellung für den Augenblick beendet sei. Der routinierte kleine Junge hat vorzüglich gespielt, – aber ohne jede innere Teilnahme. «So in der Art ist es», sagt er und zieht verächtlich die Mundwinkel nach unten, – «in dieser Art sind alle unsere Stücke.»

Man unterhält sich weiter mit diesem bewanderten kleinen Jungen und erfährt, daß jeder dies «politische Spiel» auch lesen kann, daß es erschienen ist, in Heft 4 der «Spiele der deutschen Jugend». «Das Kulturamt der Reichsjugendführung der NSDAP hat es doch selber herausgegeben», sagt geläufig der kleine

Junge. «Soso», macht man und versucht vergebens, den langen Namen der Institution nachzusprechen, deren Rührigkeit das Kinderstück vom Doktor Freimauritius zu verdanken ist. «Soso, aha, – und was spielt ihr sonst, – habt ihr sonst was hübsches aufgeführt in letzter Zeit?»

Der kleine Junge denkt nach. «Warte», sagt er, – «doch, freilich, – kurze Stückchen, – mehr so Scharaden führen wir immerzu auf. Unser Jugendführer hat da ein Heft, aus dem lernen wir sie. Es heißt ‹Lagerzirkus›» (Beiheft der «Spielschar», – herausgegeben vom Kulturamt der Reichsjugendführung, Leipzig). «Zum Beispiel?» fragt man. «Zum Beispiel, – ein Stückchen heißt ‹Raritätenkabinett›. Es sind eigentlich mehrere Stückchen, lauter Scharaden, – du wirst schon sehn. Einer stellt sich still hin und reißt nur den Mund auf, soweit er irgend kann. Ein anderer steht daneben und brüllt: ‹Meine Herrschaften, was ist das?› Die Lösung heißt: ‹Das ist die Maulsperre, die die Franzosen seit dem Tag haben, an dem sie merkten, daß das Rheinland wieder besetzt war›.»

«Hoho», lacht man, um dem kleinen Jungen zu schmeicheln,– «Nicht schlecht, – und weiter?»

«Weiter», sagt der kleine Junge, der gar nicht gelacht hat, sondern desinteressiert und kühl von den lustigen Aufführungen spricht, an denen er teilzunehmen gewohnt ist – «weiter? Einer steht da mit einem Haar in der Hand. Ein anderer sagt: ‹Sie sehen hier, meine Herrschaften, ein Haar! Es ist das Haar, an dem der Völkerbund schon so oft gehangen hat!› Da kommt aber dann gleich ein dritter dazu und sagt grob: ‹Du hast ja Zahnschmerzen, wenn du an den Völkerbund denkst. Das werden wir gleich haben. Wir ziehen ihn raus!›»

«Den Zahn?» fragt man den klugen kleinen Jungen. «Ich weiß nicht», antwortet er diesmal mit Nachdruck, – «den Zahn, oder den Völkerbund, – es ist mir auch wirklich *ganz egal!*»

Es ist das erste Zeichen von Temperament, das wir an dem versierten Kinde feststellen können. Ja, es ist ihm *wirklich ganz egal*. Er *muß* sie spielen, all diese befremdlichen Spiele; – und Spiele, die man spielen *muß*, – wie sollte deren Ausgang einem nicht bestenfalls mit allem Nachdruck ganz egal sein?

Da man den interessanten kleinen Jungen aber nun einmal am Wickel hat, mag man ihn so schnell auch nicht loslassen. «Laß mich jetzt gehn», sagt er, – «ich habe morgen Examen.» «Oh», sagt man verständnisvoll, – «na, dann geh nur, mein Kleiner und mach dich über deine Bücher!» Aber der erstaunliche kleine Junge, in dessen magerem Gesichtchen der verächtliche und abgebrühte Zug jetzt immer deutlicher hervortritt, sagt: «Bücher, – ich höre immer Bücher! Ich habe ein *Sport*examen morgen. *Wehrsport*, – verstehst du mich?» Er spricht laut auf einmal und so, als habe er es mit einem Schwerhörigen zu tun. So beeilt man sich denn, ihm zu versichern, daß man ihn durchaus verstehe. «Es ist eines von den großen, wichtigen», sagt er und greift nach seiner Mütze, «man darf keinesfalls durchfallen.» Und da man ihn schnell noch gefragt hat, wieviele solcher großen und wichtigen Examen er denn zu absolvieren habe im Laufe seiner Dienstzeit in der Staatsjugend, – sagt er «zweiundzwanzig», – in einem Ton, der Verachtung enthält, weil man es, wieder einmal, nicht gewußt hat. Es schwingen aber die verschiedensten Empfindungen mit in diesem «zweiundzwanzig» des ausdrucksbegabten kleinen Jungen: Angst vor den vielen Examen, bei denen man «keinesfalls durchfallen darf», Resignation, in bezug auf die Unwiderruflichkeit der Tatsache, daß ihrer 22 sein werden; eine Art von gehässiger Bewunderung auch den Mächten gegenüber, die dies alles so ermüdend eingerichtet haben, und ein zitternder Zweifel daran, ob den Anforderungen überhaupt genügt werden *könne*, die so erbarmungslos und so ohne Unterlaß gestellt werden. Alle diese Empfindungen schwingen mit, wenn der deutsche kleine Junge «zweiundzwanzig» sagt. «Ich *muß* gehen», fügt er hinzu, und man fühlt sich miserabel, weil man den Bedrohten solange aufgehalten, – «ich *muß* noch eine Stunde trainieren. Mir tut sowieso alles weh, Heil Hitler!»

Dann ist er draußen, aber wie vieles man noch hätte von ihm erfragen mögen!

Ob er etwa, neben den 22 Sportexamina, auch noch die Prüfungen abzulegen gedenke, deren Absolvierung eine ausgewählte Schar von Hitlerjungen zu mehr oder weniger perfekten Krankenpflegern mache, hätte man wohl wissen mögen. Die Bübchen nehmen an einigen Kursen teil und erhalten erst den Titel «Krankenträger», dann, nachdem sie sich weiterem Unterricht und einem weiteren Examen unterzogen, werden sie schließlich zum «Feldscher» ernannt. Sie dürfen das Abzeichen des Roten Kreuzes tragen und auf Fahrten, Treffen und Übungen «Erste Hilfe» leisten, den vielen Verunglückten und Verwundeten, die beim Fliegen, Bergklettern in voller Ausrüstung und beim Schießen Pech gehabt haben. «Herr Krankenträger», hätte man den kleinen Jungen fragen mögen, – «Herr Feldscher, – wie ist mir denn, – Ihr Sommerdienstanzug scheint mir doch nicht durchaus vorschriftsmäßig?!» Da wäre der kleine Junge ganz blaß geworden vor Schreck und hätte gestottert: «Ach, du lieber Himmel, ja, – gut, daß du mich daran erinnerst, – aber ich sag's ja: keinen Augenblick hat man Ruh!» Milde hätte man hierauf die «Pirmasenser Zeitung» vom 18. Mai 1937 aus der Tasche gezogen (doch, man hat das Blättchen zufällig bei sich) und hätte, den kleinen Jungen scharf beobachtend, das folgende vorgelesen:

«Von der Gebietsführung wird uns mitgeteilt: durch Rundschreiben ist den Hitlerjungen das Aussehen des *Sommerdienstanzuges* bekannt gegeben. Es hat sich aber als notwendig erwiesen, noch einmal auf folgendes hinzuweisen: Von der gesamten HJ, einschließlich ihrer Untergliederungen DJ, BDM und JM, wird der vorschriftsmäßige Schnürhalbschuh und nicht der mancherorts noch angebotene Bundschuh verlangt. Das Tragen des Bundschuhs ist für die gesamte HJ verboten. Zum Sommerdienstanzug wird von allen Hitlerjungen die Sommerdienstmütze, die unter der Bezeichnung Lagermütze bekannt ist, getragen. Außerdem wird noch einmal darauf hingewiesen, daß nur noch schwarze Hosen getragen werden und daß die vorhandenen braunen umgefärbt werden. – Wir bitten gerade die Eltern, diese Anordnungen zu beachten und dafür zu sorgen, daß der *Dienstanzug ihrer Jungens UNBEDINGT vorschriftsmäßig ist.* Der Streifendienst wird das Tragen des richtigen Sommerdienstanzuges von allen Hitlerjungen unseres Gebietes überwachen.»

Der kleine Junge, natürlich, wäre die ganze Zeit von einem seiner verbotenen «Bundschuhe» auf den anderen getreten. «Da hast du es», – hätte er gesagt und hätte betrübt an sich hinuntergeschaut, die braune Hose entlang, bis auf die grundverkehrten Schuhe, – «dabei wird die schwarze Hose noch heißer machen, jetzt, im Sommer, – und die Schnürschuh nehmen leider so viel Zeit, wenn's schnell gehen soll. Überhaupt, – wo soll man das Geld hernehmen für all die Änderungen? – Bist vielleicht du vom Streifendienst?» hätte er hinzugefügt und wäre noch um einen Schatten blasser geworden bei dem Verdacht. «Nein», hätte man geantwortet, – «aber du weißt natürlich, wie unerbittlich sparsam man auf andern Gebieten dann wieder ist, bei euch.» Und man hätte die «Pirmansenser Zeitung» an einer andern Stelle aufgeschlagen und hätte laut gelesen: «Wiederholt wird bei der Leichenschau die Wahrnehmung gemacht, daß die Verstorbenen in wertvoller Ausstattung, teils in neuer Beschaffung, bestattet werden. Ich halte es für die Pflicht eines jeden Volksgenossen, bei der Bestattung von Toten jeden unnötigen Aufwand zu unterlassen. Der Oberbürgermeister.»

«Schau», hätte man gesagt, – «die Toten, – soweit sie nicht aus ‹taktischen› Gründen ‹Staatsbegräbnisse› bekommen müssen, die dann natürlich Zehntausende verschlingen, – mögen nackt und bloß zur Grube fahren, – wenn nur euer Sommerdienstanzug *unbedingt vorschriftsmäßig* ist. Seltsam geht es zu bei euch, – recht seltsam, mein Kleiner.»

Sobald man freilich dies geäußert haben würde, wäre der kleine Junge ohnedies verschwunden, wie gescheucht. Ja, Ketzereien dieser infamen Sorte würde er sich gar nicht erst bis zum Schluß angehört haben, und man hätte den Lebensklugen nun in jedem Falle eingebüßt.

Der «*Bund Deutscher Mädel*» («BDM») zählt die deutschen Mädchen zwischen 14 und 21 Jahren zu den Seinen, während die zwischen 10 und 14 den «Jungmädels» angehören. In beiden Vereinigungen sollen die Kinder auf zweierlei vorbereitet werden: erstens auf ihren künftigen Beruf als nationalsozialistische Mutter, zweitens auf ihren künftigen Beruf als Kriegsteilnehmer, will sagen, als Pflegerin im Felde oder als «Verteidigerin der Heimat». Die Ausbildung, welche den Mädchen bei den «Jungmädels» und im «BDM» zuteil wird, also hat sich aufs «Geistige» sowohl wie aufs Körperliche zu erstrecken. Da wird alles über Rasse und Muttertum gelehrt, alles über Eintopfgerichte, Ersatzfette und die Verwendung von Abfällen, alles über «Einsatzbereitschaft» und «Erste Hilfe»; – da wird «ertüchtigt» und «gestählt».

Der «Völkische Beobachter» vom 9. Mai 1937 gibt einen der unzähligen Aufrufe wieder, welche Herr von Schirach im Laufe der Jahre an die Seinen gerichtet hat, und «Obergebietsführer» von Tschammer beteiligt sich diesmal an der Werbung.

«Mädels treibt Sport!» ist der Appell überschrieben, und was dann folgt, zeigt, wieder, die ganze, beabsichtigte Unklarheit, die der «Reichsjugendführer» in bezug auf «Freiwilligkeit» oder «Zwang» des Eintritts in die «Staatsjugend» walten läßt. Er beginnt mit seinem Refrain:

«Die deutsche Jugend gehört dem Führer! Das Gesetz, nach dem HJ und BDM einst freiwillig angetreten sind, ist heute das Gesetz der gesamten deutschen Jugend. Der Wille zum Einsatz, zur Leistung und zur Zucht beseelt alle deutschen Jungen und Mädel. Darum rufen wir euch, deutsche Mädel von 17 bis 21 Jahren, die ihr nicht dem BDM angehört, zum Dienst auf. Wir wollen ein junges, gesundes Volk heranbilden. Darum gilt auch für euch die Körperertüchtigungspflicht des BDM. Treibt Sport, trainiert eure Körper, werdet gesund und widerstandsfähig und wachst so zu gesunden, einsatzwilligen, selbstbewußten Frauen heran. Meldet euch sofort bei den in der Tagespresse genannten Vereinen des Reichsbundes für Leibesübungen und erfüllt in ihnen euere Sportspflicht!

Der Jugendführer des Deutschen Reiches.   Gez.: Schirach
Der Beauftragte des Jugendführers des Deutschen Reiches für
die Leibeserziehung der Deutschen Jugend.

              Gez.: von Tschammer, Obergebietsführer.»

Dazu schreibt der Reichspressedienst:

«Damit ist der Schritt zur Erfassung der gesamten deutschen
Jugend im Dienste der Volksgemeinschaft getan. Der Teil der
männlichen Jugend, der jetzt nicht mehr von der Hitlerjugend
erfaßt wird, erhält zwangsläufig seine Ausrichtung in Arbeitsdienst und Wehrmacht. Für die weibliche Jugend dieser Jahrgänge, soweit sie nicht vom BDM erfaßt werden, fehlte bisher
noch eine Einrichtung, die sie auf ihre künftige Aufgabe dem
Volk und dem Staat gegenüber vorbereitet, sie zur Einsatzbereitschaft erziehen könnte.

Zu dieser praktischen Einsatzfähigkeit gehört in erster Linie
die körperliche Ertüchtigung der Mädel, außerdem gründliche
Kenntnisse auf dem Gebiete des Unfalldienstes, der Kranken-
pflege, des Luft- und Gasschutzes und nicht zuletzt der Haus-
wirtschaft. Die Vermittlung dieses Wissens erfolgt durch Lehr-
gänge des Roten Kreuzes, des Reichsluftschutzbundes und des
Jugendamtes der DAF [Deutsche Arbeitsfront]. Die körperliche
Ertüchtigung der Mädeljahrgänge 1916 bis 1920 übernimmt
der Deutsche Reichsbund für Leibesübungen im Auftrage des
Reichsjugendführers.

Auch hier erfolgt die Erfassung der Mädel freiwillig. Die Mädel werden Einzelmitglieder des Deutschen Reichsbundes für
Leibesübungen in einem von ihnen frei gewählten Verein. Wöchentlich finden zweistündige Übungsabende statt, in denen zunächst die Grundschule der Leibesübungen (Körperpflege,
Leichtathletik, Hindernisturnen, Schwimmen, Volkstanz und
Fahrt) durchgeführt wird. Darüber hinaus werden besonders be-
gabte Mädel in Sonderriegen zusammengefaßt und in ihrer Lei-
stungsweise gefördert.

Selbstverständlich nimmt der BDM als die einzige deutsche
Mädelorganisation auch an diesem Gebiete der Jugenderziehung
aktiven Anteil. Wie der Reichssportführer betonte, soll der BDM

die richtunggebende Organisation für die Leibesübungen der deutschen Mädel und Frauen werden. So wird auch jetzt eine enge Zusammenarbeit des DRfL und des BDM einsetzen. Das Erwerben des BDM-Leistungszeichens I und II sowie des Deutschen Sportabzeichens ist das erste Ziel der Sportarbeit in den neu erfaßten Jahrgängen. Außerdem setzen die Gau- und Kreisdienststellen des DRfL zur Bearbeitung dieses neuen Aufgabengebietes eine BDM-Führerin ein, die ihnen vom zuständigen Obergau vorgeschlagen wird.

Die Linie, die der BDM-Sport bisher innegehalten, wird damit über den Rahmen des Bundes hinaus für die gesamte deutsche Mädelgeneration maßgebend sein. Das Ziel aller Sportarbeit im BDM, gesunde, leistungsfähige, einsatzbereite Mädel heranzuziehen, wird durch die restlose Erfassung der Siebzehn- bis Einundzwanzigjährigen nunmehr vollkommen erfüllt.»

Da haben wir leidlich exakt beieinander, was der BDM ist und will. Daß er freilich vor allem und in erster Linie *Mütter* aus den Mädchen machen möchte, die seiner Obhut unterstellt sind, wird hier mit der nötigen Klarheit nicht gesagt. Die Mädchen wissen es ohnedies, sie lernen es in allen Stunden über Biologie, Rassen- und Erblehre, und sie lesen es in allen Büchern, Zeitschriften und Magazinen, täglich, – ohne Unterlaß. Sie wissen auch, daß man gar nicht früh genug im Leben anfangen kann mit der Erfüllung dieser vordringlichsten Verpflichtung und daß man nicht etwa verheiratet sein muß, um «Führer» und Staat den wichtigen Dienst zu erweisen. In der Zeitschrift «Rasse» zum Beispiel (März 1937) haben sie gelesen: «Jedes gesunde Kind einer jeden deutschen Mutter bedeutet eine gewonnene Schlacht im Existenzkampf des deutschen Volkes. Im ethischen Sinne also darf auch der unverheirateten deutschen Frau das Recht, Mutter zu werden, keinesfalls abgesprochen werden.» (Aus: «Youth Betrayed», – International Relief Association, New York)

Und Alfred Rosenberg selber hat gesagt («Der Mythus des 20. Jahrhunderts»): «Das Deutsche Reich der Zukunft wird daher die kinderlose Frau, – gleichgültig ob verheiratet oder nicht,

– als unvollständiges Mitglied der nationalen Gemeinschaft zu betrachten haben.» (Aus: «Youth Betrayed», – International Relief Association, New York)

«Gleichgültig ob verheiratet oder nicht», Kinder soll sie haben, – die Forderung kehrt wieder, in allen Äußerungen der Nazis über die Situation der deutschen Mädchen und Frauen. Mütter sollen sie werden, – Mütter, Mütter, Mütter. Und wir wissen, daß der «Führer» dies persönlich von ihnen verlangt hat, – dies und nichts sonst, und daß sein Wort Evangelium ist, allen, die da schreiben, lehren, aufrufen, herrschen und verurteilen in Nazi-Deutschland.

Es ist auch gleichgültig, wie man es anstellt, Mutter zu werden und gar, ob man den Mann liebt, der einen dazu macht. Es mögen viele Männer sein, jedes Jahr ein anderer, wenn sie nur alle «rassisch vollwertig» und «gesundheitlich zufriedenstellend» sind. Die «Liebe» hat ihr Recht verloren im Dritten Reich, – so gut wie die Treue, die Freiheit, die Gerechtigkeit, die wägende Vernunft. Freilich, auch darüber finden wir nichts in jenem Werbeaufsatz für den «BDM». Aber die Herren von Schirach und von Tschammer wissen, daß ein so allgemein bekanntes und respektiertes Faktum nicht in jedem Aufruf wiederholt werden muß. Auch gibt es ja die Spezialpublikationen, die keinerlei Zweifel am Leben ließen, bestünde noch der leiseste.

Professor Ernst Bergmann aus Leipzig, zum Beispiel, sagt in einer Arbeit, die er «Erkenntnisgeist und Muttergeist» nennt:

«Monogamie auf Lebenszeit ist pervers und wäre schädigend für unsere Rasse. Wo sie wirklich betrieben wird, – und glücklicherweise geschieht dies in der Realität fast niemals, – muß die Rasse verfallen. In jedem vernünftig konstruierten Staatswesen wird die Frau, die nicht geboren hat, als entehrt zu gelten haben. Es gibt genug willige und geeignete Burschen, die sich mit den vorhandenen Frauen und Mädchen verbinden können. Glücklicherweise genügt ja ein gutrassiger Junge für 20 Mädchen. Und die Mädchen ihrerseits würden gewiß dem Wunsch nach Kindern willig Folge leisten, gäbe es nicht den Zivilisationsunsinn der monogamen Dauerehe, der so sehr im Gegensatz steht zu allen natürlichen Gegebenheiten.» (Aus: «Youth Betrayed», – International Relief Association, New York)

All dies lesen die deutschen Mädchen, sie wissen und kennen es, es sitzt ihnen im Blut seit nunmehr fünf Jahren.

Außerdem aber und zum Überfluß ist ihnen der Weg zu beinahe allen andern Möglichkeiten im Leben versperrt, – sie haben keine Chance mehr, irgendeinen geistigen Beruf oder auch nur eine der besser bezahlten, menschenwürdigen Stellen in Industrie und Gewerbe anzutreten (während man sie zu den ungelernten Industriestellungen, zu niedriger und schlechtbezahlter Arbeit auch als «Kriegsreserve» vielfach heranzieht!).

An den Universitäten macht sich diese Chancen- und Hoffnungslosigkeit für berufstätige Frauen aufs eklatanteste geltend. Gegen 19 400 Frauen, die im Winter 1931 an den deutschen Universitäten immatrikuliert waren, finden wir im Hitler-Winter 1935/36 nur noch 9700, – nur 50% also des Vorhitler-Jahres einunddreißig. An der Universität Tübingen, um nur ein repräsentatives Beispiel herauszugreifen, gab es im Jahre 1933 (dem Jahr, in welchem Hitler zur Macht kam) vierzehn Jus-Studentinnen. Im Jahre 1934 waren es nur mehr vier, und im Winter 1936 finden wir in ganz Tübingen nur noch eine einzige Studentin dessen, was in Hitler-Deutschland «Recht» heißt.

Nein, sie haben keine Rechte mehr im Berufsleben, die deutschen Frauen und Mädchen, und was bleibt ihnen bei solchen Aussichten anderes übrig, als sich an das *eine* zu halten, das man ihnen gestattet, ja, das man in zornigster Weise von ihnen fordert?

Die praktischen Möglichkeiten, schon vierzehnjährig Mutter zu werden, sind in Hitler-Deutschland vorzüglich. Das Leben in der «Staatsjugend», – die Treffen der Knaben- und Mädchen-Lager bei festlichen Gelegenheiten, das «Landjahr» bei den Bauern, all dies gemeinsame Übernachten im Heu, im Stall, in den Jugendherbergen, – es bietet die besten Chancen für den behördlich so begünstigten Akt. Die Zahl der unehelichen Schwangerschaften und Geburten in der «Staatsjugend» ist denn auch enorm. Gramvoll sehen aus der Ferne die Eltern dem Treiben ihrer kleinen Töchter zu, – gramvoll und ohnmächtig. Ihnen hilft nicht Einspruch (bei wem einsprechen?) noch Anzeige (bei wem anzeigen?). Die «Staatsjugend» kennt, außer dem einen allerhöchsten, nur einen andern, dem sie Rechenschaft schuldig ist: Baldur von Schirach, den «Reichsjugendführer», der auf seine dreißigjährige Person die Macht einer «obersten Reichsbehörde» konzentriert weiß und der unterstellt ist einzig dem «Führer».

Man hat ein deutsches junges Mädchen vor sich, – die Schwester jenes kleinen Jungen, der vorhin so bereitwillig Auskunft gegeben. Das Kind ist fünfzehnjährig und zweifellos hübsch von Natur. Seltsamerweise aber stellt man dies nicht gleich auf den ersten Blick, sondern sehr allmählich und im Laufe der Unterhaltung gerechterweise fest. Entschieden: – da ist ein gutgeschnittenes Gesichtchen, – auch die Figur ist gut, – bis auf die zu dicken Beine, freilich. Das hellbraune Haar, das wohl eigentlich ein wenig wellig wäre, ist ungepflegt, fettig und schwer. Es ist das Haar einer Person, die viel schwitzt und die sich viel dem Staub, dem Regen und der Sonne auszusetzen hat. Sie trägt es in zwei feste Hängezöpfe geflochten. Von der hübschen und graden Nase laufen zwei tiefe Falten zu den Mundwinkeln, – «Sportsfalten» denkt man wohl und man erwägt, daß dies kleine Mädchen sehr viel Sport treiben muß, ungemein viel Sport. «Marschiert ihr viel?» fragt man und hat den Blick auf den unhübschen Beinen des Kindes, die in schwarzen Strümpfen von unzweifelhafter, woll-ähnlicher Beschaffenheit stecken. Das Mädchen bejaht. «Dauernd», sagt es kurz und nickt bekräftigend mit dem verstaubten Kopf. Sie trägt die Uniform des «BDM», – weiße Bluse, dunkelblauen Rock, – es ist nicht sehr kleidsam. «Muß man ‹Sie›, – oder ‹Du› zu Ihnen sagen?» erkundigt man sich und lächelt gewinnend, denn man ist ein junger Herr aus dem Ausland und neugierig, wie es ist, die Gunst solch eines Hitlermädchens zu erringen. «‹Du›, – natürlich», sagt das Mädchen, – aber es liegt keinerlei Verbindlichkeit, – nichts weiblich Attraktives, – es liegt, mit einem Wort, kein *Charme* in dieser sachlich doch durchaus charmanten Antwort. So spricht ein Unteroffizier zum andern, wenn Krieg ist: «‹Du› wird gesagt, – nur keine Umstände, bitte, in solchen Zeiten, – keinen zivilen Firlefanz.»

Der ausländische Herr, schon leicht entmutigt, geht zögernd einen Schritt weiter, – er bietet der Fünfzehnjährigen eine Zigarette an. Schnell greift sie danach, – gierig zieht sie den Rauch ein. «Endlich mal wieder», sagt sie, – «wir kriegen ja das ganze Jahr nichts zu rauchen, – ‹Die deutsche Frau raucht nicht!›» Und mit einem gehässigen kleinen Auflachen bläst sie geübt den Rauch durch die Nase. Der ausländische junge Herr, der nicht recht weiß, wie er die Konversation in Fluß halten soll, fragt unvermittelt: «Was willst du werden?» Forschend betrachtet ihn das Hitlermädchen. «Mutter», sagt es dann und hat einen spöttischen, ja bitteren Klang in der Stimme, der zu diesem sanftesten Wort durchaus nicht passen will. Das Mädchen spricht denn auch sogleich weiter, als wolle es den Mißton zudecken. «Nein, – ernsthaft», sagt sie, – «man kann nicht sehr viel werden, wenn man ein Mädchen ist. Die besseren Stellungen sind nur für die Männer da, – ‹Die Frau gehört ins Haus›, – oder in die Fabriken, – aber nicht auf die guten Posten!» Der ausländische Herr, allmählich interessiert, fragt: «Dein Vater ist doch Professor – willst du denn nicht studieren?» – «Bewahre!» sagt das Hitlermädchen. «Wir studieren alle nicht, – die Schwierigkeiten sind zu groß, und die Chancen sind zu klein.» Da macht der junge Herr einige Vorschläge zum Guten. «Ärztin könntest du doch werden?!» sagt er einlenkend. «Eben nicht», sagt das Hitlermädchen. «Frauen werden als Assistentinnen in öffentlichen Krankenhäusern nicht mehr angestellt. Und so eine Assistentinnen-Stelle wäre doch das erste, wonach man sich umschauen müßte, nach dem Studium. Außerdem: neunzig Prozent unseres ganzen medizinischen Betriebes gehören dem Staat, – all die Krankenkassen und so weiter; als verheiratete Frau ist man davon offiziell ausgeschlossen, als unverheiratete, inoffiziell; aber das ist kein großer Unterschied.»

«Das ist dumm», – sagt der junge Herr, – «aber Lehrerin, zum Beispiel, könntest du doch werden?!»

«Freilich», sagt, etwas tückisch, das Hitlermädchen. «Nur, – ehe ich Lehrerin werden darf, muß ich eine Spezialschule für Lehrerausbildung absolviert haben. Und gerade diese Schule ist jetzt für Frauen gesperrt, – ‹provisorisch› bloß, – aber es ist doch Pech.» Und das Mädchen schaut dem jungen Herrn unschuldig ins Gesicht. «Ausgesprochenes Pech», wiederholt sie. «Ja», sagt der ausländische junge Herr, – «das ist natürlich schade. Aber im ‹BDM›, nicht wahr, bist du doch gern?! Ich meine, es muß doch schön sein, immer mit all den Mädels, – und dann auch der Sport, – die Arbeit, – ich meine, die Feierlichkeiten...» Der junge Herr bricht ab, da das Mädchen einen funkelnden Blick auf ihn richtet, der ihn, schon wieder, sehr spöttisch anmutet. «Natürlich», sagt das Mädchen, – «im BDM bin ich gerne. Wir haben es ja auch beinahe ebensogut wie die Jungen, – wir marschieren beinahe eben so lang wie sie, wir lernen eine Menge über den Krieg, und wir hören beinahe ebensoviele Ansprachen wie die Jungen, – wirklich, beinahe ebensoviele!» Der junge Herr, der nun ziemlich ratlos ist, sagt töricht: «das ist fein», – aber das Hitlermädchen scheint gar nicht auf ihn zu hören. «Morgen muß ich aufs Standesamt», äußert sie plötzlich, «meine Freundin heiratet.» Der ausländische junge Herr zuckt zusammen. «Deine Freundin?» sagt er, – «ist sie so alt wie du, – ich meine, – ist sie auch erst fünfzehn?» «Sechzehn», sagt das Hitlermädchen, «und ihr Bräutigam, der Herr Gebietsführer, ist auch erst achtzehn. Aber sie kriegt ein Kind von ihm, und da heiraten sie eben. Es ist, weil die Eltern ihnen sonst kein Geld mehr geben, – weiter hat es ja auch keinen Zweck.»

Da ist der ausländische junge Herr aber sehr erschrocken, – ja, er gerät sogar ein wenig aus der Fassung. «Das ist doch...», sagt er, – «*dürfen* die das denn überhaupt? Wenn sie doch beide gar nicht volljährig, – ich meine, wenn sie doch beide so weit davon entfernt sind, erwachsen zu sein?»

«Ph!» – das Hitlermädchen holt mit einem sachlichen Griff dem jungen Herrn das Etui aus der Brusttasche und zündet sich eine frische Zigarette an. «*Dürfen*», – sagt sie, – «natürlich *dürfen* sie! Der Staat braucht Kinder, und wenn da irgendwas mit irgendeinem Gesetz nicht klappt, dann wird eben ein neues Gesetz gemacht, *damit* es klappt. So geht das bei uns, – ruck zuck!» – «Früher», sagt der junge Herr versonnen, – «früher *durften minderjährige* Knaben doch nicht heiraten?!» – «Und *jetzt*», sagt das Hitlermädchen grimmig belustigt, – «jetzt werden sie eben ‹volljährig gesprochen›, – alles ‹legal›, – alles in Ordnung.» Dabei zieht sie ein Papier aus der Tasche, – ein bedrucktes Formular, man erkennt es, da sie es entfaltet und dem jungen Herrn hinüberreicht. «Hier», sagt sie, – «die beiden mußten natürlich die nötigen Formalitäten erfüllen, – und mir haben sie so ein Ding mitgebracht vom Gericht, – aus Ulk.» Und das Hitlermädchen, deren Miene jetzt ganz den abgebrühten und verächtlichen Ausdruck hat, der uns in dem mageren Gesichtchen ihres kleinen Bruders betrübte, beobachtet genau den jungen Herrn, während er liest:

«Umdruck Fam. 397/21.

Berlin-Lichtenberg, den . . . 19

Amtsgericht, Abt. 6.

Gegenwärtig:

A. G. R. . . . . . .

als Richter

es erschien:

1. der . . . .

2. sein Vater . . . .

3. seine Mutter . . . .

alle ausgewiesen durch Sachkenntnis und Ladungen.

Der Erschienene zu 1. erklärte:

ich bitte mich für volljährig zu erklären. Ich bin seit . . . . . . mit der . . . . . . jährigen . . . . verlobt, die am . . . ein Kind geboren hat, dessen Vater ich bin, – die von mir im . . . ten Monat schwanger ist. Ich möchte meine Braut, die ein ordentliches, fleißiges und wirtschaftliches Mädchen ist, baldigst heiraten, damit ich dann für sie und das Kind besser und leichter sorgen kann, als es mir jetzt möglich ist. Ich verdiene wöchentlich . . . . . . , kann also für eine Familie sorgen. Eine Wohnung haben, – bekommen wir. Was die Ehe bedeutet, weiß ich.

Die Erschienenen zu 2. und 3. erklärten:

ich, – wir, – geben die Einwilligung zur Volljährigkeitserklärung meines, – unseres Sohnes; wir können seine Angaben nur bestätigen. Unser Sohn ist ein ernster, verständiger Mensch und so reif, daß er seine Angelegenheiten allein besorgen kann. Die Volljährigkeitserklärung wird sein Bestes befördern.

Den Erschienenen wurde der anliegende Beschluß vom heutigen Tag verkündet.

Sie erklärten:

wir verzichten auf Zustellung dieses Beschlusses und auf Einlegung von Rechtsmitteln dagegen.

Der Erschienene zu 1. bat um eine Ausfertigung des Beschlusses mit Rechtskraftattest. Die Geburtsurkunde, – das Stammbuch, – wurde ihm zurückgegeben.

v. g. u.»

Da er fertig gelesen hat, gibt der ausländische junge Herr dem Hitlermädchen das Formular Nr. 397/21 dankend zurück. Es ist ein richtiges, gedrucktes und authentisches Gerichtspapier, und dem jungen Herrn erhellt aus seiner Lektüre, daß der Fall dieser sechzehnjährigen Schwangeren, der Freundin seiner jungen Dame hier, und ihres achtzehnjährigen «Bräutigams» also kein Einzelfall ist im «Dritten Reich». So häufig, in der Tat, scheint dieser Fall zu sein, daß man sich genötigt sieht, eigene Formulare drucken zu lassen, im Hinblick auf ihn, – daß man ihn eingereiht hat in den immer sich wiederholenden und formularmäßig zu «erledigenden» Nazi-Alltag.

«Unser Sohn ist ein ernster, verständiger Mensch und so reif, daß er das blöde Papier für mich stibitzt hat», – sagt das Hitlermädchen und lacht kindisch; – aber der ausländische junge Herr blickt zur Seite. Er weiß nicht, was er nun antworten soll, auch ist ihm nicht recht gut.

Der «Führer und Reichskanzler» des deutschen Volkes, Adolf Hitler, ist, – auf tiefstem Niveau, – eine starke Persönlichkeit. Die deutsche «Staatsjugend», in Hitlers Auftrag durch den jungen Herrn von Schirach gebildet und organisiert, spiegelt so viele von den persönlichen Eigenschaften des «Führers» wider, daß man nur diese aufzuzählen braucht, um jene mit zu erfassen, die der enormen Jugendorganisation anhaften. Romantisierend, aggressiv, ungebildet, überempfindlich, phrasenhaft (aus Neigung und weil sachlich unwissend), – «erbarmungslos» (gegen Schwächere), dabei erfüllt von der Angstvorstellung, verfolgt zu werden, von Feinden umgeben zu sein: aus der natürlichen Not dieser Angst schlau eine Tugend konstruierend und alles Schlechte, Böse, Unmenschliche, was man tut, als *Notwehr* im *Abwehrkampf* stilisierend, – so kennt die Welt den «Führer», so will der «Führer» «seine Jugend», – und so ist zumindest das, was an Publikationen und Aktionen von dieser Jugend bis heute bekannt wurde.

Im Zeichen des «Kampfes», des «Abwehrkampfes», – dies ist wichtig, – steht das ganze Leben der deutschen «Staatsjugend», und uns bleibt zu ergründen, ob nicht doch, bei aufrichtigem Suchen, *irgendwo*, in irgendeiner Ecke, der *Schatten* wenigstens eines Gegners in diesem Kampfe aufzufinden ist.

Das Leben der deutschen «Staatsjugend» ist haßerfüllt. Gegen wen richtet sich ihr Haß?

Er richtet sich, dies geht aus ihren Liedern und Spielen hervor, gegen den zukünftigen Landesfeind, – gegen die *Welt* von Feinden, durch die sie sich denn also bedroht meint.

Er richtet sich aber, zweitens, gegen alle jene, die schwach sind in Deutschland, gegen die Besiegten richtet er sich, gegen die Ausgelieferten und Rechtlosen. Um einen «richtigen» Feind zu haben, – einen, gegen den *jetzt* und *hier* gewütet werden könnte, wäre man in Deutschland bereit, die Toten aus ihren Gräbern zu holen; oh, – daß die Ermordeten noch lebten, – Rathenau, Eisner, Erzberger, damit man sie doch ein zweites Mal umbringen könnte, und diesmal schöner, effektvoller, – «legal», – von Staats wegen!

Die Gruppen und Institutionen, gegen die, in Schrift und Tat, die deutsche «Staatsjugend» zu Felde zieht, sind nicht sehr verschieden von den Toten; *lebendig* sind sie nicht, – sie führen ein Schattendasein in Deutschland, sie sind nur gerade existent genug, um den «Feind» abzugeben, ohne den die Nazis, – ohne den die Nazi-Jugend nun einmal nicht leben kann.

Die Juden, natürlich, haben einen Teil darzustellen der «feindlichen Allianz». Aber für die «Staatsjugend» ist nicht mehr sehr viel herauszuholen aus diesem Gegner. Er ist *zu* erledigt, *zu* fertig, er rührt sich ja gar nicht mehr.

Wenn das Kind den Frosch gefangen hat, reißt es ihm erst die Beine aus und freut sich, weil der Rumpf noch zu hüpfen versucht. Dann sticht es ihm mit einer Stecknadel in den Bauch, auch das ist lustig, weil es ein Zucken auslöst. Schließlich, da dem Tier mit einem Stock auf den Kopf geschlagen worden ist, bewegt es sich nicht mehr. «Der Frosch ist langweilig», sagt das Kind und wendet sich neuen Belustigungen zu.

Die «Staatsjugend» weiß: der jüdische Feind, für uns durch das jüdische Kind repräsentiert, bewegt sich nicht mehr. Ja, praktisch kriegen wir den reglosen überhaupt nicht mehr zu sehn. Er ist so gut wie ausgeschlossen aus unsern Schulen, – er ist, selbstverständlich, ausgeschlossen aus unsern Jugendorganisationen. Er darf in unsern Herbergen nicht schlafen, in unsern Seen nicht schwimmen, auf unseren Spielplätzen nicht spielen. Er ist langweilig.

Die Freimaurer, die man den Kindern als «Feind» vorzusetzen versucht hat, waren von Anfang an kein Erfolg. «Ich habe noch nie einen Freimaurer gesehen», denkt kopfschüttelnd das deutsche Kind, – «gewiß sind sie widerwärtig, die Freimaurer, – so abstoßend, wie jener ‹Doktor Freimauritius› war, der in unserem Stückchen vorkam, – gewiß rechnen sie unter unsere Feinde, – aber sie sind langweilig, die Freimaurer».

Bessere, doch ein *wenig begreiflichere* Feinde mußten gefunden werden. Es mußte doch wohlbekannte Institutionen geben, denen eine gewisse Scheinmacht verblieben war und mit denen man sich um diese Scheinmacht in ein lustiges Scheinringen einlassen konnte. Und die Beherrscher der «Staatsjugend», die Herren des dritten Kreises, der um das deutsche Kind gezogen ist, des größten, des unüberspringbaren, des endgültigen, – die Herren dieses Kreises blickten um sich, und ihr Blick fiel auf die beiden andern Kreise, – auf den, welche die *Schule* bildet, und auf den armen, kleinen, der von der *Familie* gezogen wird. «Das ist es!» riefen erfreut die Herren des dritten Kreises, – «das ist die Lösung! Die andern Kreise, beide durch unsere Gnade noch existent, diese beiden sehr viel schwächeren, die auch der ‹Führer›, Herr aller Kreise, nur achselzuckend noch am Leben läßt, – diese beiden, – *Schule* und *Familie*, – sie sollen die Feinde sein! Sie sind durchaus die rechten Gegner für den ‹Abwehr-Kampf› unserer Staatsjugend!»

Gleichbedeutend mit «Schule», – eingeschlossen in ihren Zirkel, sei, in diesem Zusammenhang, die *Kirche*; und so gibt denn wirklich dieser zweite Kreis noch einen ganz passablen Gegner ab, – einen Gegner ohne Waffen freilich, einen schutzlosen, der keinen Ort hat, wohin er flüchten könnte, – aber einen Gegner doch, aus lebendigem Fleisch und Blut, – einen, der nicht ganz so langweilig ist wie die Toten.

«Unser Klassenlehrer hat eine dünne, blasse Nase. Die Spitze ist plattgedrückt, denn er fährt nach jedem fünften Satz mit seiner rechten Hand darüber. Er redet lange und viel. Gestern hat er über die Sonnenwende im Sommer geredet. Auch über das ‹geredet›. Ungefähr so: ‹Die Sonne hat in ihrer Jahreslaufbahn am 21. Juni ihren Kulminationspunkt erreicht. Kulminationspunkt heißt Höhepunkt; Kulmination kommt vom lateinischen culminare…› In diesem Augenblick zieht Fred, der neben mir sitzt, den ‹Hitlerjungen Quex› [Nazi-Jugendbuch] aus seiner Mappe und sucht die Stelle, die er gestern gelesen hat, als der da vorne über den ‹Vokativus› redete… Fred ist wahrscheinlich eine Mücke in den Hals geflogen, denn er fängt jämmerlich zu husten an. Aber das mußte wohl so sein, denn sonst hätte ich noch eine halbe Stunde weitergedacht, – und länger als fünf Minuten zu denken ist nie gut. Für einen Jungen schon gar nicht…»

In dieser Art spottet das «Jungvolk» (Nr. 6, 1934) über die Schule, den Lehrer, den Vokativ, die Wissenschaft und das ganze leidige Denken. Wäre diese Zeitschrift eine *Privat*publikation von jungen Leuten, für Buben geschrieben und bübisch im Ton, es wäre gegen solchen Spott nicht viel einzuwenden. Bedenkt man jedoch, daß dies «Jungvolk» (wie der Rest aller deutschen Jugendschriften) durchaus *offizieller* Natur und daß sein Herausgeber die Reichsjugendleitung ist (oder eine ihr unterstellte Instanz), – dann werden Spottstückchen wie das vorliegende als Plänkeleien zu gelten haben im Krieg, den Herr von Schirach und die Seinen gegen die Schule führen. In jeder Nummer jeder dieser Magazine für die Jugend gibt es zumindest zwei oder drei Beiträge, die sich, spöttisch, oder mit Schärfe, gegen die Schule richten.

«Auch ein Jugenderzieher!» betitelt sich ein Aufsätzchen, das ebenfalls in Nr. 6, 1934 des «Jungvolk» zu finden ist. Der «Abwehrkampf» richtet sich diesmal gegen einen Lehrer, der, offenbar in diensteifriger Absicht, der Redaktion ein Liedchen übersandt hat, welches er gern gedruckt gesehen hätte. Da kommt ihm aber das «Jungvolk» erschreckend.

«Nur auf einem Gebiet, da sind wir verflucht empfindlich», schreibt das Blatt gereizt. «Wenn nämlich irgendwelche Leute sich mit unseren Angelegenheiten beschäftigen. Wenn irgendwelche Leute uns ihre veralteten Dichtungen als völlig zeitgemäß andrehen wollen».

Das Lied, aus welchem einige Proben gegeben werden, ist vorzüglich gemeint, – es ist hervorragend «nationalsozialistisch» gemeint und unterscheidet sich denn auch fast gar nicht von den Liedern, die sonst im «Jungvolk» zu lesen stehn. Das Kriegsgeschrei der Redaktion ist nur aus der Tatsache zu erklären, daß überhaupt niemand, – geschweige denn «irgendwelche Leute», – geschweige denn vor allem *ein Lehrer* es wagen darf, «sich mit unsern Angelegenheiten zu beschäftigen».

Das eingesandte Liedchen, vom Verfasser als ein «frohes Wanderlied» bezeichnet, handelt, zunächst, nur vom Kuckuck.

«Wenn der Kuckuck lockt in grüner Ferne, –
Kuckuck, – Ho-la-la, – Kuckuck, – Ho-la-la!
Ach, dann höre ich's lenzfroh gerne, –
Kuckuck, – Ho-la-la, ... »

Erst die beiden letzten Strophen sollten wohl als «zeitgemäß» gelten. Sie lauten (immer noch in bezug auf den Kuckuck):

«Auch wie du will ich die Sorgen tragen,
Mahnt die Pflicht, dem Unmut stark entsagen.
Dein ‹Kuckuck›, hell und inhaltsschwer,
beleb mich allemal recht sehr.

Klaren Blickes will ich voll Vertrauen
aufwärts, vor mich, wie auch um mich schauen,
als Siegfried steigen mit empor,
zu öffnen Deutschlands – goldnes Tor».

Es sind sehr, sehr schwache Verschen, – gewiß, – und ganz so blutrünstig wie das «Jungvolk» es gern hat, sind sie, genau betrachtet, wohl auch nicht. Aber gibt ihre bloße Einsendung Anlaß zu irgendeinem «Abwehrkampf»? «Der Verfasser preist sich selbst als ‹erfahrenen Schulmann›» an, faucht das «Jungvolk». «Eigentlich sollte er wissen, daß die nationalsozialistische Jugend ihre Pflicht verdammt ernst nimmt und nicht von einem Kuckuck dazu gemahnt werden braucht. Wir raten allen ‹erfahrenen Jugenderziehern› dieser Sorte nur eins. Hände weg von der Jugendführung!»

Wenn das nicht Händelsuchen heißt?! Aber die Hoffnung des «Jungvolkes», der unglückliche Lehrer möchte noch zu «hüpfen» versuchen, er möchte doch wenigstens noch «zucken», damit es lustiger sei, war gewiß trügerisch, der rührt sich bestimmt nicht mehr!

Nein, die Schule ist kein guter «Feind», – es ist von ihr gar kein Widerspruch, gar keine Gegenbewegung ist von ihr mehr zu erwarten.

Und die Kirche? Die Pfarrer, die Religionslehrer, die früheren Herren der konfessionellen Jugendbünde?

Das ist schon besser. Und diesen Feind kann man doch wenigstens gelegentlich noch zum Proteste reizen.

Die Eingabe etwa, welche die protestantischen Militärkaplane im November 1937 dem «Führer» überreichten und die sie als wahre «Protestanten» erscheinen läßt, war eine Äußerung des empörten Widerspruches, – imposant in ihrer kühnen Direktheit, – sie war «lebendiger», als es die Nazis selber von diesem «Feind» noch haben erwarten mögen. Die Kaplane verwahrten sich dagegen, daß in den Nazi-Übungslagern wiederholt drei Hauptfeinde des Nationalsozialismus (und also Deutschlands) namhaft gemacht worden seien: das Judentum, die Freimaurerei und das Christentum. Von den 18000 protestantischen Pastoren des Reichs seien seit 1934 etwa 1300 ins Gefängnis oder ins Lager verbracht worden. Ein hoher Funktionär der Partei habe kürzlich, anläßlich eines Nazi-Treffens in Halle, von Jesus Christus als von «diesem Schwein» gesprochen. Schullehrer hätten im Unterricht zu wiederholten Malen Jesus einen «jüdischen Landstreicher» genannt. Junge Lehrer hätten bei ihren Seelsorgern um Hilfe gebeten, weil man ihnen nicht hätte gestatten wollen, im Religionsunterricht von Jesus im Sinne der Heiligen Schrift zu sprechen. Ja, die Militärgeistlichen gingen soweit, das Nazi-Allerheiligste, – den Erfolg der Nazis im kommenden Kriege, – in Frage zu stellen, für den Fall nämlich, daß mit der antichristlichen Kampagne fortgefahren werden sollte. Unmöglich sei es für wahre Christen, die zum Erfolg nötige Einhelligkeit mit jenen zu fühlen, die systematisch dazu gedrillt worden wären, von Christus als von einem Schwein und jüdischen Landstreicher zu sprechen. Auch würde die Kriegspropaganda wohl tauben Ohren begegnen, da ein wesentlicher Teil des deutschen Volkes kein Wort mehr würde glauben können nach seinen Erfahrungen im Kirchenstreit. (Aus: «New York Times»)

Keine Frage, – der Nationalsozialismus, in seinem «Abwehrkampf», hat sich hier einen Gegner geschaffen, der zumindest noch «zuckt».

Er zuckt besonders dann, wenn er, immer wieder, an seiner empfindlichsten Stelle verwundet wird, wenn es um die *Jugend* geht und um seine verbrieften Rechte an ihrer Erziehung.

Ein kleines Mädchen aus der Ortschaft Niederndodeleben soll konfirmiert werden. Ihr Lehrer, der Pfarrer des Ortes, Pastor

Dr. Müller, schreibt den folgenden Spruch in das Stammbuch des Kindes:

«Dem Vaterlande, nicht der Partei!

Der Dienst am Vaterlande macht groß und frei, der Dienst an der Partei eng und klein, unwahrhaftig und ungerecht.

Das Vaterland braucht Charaktere, die Partei fürchtet und hindert sie.

Soviel Dir das Vaterland höher steht als die Partei, soviel steht Dir der Volksgenosse höher als der Parteigenosse.

Zur steten Erinnerung und Beherzigung

D. P. N.

Dr. Müller, Pastor, Niederndodeleben».

Das «Schwarze Korps» (Organ der SS), das «durch Zufall» Einblick in das Poesie-Album gewonnen haben will, zitiert am 23. September 1937 den Spruch und schreibt dazu nicht viel mehr als: «Augenblicklich befindet sich der Pastor Dr. Müller in Schutzhaft und trainiert auf Märtyrer.»

Dies ist der Kampf, – und so wird er geführt. – Dies ist die Machtverteilung, – und so wird sie genutzt. Holt der «Feind», der seit langem am Boden liegt, zu einer Winzigkeit von Gegenschlag, zu nicht viel mehr als einer zuckenden Reflexbewegung aus, – gleich prasseln die Maschinengewehre des gewaltigen Angreifers auf ihn ein und zwingen ihn solcherart «auf Märtyrer zu trainieren».

Anschließend an die knappe Schilderung der nationalsozialistischen «Vergeltungsmaßregeln» im Falle Müller fordert das «Schwarze Korps» die «deutschen Väter» auf, «bei ihren Töchtern im Konfirmandenalter in den Poesie-Alben nachzulesen, ob sich nicht noch einige rotznäsige Pastorenverse darin finden!»

Wir nähern uns der Zone, in der die *Familie* ihr schwaches Scheinregiment noch immer führt, dem engsten Kreis nähern wir uns, der das deutsche Kind umgibt und dem die «Staatsjugend» den Krieg nicht «erklärt» hat; besser: gegen den im «Abwehrkampf» sich zu befinden sie unverdrossen vorgibt.

Die Eltern, Untergebene, auch sie, aller Hitlerjugend, haben zu parieren. Über ihre Wünsche und berechtigten Interessen schreitet man stolz hinweg. Einwände zu erheben werden sie nicht wagen, – auch sie stellen einen «Feind» dar, der wie tot am Boden liegt, – kaum, daß interessante Reflexzuckungen von ihm erwartet werden können. Zuckt er doch, – nun, dann lassen wir unsern Abwehrkampf toben.

Die «New York Times» berichtet am 30. November 1937 von einem Fall drakonischer Elternbestrafung, der sich zu Waldenberg in Schlesien zugetragen hat und der durchaus typisch ist für die Wucht, mit der gegen die Familie die Schläge prasseln.

Das fragliche Elternpaar, Mitglieder der Vereinigung der «Bibelforscher» beide, war angeklagt, seine Kinder mit pazifistischen und von den Quäkern übernommenen Ideen infiziert und gegen das Naziregime eingenommen zu haben. Dem Vater, der bei Gericht beteuerte, keinerlei Einfluß auf seine Kinder genommen zu haben, wurde erwidert, – Einfluß oder nicht, schon die Atmosphäre in solch einem «Bibelforscher»-Heim wäre Gift für die Kinder, und in ihr *könnte* man gar nicht leben, ohne zum Staatsfeind zu werden. Der Vater gab zu, schon früher angeklagt und verurteilt worden zu sein, weil er die Kinder zu einer der nationalsozialistischen Schulfeiern nicht geschickt hätte. Er versicherte, daß die Kinder nicht hätten gehen wollen. Das Gericht war der Ansicht, daß dies sehr wohl sein könnte und daß eben dies kennzeichnend wäre für die katastrophale Wirkung des elterlichen Einflusses auf die Kinder. Schließlich ging es soweit, den folgenden Grundsatz aufzustellen:

«Das Gesetz, im Dienste rassischer und nationaler Interessen, vertraut den Eltern ihre Kinder nur unter gewissen Bedingungen an: die Kinder nämlich müssen so erzogen werden, wie Nation und Staat es vorschreiben. Vor allem ist es nötig, die Kinder rechtzeitig darüber aufzuklären, daß auch sie Teil einer mächtigen Nation sind, deren Mitglieder durch Gleichheit der Überzeugung in allen entscheidenden Fragen untrennbar untereinander verbunden sind. Wer aber in seinen Kindern Ansichten züchtet, die geeignet sind, sie in Gegensatz zur rassischen und nationalen Volksgemeinschaft zu stellen, der hat die Bedingungen nicht erfüllt, unter welchen die Erziehung der Kinder ihm anvertraut wurde. Aus Gründen der allgemeinen Wohlfahrt wird man ihm das Recht absprechen müssen, die Kinder weiterhin zu erziehen! In einem solchen Falle wird nur völlige Entfernung der Kinder aus dem Einflußkreis der Eltern zum Erfolg führen». (Bericht der «New York Times»)

Und so wurden den Unglücklichen die Kinder genommen. Weswegen? *Nicht* weil ihnen irgendwelche Verstöße gegen die nationalsozialistischen Gesetze nachgewiesen worden wären, – *nicht*, weil die *Kinder* Verstöße dieser Art begangen hätten (die man der elterlichen Mißerziehung zur Last hätte legen können), – *nicht*, weil die Kinder Ansichten geäußert hätten, die auf antinationalsozialistischen Einfluß daheim hätten schließen lassen. Nichts von alledem. Ausschließlich und zugegebenermaßen deshalb kam das Gericht zu seinem schrecklichen Spruch, weil es voraussetzte, daß die Atmosphäre im Heim von Leuten, die als «Bibelforscher» pazifistische und quäker-artige Ideen hegen, die Kinder verderben und gegen den Staat einnehmen *müsse*. Das einzig nachweisbare Vergehen der Kinder gegen diesen Staat (ihr Nichterscheinen bei jener Nazi-Schulfeier), längst vergangen und abgestraft, wurde als Beweis für solche Verderbnis angeführt, – und die Eltern verloren ihre Kinder.

Der «Feind» hat gezuckt, – die Maschinengewehre knattern.

Betrachten wir diesen Fall nun von der anderen Seite, – nicht von derjenigen der Eltern und Kinder also, sondern von der Seite der Nazi-Machthaber, – so wird klar: Hier sollte ein Exempel statuiert werden, – drakonisch gewarnt werden sollte die deutsche Elternschaft; jetzt würde gewiß alles, was Kinder hatte, die «Bibelforscher» meiden, und die «pazifistischen Ideen» würde man sich auch aus dem Kopf schlagen, – soviel war sicher.

Spricht aber nicht doch eine ungeheuere Gereiztheit, spricht nicht echte Angst aus so übertriebenen Maßnahmen? Erwecken sie nicht den Eindruck, als ob ihre Exekuteure sich ernstlich bedroht fühlten, als ob sie wahrhaftig überall den Feind ahnten, als ob sie sich in der Dunkelheit umringt und umzingelt glaubten, so daß nur blindes Dreinschlagen sie noch retten könnte? Und wirklich: die «Gegner», welche die «Reichsjugendführung» für die marschierenden Trupps der deutschen Kinder als Zielscheiben aufgestellt hat, – die waffen- und schutzlosen «Gegner», die so erledigt, so «fertig» scheinen, weil beinahe nie ein deutliches Lebenszeichen von ihnen mehr kommt, – sie sind im Stande, Hitler und die Seinen in dauernder und großer Angst zu halten. Der «Führer» selbst, ohnedies und ganz im allgemeinen dazu geneigt, sich verfolgt zu glauben, hier hat er für seinen Wahn greifbare Nahrung, – und es ist wahr, daß die Nazis sich vor den Trümmern der Mächte, die sie zerstört haben, wirklich fürchten. Sie haben zerstört (wenn wir es denn kurz, unvollständig und in der Reihenfolge, die hier eingehalten wurde, zusammenfassen wollen): 1. «Die Familie» und das Privatleben der Deutschen. 2. Das, was den Deutschen den Namen des «Volkes der Dichter und Denker» eingebracht hat, – ihre Bemühtheit um die Wahrheit der Dinge, um die Wissenschaften und das Denken in der reinen Luft des Objektiven. 3. Die Macht der Kirche in Deutschland.

Sie haben, wie schon aus dieser bescheidenen Drei-Punkte-Übersicht erhellt, beinahe alles zerstört, was dem deutschen Bürger seit Jahrhunderten heilig war. (Und es ist der Erwähnung kaum wert, da die Übersicht fortgesetzt werden könnte, – daß sie fortgesetzt werden *müßte*, hätten wir hier über mehr zu handeln als über die Erziehung der Kinder im «Dritten Reich»!)

Das Regime Adolf Hitlers weiß: im Grunde und letzten Endes müssen unsere Feinde sein: die «Familienangehörigen», – die Wissenschaftler, – die Katholiken, – die Protestanten, – weiter alle jene Gruppen, deren Heiligstes wir zerstört, deren Rechte wir negiert haben.

Das Regime weiß: unsere einzige Hoffnung ist die Jugend, denn sie ahnt nichts vom «Heiligsten» und nichts von der Negierung der Rechte, ja, sie ahnt von den Rechten nichts, – *wenn* nicht unter unsern vielen, vielen Feinden einer ihr davon erzählt! – Die Angst, dies könnte trotz aller Vorsichtsmaßregeln und trotz der drakonischsten Abschreckungsstrafen dennoch geschehen, ist groß und echt.

Das Regime weiß: 1. Kinder hängen, natürlicherweise, an ihren Eltern. Schon geringer, ja, unbeabsichtigter Einfluß von dieser Seite kann uns gefährlich werden. 2. Kinder gehen in die Schule. Wenn sie dort, gegen unsere Absicht, zu *denken* lernen sollten und plötzlich der *Wahrheit* auf den Grund gehen möchten, so kann uns das *sehr* gefährlich werden. 3. Viele Kinder besuchen den Religionsunterricht. Wenn sie gar anfangen sollten, nach der christlichen Lehre zu leben, so kann das unser Untergang sein. Das Regime weiß zudem: noch und gleichzeitig mit uns lebt die Generation, von der wir glauben, daß sie uns so vielfach feind sein muß. Unsere Hoffnung, – die «Staatsjugend», – tritt sie erst ins Leben ein, wird bei den Mitgliedern dieser Generation, – bei all den «Familienangehörigen», Wissenschaftlern, Katholiken, Protestanten und so weiter denn also, – wird sie um Stellungen nachsuchen müssen. Wie wird sie aufgenommen werden? Und wird sie uns, vorausgesetzt sogar, bis dahin sei alles gut gegangen, *nun* nicht feind werden, falls sie nämlich auf Schwierigkeiten stößt, weil wir es sind, die sie herangezogen haben?

Und das Regime, angsterfüllt in aller Macht und Herrlichkeit, trifft leise seine Vorkehrungen.

Die «Frankfurter Zeitung» vom 26. Juni 1937 bringt die folgende Notiz:

«Dieser Tage wurde uns mitgeteilt, daß nach einer Anordnung des Reichserziehungsministers auf den Abgangs- und Reifezeugnissen jeder Vermerk über die Betätigung eines Schülers in der NSDAP oder ihren Gliederungen zu unterbleiben habe. Diese auf Wunsch des Stellvertreters des Führers der NSDAP ergangene Anordnung war, wie eine Korrespondenz mitteilt, nicht für die Öffentlichkeit bestimmt, da zu ihrem Verständnis ein vorangegangener Erlaß notwendig gewesen wäre. Es sei vorgekommen, so wird festgestellt, daß einem Schüler wegen seiner Betätigung in einer Gliederung der NSDAP auf dem Zeugnis vermerkt worden sei, daß diese Betätigung auf seine Entwicklung in der Schule störend eingewirkt habe. Da solche Vermerke in den Zeugnissen geeignet seien, das Fortkommen der Schüler zu erschweren, habe der Reichserziehungsminister bereits früher grundsätzlich angeordnet, daß sie zu unterbleiben hätten.»

Es ist nötig, diese Notiz kurz zu erläutern. Was ist der Tatbestand?

Rudolf Hess, der «Stellvertreter des Führers» und sein persönlicher Repräsentant, hat den «Reichserziehungsminister» genötigt anzuordnen, auf den Abgangszeugnissen aller deutschen Schulen dürfe die *Tatsache* nicht mehr vermerkt werden, daß die Schüler sich «*in der NSDAP oder ihren Gliederungen*» betätigt haben. «Die Gliederungen der NSDAP», das bedeutet im Zusammenhang mit Schülern nichts anderes als die «Staatsjugend»; das «Jungvolk» bedeutet es, die «Hitlerjugend», – die «Jungmädels», der «BDM». Die sonderbare Anordnung, – eine *Geheimanordnung*, wie ausdrücklich mitgeteilt wird, ist *aus Versehen* publik geworden, – und nun sieht man sich genötigt, ihre Sonderbarkeit zu erklären, ihren eigentlichen Sinn und Zweck aber zu verschleiern. Es seien *ungünstige* Vermerke in vielen Zeugnissen gestanden, im Zusammenhang mit der Mitteilung über die Betätigung von Schülern in der «Staatsjugend», behauptet man, – und solche Vermerke seien «erschwerend für das Fortkommen» der Schüler. Hätte es dann aber nicht genügt und wäre es nicht sehr leicht gewesen, in einem Geheimerlaß *solche ungünstigen Vermerke* zu verbieten? (Ganz abgesehen davon, daß *die* Lehrer kaum vorstellbar sind, die selbstmörderisch genug wären, ungünstige Vermerke mit ausdrücklichem Hinweis auf die «Staatsjugend» und ihren schädigenden Einfluß in Zeugnisse zu setzen!) Der «Reichserziehungsminister», in seinem Geheimerlaß, und auf Wunsch des «Stellvertreters des Führers», jedoch, verbietet *nicht ungünstige* Vermerke, – er verbietet *jeden* Vermerk! Warum? Es wird Gründe geben und sie können, logischerweise, nicht viel anders aussehen als so:

Erfahrungsgemäß stehen die Leistungen der Kinder in der Schule im umgekehrten Verhältnis zu ihren Leistungen in der «Staatsjugend». Knaben etwa, die hohe Posten in der «Hitlerjugend» bekleiden, finden niemals Zeit und Konzentration, sich für den Unterricht vorzubereiten, – auch der Wille dazu fehlt ihnen, – er wird ihnen in der Jugendorganisation aberzogen. Sie sind beinahe immer schlechte Schüler. Vermerkt man nun

185

einem Jungen im Zeugnis, daß er «Gefolgschaftsführer» der «Hitlerjugend» gewesen, und *unterläßt* man es sogar, seine schlechten Noten mit dieser Tatsache in Verbindung zu bringen, – so wird der Industrielle, bei welchem er sich um eine Stellung bemüht, sich den Zusammenhang selber herstellen. Sogar wenn die Noten *gut*, wenn sie hervorragend sind, wird der Industrielle (ein «Familienangehöriger» nebenbei) noch mißtrauisch sein. «Gefolgschaftsführer der HJ?!» wird er denken, – «da kann der Junge nicht viel gelernt haben in der Schule, – und der Lehrer hat sich gewiß nur nicht *getraut*, ihm die schlechten Noten zu erteilen, die er in Wirklichkeit verdient.» Es wird der Industrielle dem Jungen die Stellung nicht geben, und der «Gefolgschaftsführer»-Vermerk wird dem Jungen auch weiter «das Fortkommen erschweren». Der nächste, an den er sich etwa wendet, ein kleiner Ladenbesitzer (und Katholik nebenbei) liest den Vermerk «Gefolgschaftsführer der HJ» und denkt: «Aha. Gelernt kann er also nicht viel haben. Das schadet nichts, bei mir im Laden muß er nicht viel können. Aber ich möchte mir doch keinen Regierungsspitzel engagieren, keinen, der jedes Wort hinterbringt, das wir hier reden, keinen, in dessen Gegenwart wir es nicht wagen dürfen, einen ausländischen Sender zu hören am Radio, oder unsern Freund zu sehn, der Priester ist. Gefolgschaftsführer?!» wird er denken, – «nein, danke, – lieber nicht».

Und wiewohl sie beide, – der Industrielle (und «Familienangehörige») wie der Ladenbesitzer (und Katholik), – ihre Erwägungen weise für sich behalten, schiebt der Hitlerjunge selbst (der sich im Besitz eines verführerisch guten Zeugnisses weiß) die Schuld an dem Refus auf den verflixten «Gefolgschaftsführer»-Vermerk.

Wieviele Fälle dieser Art müssen vorgefallen sein, – wieviele Beschwerden und Hilferufe von Seiten der arbeitsuchenden jungen Leute müssen den «Führer» und seinen Stellvertreter erreicht haben, ehe sie sich dazu entschlossen, hinter Herrn von Schirachs Rücken den beschämenden Geheimerlaß beim Reichserziehungsministerium anzuordnen. Und ist es nicht beschämend, daß die stolzeste Zier des Jünglings, sein Titel und Rang in der nationalsozialistischen «Staatsjugend», *verschwiegen* werden muß, damit das Fortkommen im nationalsozialistischen Deutschland ihm erleichtert werde? Wie sehr auch muß es die Kinder verwirrt haben, von dem Geheimerlaß zu erfahren, – *wie überhaupt* konnten sie sich eine so demütigende Anordnung von allerhöchster Seite erklären?

Gleichviel: Die *«Politik des schlechten Gewissens»*, von der die Rede war, hier taucht sie wieder auf, – und nicht dem Ausland gegenüber diesmal; nicht vor der «Welt von Feinden» versteckt und verheimlicht man hier. Nein, vor den *eigenen Leuten*, vor der deutschen «Volksgemeinschaft», die so völlig geeinigt zu haben man sich nicht genug rühmen kann.

Es ist nicht anders:

Das Regime Adolf Hitlers weiß: Wir haben Feinde in Deutschland, – viele, viele Feinde; und gebe Wotan, daß sie sich, auch für die Dauer, vor uns noch mehr fürchten, als wir uns vor ihnen. Natürlich, – wir haben die Jugend, das macht uns stark. Und wir haben die Gewehre.

Sie haben die Gewehre, und das macht sie stark. Aber haben sie, *wirklich*, die Jugend? Gehört sie, wirklich, den Nazis für Lebenszeit, diese von den drei Kreisen umzingelte Millionenschar der deutschen Kinder?

Man hat Gegenbeweise: Die jungen Leute an den Universitäten, gestern noch Mitglieder der «Staatsjugend», sind, so hört man, *nach* den Streitern für den Glauben die ersten, die sich enttäuscht und angewidert zeigen, ja, die protestieren. Die «Sturmführer» und Nazi-Größen, die, als Professoren verkleidet, auf diesen Lehrstühlen ihr Unwesen treiben, predigen vor leeren Bänken, während die wenigen, die inmitten der Öde ein wenig vor- (und nach-) nationalsozialistisches Können und Wissen, – ein wenig vor- (und nach-) nationalsozialistischen Charakter zeigen, sich der größten und demonstrativsten Beliebtheit erfreuen.

Man hat Gegenbeweise: Aus Kreisen der jungen Arbeiter dringen immer wieder Stimmen nach außen, Berichte, Druckschriften, illegales Oppositions-Material, – Äußerungen des

Zornes und der Hoffnung auf eine andere und bessere Zukunft. Man weiß auch: die Kirche bewahrt ihren Einfluß auf die Jugend; ihre Macht, die Jahrtausende alt ist, *war* nicht zu *überwinden* durch eine Handvoll unwissender Emporkömmlinge.

Man hat sachliche Gegenbeweise.

Man hat mehr, man hat besseres als das. Man hat die tiefe Überzeugtheit vom endlichen Sieg der gerechten Sache und den Glauben an sie.

Wir glauben an die Erneuerungskraft des deutschen Volkes, das, politisch unerzogen, – zugängig den Verführungen des romantischen Nationalismus, bedrängt von den Unbillen einer wirtschaftlich gefährdeten Epoche, – sich ausgeliefert hat dem Kurpfuscher-Erlöser, der da aus dem Dunkel zu ihm trat. Wir glauben an die moralischen und geistigen Quellen dieses Landes, die jetzt verschüttet sind, aber aus denen gespeist worden ist, was je Großes aus Deutschland kam. Wir glauben an die Vernunft, die langsam ihren Weg nimmt und wieder einsickern wird in die Köpfe derer, aus denen man sie «schlagartig» vertrieben. Und wir glauben an die Unzerstörbarkeit der höchsten Begriffe, die dem Menschen zur Verfügung stehn und die nicht für lange ausgelöscht sein werden in den Herzen des deutschen Volkes, – an den Sieg der Freiheit und der Gerechtigkeit glauben wir und an den der Wahrheit, der triumphal sein wird.

Nachspiel

In New York wohne ich in einem kleinen Hotel auf der East-Seite. Es ist ein gemütliches Hotel, und das Management empfiehlt es als «very continental». Mir gefallen seine amerikanischen Züge am besten, – Eisschränke in den Zimmern und Shower-Bäder, selbstverständlich, – das ist kein Luxus hierzulande, man weiß es, – aber ich höre nicht auf, mich darüber zu freuen.

Ich habe Kuchen gekauft, ungeheuer viele «Cookies», auch Bonbons und etwas, das «Marshmallows» heißt; es sind kleine weiße Würfel aus einer zähen Substanz, süß wie türkischer Honig und dehnbar wie Gummi. Nichts könnte mich vermögen, «Marshmallows» zu essen, seitdem ich einmal ein «Marshmallow» versucht habe. Ich habe die Leckereien auch nicht für mich besorgt, sondern für den Besuch, den ich erwarte. Cookies wie Bonbons sind für meine Gäste. Es werden ihrer zwei sein, zwei Buben, die vor acht Wochen allein aus Deutschland herübergekommen sind, – sieben- und zwölfjährig; sie gehen auf eine Landschule in Connecticut und verbringen dies Weekend bei einer Tante in New York.

Als ich den Kleineren zuletzt sah, in Deutschland, war er zwei Jahre alt, – ein Baby. Von ihm weiß ich nur noch, daß er Till heißt und daß seine Mutter ihn vergötterte. Der Große heißt René, nach einem französischen Onkel. Er war ein sehr hübscher Junge damals, braunlockig und lustig. Aber seine Eltern, gescheite Leute beide, die viel herumgekommen sind in der Welt, waren schon damals sehr betrübt in bezug auf seine und seines Brüderchens Zukunft. Die Mutter, die Französin war, ehe sie diesen deutschen Anwalt heiratete, sagte mir, als ich Deutschland verließ: «Ich wollte, du könntest die Buben mitnehmen, – wenigstens die Buben, – wenn schon nicht mich und uns!»

Nun sind sie hier, die Buben, – die Eltern haben sich freiwillig von ihnen getrennt, haben das Unmögliche möglich gemacht und unter ungeheuren Opfern bei den Nazi-Behörden die Erlaubnis erkämpft, die Söhne wegzuschicken, – weit weg, nach Amerika. «Es ging nicht mehr», schrieb die Mutter mir in ihrem letzten Brief, – «es war nicht mehr mitanzusehen. Kümmere Dich ein bißchen um die Jungen, – ach, Till ist noch so klein! Und laß Dir von René erzählen, – er ist gescheit und sehr ‹erwachsen› für sein Alter.»

Ob die Marshmallows ihnen schmecken werden? Das Telefon klingelt, und meinem «Hallo» antwortet ein Stimmchen: «Helloh, – can we come up?» auf englisch. Das muß Till sein, und er spricht also englisch zu mir. «Till?» sage ich und, auf deutsch, «ja, natürlich, kommt doch rauf!»

Den ersten, der eintritt, halte ich für René; dann kommt unverkennbar, der kleine Till und dann noch einer, in zwei Metern Entfernung, ein wenig langsamer als die andern; den Kopf, der unbedeckt ist, voll dunkler Locken und mit tiefblauen Augen aus einem Gesicht blickend, das zart und empfindlich aussieht, wiewohl die Haut braun und gesund ist und wiewohl das ganze Kind nicht unkräftig scheint: breit in den Schultern, wenn freilich ein bißchen mager, und er hält sich nicht ganz einwandfrei, das sehe ich, während der Sekunde, in der die drei Buben sich mir nähern. Beinahe gleichzeitig – Till gibt mir die Hand und sagt fragend «Hello?» – merke ich, daß der, den ich für René gehalten habe, gar nicht René ist, sondern wohl ein Freund von ihm, ein kleiner Amerikaner, den sie mitgebracht haben. Er trägt eine Art Pfadfinderuniform, die Mütze dreht er in den Händen, – es sind zerkratzte Bubenhände, – Indianerspielhände, und dies überhaupt ist ein richtiger Indianerspielknabe; er sieht etwa aus, wie der Flieger Lindbergh als Kind ausgesehen haben muß; wahrscheinlich ist er auch technisch begabt und erfindet viele neue Gebrauchsgegenstände für das Indianerspiel. Till ist winzig für einen Siebenjährigen, – er könnte fünf Jahre alt sein, der Statur nach, – nur sein gewitztes Mienchen spräche gegen eine solche Vermutung. Sein Haar ist glatt und seidig; es ist ihm viereckig aus der Stirn geschnitten und hängt halbwegs über die Ohren, – «Pagenschnitt» nennt man das wohl. Unter den Haarfransen stehen ein wenig schräg die blanken braunen Augen; breite Bakkenknochen und ein großer, hübschgeschwungener Mund geben dem Gesichtchen ein slavisches Gepräge. Dies könnte ein russisches Kind sein, – oder ein finnisches, – und ist doch der Sohn eines Norddeutschen und einer Französin. Im übrigen ist Till der Weltläufigste von uns allen, – daher stellt er jetzt den kleinen Amerikaner und mich einander vor. «Das ist Bruce», sagt er und schaut begutachtend an ihm hinauf, – «Bruce Findley, and this», – fügt er hinzu, indem er mich gewinnend anlächelt, – «this is the lady who, – as we hope, – is going to take us to the movies tonight.» Bruce schämt sich. Er gibt dem Kleinen einen Puff und schaut sich nach René um, der, auf einer Wanderung durchs Zimmer, vor meinem Schreibtisch haltgemacht hat. Dort steht im Rahmen eine Photographie seiner Mutter, und ich merke jetzt erst, wie ähnlich er ihr sieht, nur daß sie braune Augen hat. Ohne den Blick von dem Bild zu lassen, sagt er: «Wie es getutet hat, mußten alle Leute weg vom Schiff. Aber dann ist es noch lange nicht gefahren. Ich habe die Mama unten im Gedränge stehen sehn, ich habe mich hinter einem Pfeiler versteckt und nicht gewinkt.» – Es ist das erste Mal heute, daß ich Renés Stimme höre, sie klingt ein wenig belegt und entfernt, – man kann merken, daß er das Schiff wieder vor sich sieht und seine Mutter, – «unten im Gedränge». – «Ich habe gewinkt», – sagt Till, – «und ich habe auch nicht geweint.» René wendet sich um, – rasch schaut er nach dem Brüderchen hin, als wolle er verhindern, daß dieser noch etwas sage. Aber Till hat die Marshmallows entdeckt, und ihnen gehören schon seine Gedanken. «Schiffsabfahrten sind immer sehr traurig», bemerke ich noch und fasse René an den Schultern. «Kommt, – jetzt gibt es Schokolade.» Bruce Findley, – wohl, um seiner Zustimmung Ausdruck zu geben, sagt ganz schnell hintereinander: «Schnitzelbank, Grüß Gott, Heidelberg, gemütlich, auf Wiedersehen!» und nickt bekräftigend mit dem Kopf. «Das ist sein Deutsch», erklärt Till stolz, – «das sind die fünf Sachen, die er kann.»

Während ich die Schokolade zubereite, machen Till und Bruce sich über die Süßigkeiten her. René schaut sich derweil im Zimmer um. «Lauter amerikanische Bücher», sagt er, «liest du keine deutschen Bücher mehr?» Ich setze ihm auseinander, daß ich nur zu gern deutsche Bücher lese, – aber daß ich sehr viele deutsche Bücher schon kenne und daß es für uns jetzt darauf ankomme, die amerikanischen Bücher kennenzulernen. Till nickt und sagt mit vollem Mund: «Ich lese nur amerikanische Bücher!» René, der jetzt auch bei der Schokolade sitzt, sagt: «Du Affe!» Dann erzählt er plötzlich: «Wir schlafen in verschiedenen Zimmern, Till und ich. Anfangs waren wir beide sehr traurig. Till besonders, denn er konnte nur deutsch; ich nicht so, weil Bruce bei mir war. Da habe ich Till gefragt: ‹Hast du denn gar keine Freunde?› Till hat gesagt: ‹Doch, – ich habe Freunde; aber sie *wissen* es nicht, – ich kann es ihnen doch nicht *sagen!*›» René lacht ein bißchen. «Und *jetzt*, – jetzt kann *er* schon bald kein *deutsch* mehr!» fügt er hinzu. Es ist ein Gemisch von neidvoller Bewunderung und betrübter Geringschätzung, das aus seiner Stimme klingt. «Wer so herrlich schnell vergessen könnte!» scheint diese Stimme zu sagen, – und: «daß einer so scheußlich schnell vergessen kann!» – Till spürt denn auch, daß er zur Verteidigung übergehen müsse, und zwar am besten durch Gegenangriff. «René schleppt immer noch seinen Hitlerdolch mit rum», sagt er und lacht seinerseits verächtlich, – «und seine Hakenkreuzbinde hat er auch irgendwo versteckt!» Ich schaue zu René hin, der die Stirn gesenkt hält. «Warum tust du denn das?» frage ich schließlich. «Warst du gern im Jungvolk?» René schüttelt heftig den Kopf. «Es ist gar nicht *sein* Dolch», erklärt Bruce, statt seiner, auf englisch, – und wirft dem tückischen kleinen Till einen zornigen Blick zu, – «es ist der Dolch von Gert-Felix, und die Hakenkreuzbinde hat auch dem Gert-Felix gehört!» – René blickt auf: «Ja», sagt er, – «und Gert-Felix war mein Freund.» – Till, der noch immer schmaust und knuspert, sagt mit seinem hellen Stimmchen: «Aber er ist doch tot!» – ganz so, als sei damit alles in bester Ordnung und als lohne es gewiß nicht, häßliche Gegenstände von einem aufzubewahren, der in der angenehmen Lage sei, ihrer nicht mehr zu bedürfen. «Ja, der ist tot», wiederholt René, – «wir haben alle nicht geglaubt, daß er wirklich tot wäre, aber er war gleich tot, – der Arzt hat gesagt, ein paar Minuten nach dem Schuß ist er schon gestorben.» Ich erinnere mich plötzlich, daß die Mutter dieser beiden Jungen mir von einem Unglücksfall berichtet hat, der sich auf einer «Jungvolk»-Nachtübung zugetragen. «In der Zeitung stand, es war ein Unglücksfall», sagt René, und in seinen Augen stehen Tränen, – «es war aber eigentlich schon fast ein Mord.» – Bruce legt dem Freund den Arm um die Schultern. Man hätte nicht geglaubt, daß dieser zerkratzte Indianerspielknabe so behutsam sein könnte. «Alle sollten Gewehre oder Revolver mitbringen zu dieser Nachtübung», sagt René, – «Gert-Felix hatte sowas nicht, – ich übrigens auch nicht, – aber Taschenlampen hatten wir, – die waren beinahe ebenso wichtig. Unser Führer machte Zielübungen im Dunkeln, – wir mußten die Taschenlampen halten, und er wollte sie treffen. Er konnte sehr gut schießen, und erst ging es glänzend. Dann, als er schon müde war, traf er den August ins Knie. August fiel hin, aber er weinte nicht. Vielleicht war es nur ein Streifschuß, – wir haben all unsern Verbandstoff darum gebunden.» – Bruce, während sein Freund auf deutsch die Geschichte erzählt, die er in Renés kindlichem Englisch schon oft gehört haben muß, lauscht, wie man einem lauscht, der von den Schrecknissen des Urwaldes berichtet. «Was hat der ‹Führer› gesagt?» frage ich. «Geschimpft hat er, natürlich», sagt René, und in allem Kummer findet er dies wirklich natürlich. «August hat die Lampe zu tief gehalten. Dann kam Gert-Felix dran. Er hatte Angst. Er war auch schon schrecklich müde, aber wollte es nicht zeigen. Er hielt die Lampe ganz hoch, weil er es gut machen wollte. Unser Führer war auch schon etwas ängstlich. Er schoß zu weit nach links, da war die Stirn von Gert-Felix. Die Lampe ging nicht aus, und Gert-Felix blieb noch ein paar Sekunden stehn, – er rührte sich nicht, aber das Geräusch war anders, als wenn die Kugel in einen Baum gegangen wäre, und Gert-Felix hat ein bißchen geschwankt.» – René schluckt. Er fährt sich mit der Hand an die Stirn, als spüre er den Schuß, der Gert-Felix getroffen. Bruce sagt auf englisch: «Gert-Felix war Renés bester Freund.» Till, dessen schlaues Gesichtchen jetzt einen Ausdruck hat, wie Kinder ihn annehmen, denen man schaurige, aber altvertraute Märchen erzählt, fährt fort, selbstverständlich, als sei die Reihe jetzt an ihm. «Dann ist er umgefallen», erzählt er, singenden Märchentones, – «erst haben sie Taschentücher auf die Wunde gelegt, – und als die alle blutig waren, haben sie Moos hineingesteckt. Er hat nichts mehr geredet, und gestöhnt hat er auch nicht. Der Feldscher hat gesagt, das ist ein gutes Zeichen...» René sagt: *Aber du warst nicht dabei!* Es klingt, als ob einer, der damals nicht dabei gewesen, das Leben nicht kenne und auf dieser Welt im Grunde nie wieder mitreden dürfe. «Das Loch war ganz klein», sagt er noch, – «neben dem rechten Auge hat etwas geblutet, – wir dachten, es ist beinahe gar nichts. Aber da war Gert-Felix schon tot.» Bruce ist aufgesprungen. Er steht am Fenster in seiner Pfadfinderuniform. Draußen ist die Luft klar und abendlich. Hinter der Silhouette des kleinen amerikanischen Jungen türmen die Hochhäuser sich in den Himmel, der, hell und durchsichtig, ihrer Kühnheit offen zu stehen scheint. «Und was glauben Sie», fragt Bruce, «was dem Herrn ‹Führer› passiert ist nach seiner Heldentat?» Ich antworte nicht. *«Versetzt* ist er worden – zu einer anderen Gruppe versetzt, – das war alles. Und was glauben Sie, was man mit Gert-Felix' Vater gemacht hat?» Wieder zucke ich die Achseln. «Eingesperrt hat man ihn!» ruft Bruce, – «weil er sich beklagt hat. Eingesperrt in ein Konzentrationslager, oder wie die das nennen!»

René hält den Kopf in die Hand gestützt. «In der Zeitung hat gestanden: Unser lieber Sohn ist im Dienst fürs Vaterland verunglückt», sagt er, – «ich habe mir seinen Dolch genommen und seine Binde. Da.» Und er legt ein rostiges Messer auf den Tisch, dessen Griff mit dem roten Streifen umwickelt ist, aus dem weiß der Kreis mit dem Hakenkreuz leuchtet. So ähnlich müssen die Taschentücher ausgesehen haben, mit denen seine Freunde dem kleinen Gert-Felix das Blut zu stillen suchten. – Till, aus den Winkeln seiner Eskimo-Augen, wirft einen schrägen Blick auf den Gegenstand. «Hebst du das auf, weil es Hitler-Zeug ist?» fragt er. «Ich hebe es auf, weil es meinem Freund gehört hat», sagt René, dessen Hände an der rostigen Schneide des Dolches entlangfahren, – «und ich werde es immer aufheben.» Sein Blick ist jetzt schwärzer als das dunkle Haar, das ihm in wirren und leichten Locken in die Stirn fällt. Till nickt befriedigt. «Das ist etwas anderes», sagt er und steckt das letzte Marshmallow langsam in den Mund.

Um die Jungen auf andere Gedanken zu bringen, schlage ich vor, jetzt ins Kino zu gehen. Unten an der Ecke wird «Schneewittchen» gespielt, und ich erkläre: «Das wird etwas für euch sein, – es ist sehr lustig und hübsch und dann: Ihr kennt sicher die Geschichte.» Ich spreche zu allen drei Buben, – meine aber im Grunde nur René, dessen vorwurfsvolle Frage nach den «deutschen Büchern» mir noch im Ohr klingt. «Es ist doch ein deutsches Märchen», sage ich, – «aber ihr werdet sehen, wie gut das uralte Europäische mit dem niegelnagelneuen Amerikanischen zusammenpaßt. Gehn wir?» – Leider kennt Bruce «Schneewittchen» schon; auch hat Till mittlerweile an meinem Globus Gefallen gefunden; – mit seinen runden Fingerchen fährt er die Grenzen der Länder nach, – «France», – «Switzerland», «Germany», «Austria», – buchstabiert er. «Austria», wiederholt René, – «du mußt dir einen neuen Globus kaufen.» Bruce steht immer noch am Fenster. René tritt zu ihm. Dolch und Hakenkreuzbinde bleiben auf dem Tisch. «United States of America», murmelt Till. Bruce sagt: «Wollt ihr eigentlich Amerikaner werden?» Nach einer kleinen Pause, während derer Till gen Mexiko reist, antwortet René: «Ich möchte schon, – nur: ich kann es mir noch nicht ganz vorstellen, – ich bin doch eben, – glaube ich, – ein Deutscher.» Till, – auf die Südsee-Inseln entsprungen, sagt: «Ich werde Amerikaner, – sure!» Und Bruce, mit einer hübschen kleinen Verbeugung und einem Lächeln, das ungemein souverän und liebenswürdig ist, sagt: «We'll be glad to have you.» Es ist, als habe er wirklich die Macht, neue Staatsbürger zu ernennen. René, der, einen halben Kopf größer als Bruce, aber zarter als er, in nicht ganz einwandfreier Haltung neben ihm am Fenster lehnt, fragt: «Wer ist ‹wir›?» Bruce lacht. «Wir Amerikaner», sagt er, – «wir, das Volk!» «Und eure Regierung?» fragt René mißtrauisch. «Unsere Regierung tut, was *wir* wollen», versichert Bruce, – «oder aber, sie fliegt raus!» Till kichert verzückt hinter seinem Globus. René erschrickt heftig über so viel Kühnheit. «Aber...», sagt er und schaut ängstlich zur Tür, als erwarte er jeden Augenblick den Eintritt der rächenden «Gestapo». Bruce, dem es Spaß macht, sich ein wenig aufzuspielen, deklamiert mit lauter und heller Stimme: «Unsere Regierung steht in unseren Diensten. Wir haben sie selbst gewählt, und wir gehorchen ihr, weil wir das für richtig halten, und nicht weil wir Angst vor ihr haben. Sie soll, womöglich, ein glückliches und reiches und friedliches Volk aus uns machen. Wir wollen keinen Krieg, aber wir wollen nicht, daß man uns angreift, und wir wollen auch nicht, daß anderswo Unrecht geschieht, daß anderswo *zuviel* Unrecht geschieht», – verbessert er sich und lacht verlegen. «Jedenfalls», sagt er dann abschließend, – «wenn ich dich erschieße, werde ich bestraft; aber ich erschieße dich nicht, denn wir haben keine ‹Nachtübungen› und keine ‹Führer›, und ich habe kein Gewehr». René lächelt nicht. Ernsthaft nimmt er Bruces Versicherungen entgegen.

Wir kommen überein, einen Gruß an «die Eltern» zu schikken, ehe es Zeit wird, aufzubrechen. Die Tante, bei der die Jungen nächtigen sollen, wohnt ganz nah von hier, – «12 Blocks vielleicht», sagt Bruce, – anderswo gälte das als Reise. «Schreibt ruhig allein», schlage ich vor und beschließe, meinerseits bald einen ausführlichen Bericht abzufassen, «Till kommt zuerst».

Nachdem Till, in einer Schrift, die aus deutschen Buchstaben und den lateinischen, die er hier gelernt hat, verwirrend gemischt ist, «Much love from your dear son Till» hingemalt hat, setzt René sich an den Schreibtisch, dem Bild seiner Mutter gerade gegenüber. Eine Viertelstunde vergeht, ehe er fertig ist, – wir spielen viele Grammophonplatten indessen. Schließlich lese ich:

«Liebe Mama, – heute war es schön bei uns, ich glaube jetzt, ich kann mich eingewöhnen, aber wenn es geht, kommt doch bitte her. Es ist hier ganz anders. Ich kann es nicht erklären. Wir lernen ziemlich viel, aber nicht so viel Weltanschauung und auch weniger vom Krieg. Ich gehe mittelgern in die Schule. Ich fürchte mich beinahe nie mehr. Ich habe einen Freund, deshalb muß ich schnell Englisch lernen. Es ist jetzt schon dunkel draußen, aber man kann über den Wolkenkratzern die Sterne sehen. Nur daß sie etwas blaß sind. Bitte kommt bald

zu Euerem Sohn René.»

Ehe Bruce zur Unterschrift zugezogen wird, kommt es noch zu einem überraschenden Auftritt. Der kleine Amerikaner hat unvermerkt die Hakenkreuzbinde angelegt. «Heil Hitler!» ruft er mit ins Militärische entstellter Stimme und wirft den rechten Arm in die Höhe. René wird erst rot, und dann sehr blaß. «Laß das!» ruft er und starrt dem Scherzenden wild ins Gesicht: «Mach das ab, – leg das weg, – Bruce, – bitte leg das weg!» – Bruce streift sofort die Binde ab, dann setzt er sich schweigend zum Schreiben nieder. René, gleichsam für seine Heftigkeit um Entschuldigung bittend, stottert: «Ich weiß selber nicht – aber ich kann das nicht sehen – es hat plötzlich ausgeschaut wie Gert-Felix, und dann war die ganze Nachtübung wieder da und dieses Geschrei ‹Heil Hitler›, – *ach!*» schreit René, der erschreckend blaß ist und der am ganzen Leib zittert, – «ich will kein Hakenkreuz mehr sehn, – *ich will es nicht mehr sehen!*» Und mit einer jähen Bewegung greift er nach der Armbinde und zerfetzt sie in viele Streifen, man hört ein paar Sekunden lang nichts, als das helle Knirschen des zerreißenden Stoffes. Ich unterlasse es, dem Bebenden übers Haar zu fahren, – «aber, aber» sage ich nur von weitem, – «aber, mein Kleiner!» Till, den die Szene völlig kühl gelassen hat, wirft die Fetzen des Symbols befriedigt in den Papierkorb. Dann schaut er dem arbeitenden Bruce über die Schulter. René, sich langsam beruhigend, nimmt den Dolch und legt ihn von hinten neben Bruce auf die Schreibtischplatte. «Ich schenke ihn dir», sagt er. Bruce schaut auf, – er sagt nicht danke; aber sein Blick umfängt das rostige Messer wie etwas ungemein Schönes, Zartes und Zerbrechliches. «Ich weiß, was du schreibst!» zwitschert Till, von einem Bein auf das andere hüpfend, «du schreibst: Schnitzelbank, Heidelberg, auf Wiedersehn!» Aber Bruce hat schon geschrieben. Dicht neben Renés kindlich verschnörkelter Unterschrift steht sein Name und, darunter, in Klammern, wie als Erläuterung für die Mutter, die so weit entfernt ist und nicht wissen kann, was ‹Bruce› bedeutet: «René's American friend for ever.»

Nachwort

Schriftstellerin, wohl gar Buchautorin habe sie nie werden wollen, hat Erika Mann vor und auch nach dem Exil immer wieder erklärt; davon gebe es in der Familie wahrlich genug. Sie hatte gleichwohl bereits gegen Ende der zwanziger Jahre zu schreiben begonnen: Glossen, Novellen, Schmonzetten für die Zeitung, Reiseabenteuer und Berichte aus dem Alltag einer Provinzschauspielerin. Auch Bücher und Theaterstücke hatte sie schon vor dem Exil geschrieben: unter anderem zusammen mit dem Bruder Klaus 1929 den Bericht «Rundherum» über die «Abenteuer einer Weltreise» und 1931 «Das Buch von der Riviera». Mit «Stoffel fliegt übers Meer» (1932) und «Muck, der Zauberonkel» (1934) war Erika Mann schließlich als selbständige, von der Presse durchaus bewunderte Kinderbuchautorin hervorgetreten.

Am 1. Januar 1933 begann sie mit einer literarisch-politischen Arbeit besonderer Art: in München erlebte die «Pfeffermühle» ihre Premiere.[1] Als Texterin, Chansonsängerin und Managerin dieses antinazistischen Kabaretts trat Erika Mann bis Ende Februar 1933 in München auf; am 1. Oktober 1933 wurde in Zürich neu eröffnet, und bis zum Frühsommer 1936 zog das Ensemble durch fast alle deutschsprachigen Exilländer, um mit den Mitteln der Satire vor Hitler und dem kommenden Krieg zu warnen. Auch in Amerika versuchte die Truppe Fuß zu fassen; der Versuch mißlang allerdings gründlich, so daß die «Peppermill» sich im Januar 1937 auflösen mußte. Ein in der Geschichte des Exils und der Exilliteratur singuläres, von Publikum und Kritikern weidlich gelobtes Unternehmen bestand nicht mehr, seine Mitglieder standen vor schwierigen beruflichen und persönlichen Entscheidungen.

Erika Mann jedoch, vielseitig begabt, publikumswirksam und ein Organisationstalent sui generis, konnte dem American Way of Life viel abgewinnen. Trotz des Debakels, das sie mit dem

Ende ihres Kabaretts erlebt hatte, ihres «liebsten Kindes», wie sie später gern zu sagen pflegte, fand sie in Amerika ein Betätigungsfeld, das ihr Erfolg und Einfluß wie kaum einem anderen Emigranten verschaffte. Noch im Frühjahr 1937 wurde sie von einem Agenten als «lecturer» unter Vertrag genommen, um künftig «from coast to coast» als Vortragsreisende durch Amerika zu ziehen. Die Rednerin Erika Mann feierte glänzende Triumphe; sie sprach in Volkshochschulen oder unter freiem Himmel, in Women's Clubs oder in Kirchen, für ein «fund raising» oder in jüdischen Wohlfahrtsorganisationen. Ihre Vorträge – in englischer Sprache, auswendig vorgetragen und schauspielerisch wohlinszeniert – behandelten aktuelle politische Themen[2]; sie dienten der Aufklärung über das Hitler-Regime, über die Situation von Kindern und Jugendlichen im Dritten Reich; sie verstanden sich als Warnung vor der von Hitler-Deutschland ausgehenden Kriegsgefahr, als flammende Appelle an die europäischen Staaten und an die Demokratie Amerikas, diese Gefahr nicht zu unterschätzen, Zivilisation und Humanität zu verteidigen. Fortsetzung der «Pfeffermühle» mit anderen Mitteln, so könnte man nennen, was Erika Mann nunmehr als politische Alleinunterhalterin auf der Bühne betrieb; denn wiewohl sie eigentlich lieber hätte weiter Theater spielen wollen und sich für «Sachlich-Politisch-Konstruktives»[3] auch nicht wirklich begabt fühlte, sollte das «lecturn» für die nächsten zwölf Jahre ihre wesentliche Tätigkeit werden.

Daß die ehemalige und zukünftige Kinderbuchautorin sich in diesen Vorträgen bereits 1937 der Erziehungsthematik widmete, mag nicht überraschen, und daß dabei auch ihre erste selbständige Publikation im Exil entstand, verwundert kaum. «School for Barbarians» und «Who Has the Youth Has the Future» waren Vortragsthemen, deren Brisanz den Amerikanern unmittelbar einleuchtete, wobei allerdings viele Bürger der USA zu diesem Zeitpunkt in bezug auf Hitler und Nazi-Deutschland noch die Ansicht vertraten: «It can't happen here»[4]. Amerika – so meinte man – sei in politischer, mentaler und nicht zuletzt in geographischer Hinsicht gegen Faschismus und Diktatur gefeit.

Bevor das vorliegende Buch im Oktober 1938 zunächst in der englischen Fassung unter dem Titel «School for Barbarians. Education under the Nazis» bei «Modern Age Books», New York, erschien, hatte Erika Mann das Thema also in zahlreichen Vorträgen behandelt. Über «Kinder im nationalsozialistischen Deutschland», über «Erziehung in der Diktatur» sowie über «Women and Children as Hitler's Victims» hatte sie bei mehreren Gelegenheiten öffentlich gesprochen. Der Gedanke, aus dem Material einen Dokumentarbericht in Buchform zu machen, ist dabei offenbar bereits im August 1937 mit dem Verleger erörtert worden. In Briefen aus dieser Zeit an ihre Mutter spricht Erika Mann mehrfach von der Arbeit «an meiner Edelpamphlete, dem Buch über die armen deutschen Kinderchen»[5]. Im Dezember 1937 während eines Urlaubs mit Annemarie Schwarzenbach wurde es fertiggestellt. Zwischen August und November hatte sich die Arbeit wegen anderer Verpflichtungen – Vorträgen, vor allem aber Proben und Aufführungen zu einer großen Tanzshow – immer wieder verzögert. Zweifel an der eigenen Fähigkeit als Buchautorin kamen hinzu. Erika Mann erhielt aber auch Zuspruch und Ermutigung sowohl von der Seite des Verlegers als auch aus dem Familienkreise. So wie der «Zauberer», der Vater Thomas Mann, abends aus eigenen Werken das eben Entstandene vorzulesen pflegte, hat auch die Tochter regelmäßig ihre Texte – selbst einige Songs der «Pfeffermühle» – der familiären Kritik ausgesetzt. Über den Fortgang der Arbeit wurde überdies die Mutter brieflich auf dem laufenden gehalten, der Erika Mann im September und November 1937 vor allem die gestalterischen Probleme schilderte.

Das Herzstück des Buches sind authentische Dokumente: Auszüge aus Hitlers «Mein Kampf», aus Erlassen für Schule und Unterricht des Erziehungsministers Bernhard Rust, aus Lehrerbegleitheften für den Rasse- und Wehrkundeunterricht, aus der «Fibel», aus nationalsozialistischen Kinderbüchern, aus dem «Stürmer». Wie die Überprüfungen aus Anlaß dieser Neuausgabe ergaben, hat Erika Mann hier professionell gearbeitet und nicht etwa Authentizität fingiert (vgl. die Editorische Bemerkung S. 217). In einigen Fällen hatte sie, wie sie ihrer Mutter gegenüber äußerte, vor allem dem englischen Material vorschnell geglaubt, so daß aufwendige Korrekturen erforderlich wurden: «Das Buch, auf der anderen Seite, gedeiht, nur ist auch da viel Aerger wegen Englischen Materials, das ich in gutem Glauben verwendet, und wovon sich nun, bei Prüfung, herausstellt, daß es teilweise nicht so ganz stimmt, – so daß es viel umzuarbeiten und viel Zeit darauf zu verwenden gilt.» (Erika Mann an Katia Mann, 16. November 1937) Wo es nicht die Glaubwürdigkeit der Quellen war, da machte der Verfasserin nicht selten die brutale und zugleich banale Wahrheit des von ihr bearbeiteten Materials zu schaffen. Ähnlich wie im Text selbst (S. 121) heißt es am 12. September 1937 wiederum in einem Brief an die Mutter: «Mittlerweile kritzle ich fieberhaft am ‹Kind im Dritten Reich›, eine Beschäftigung, die mich gleichzeitig aufregt und langweilt, wie das Fliegen bei schlechtem Wetter. Das Studieren des Materials bereitet die reinste Uebelkeit, dann aber ist es ja auch ganz wollüstig, alles so darzulegen und zu denuncieren.» [6]

Schon bei ihrem ersten öffentlichen Großauftritt in Amerika am 15. März 1937, als Erika Mann vor ungefähr 23 000 Menschen im New Yorker Madison Square Garden bei der «Peace and Democracy Rally» ein Grußtelegramm ihres Vaters verlas und eine fünfzehnminütige Rede über «Die Frau im Dritten Reich» hielt [7], hatte sie mit einigem Genuß jene Mischform praktiziert, die auch ihr anschließendes Buch bestimmt: dokumentarisches Material in selbsterlebte Geschichte einzubinden und dabei die von den Nazis erlassenen Gesetze, ihre Verlautbarungen und Vorschriften prinzipiell gegen den Strich zu lesen. Das Zitat decouvriert sich auf diese Weise selbst, und Satire und Ironie sind immer schon impliziert. Aufklärung durch Information ist das wesentliche Anliegen von Erika Manns Buch über die Erziehung in Hitler-Deutschland, aber mit der Aufklärung verbindet sich eine weitergehende Absicht, die durch den Gebrauch des dokumentarischen Materials verwirklicht wird. Die ihr und auch dem Leser Übelkeit verursachenden Zeugnisse sollen auf absurde Weise komisch, sie sollen als Selbstkarikatur des Dritten

Reiches wirken und der Welt, den Amerikanern insbesondere, die Augen über Alltag und Realität dieser Diktatur öffnen. Das Absurde, das aus wehrkundlichen Rechenaufgaben, militaristischen Fibeltexten und gesundheitsschädlichen Geländespielen spricht und das Erika Mann nach eigenem Eingeständnis «wollüstig» analysiert und «denunciert», zielt auch auf befreiendes Lachen. Es intendiert eine Leserposition, die sich über das Gelesene zu informieren, zu empören, aber eben auch zu erheben vermag. Schon die zeitgenössische Kritik hat einen besonderen Vorzug des Buches darin erkannt, daß die Demonstration der unfreiwilligen Komik von vielen Gesetzestexten und Vorschriften für den kindlichen Alltag unterm Hakenkreuz nicht auf eine Bagatellisierung dieses Alltags hinausläuft. Ganz im Gegenteil: das Grotesk-Komische und das Bedrückend-Gefährliche erscheinen als eng beieinanderliegend – was komisch anmutet, ist zugleich tief erschreckend; das Lachen, das man bei der Lektüre zuweilen empfindet, bleibt im Halse stecken. Erschrecken und Belustigung, Entsetzen, Empörung, aber auch eine gelegentliche heitere Zuversicht sollen sich einstellen. Erika Manns spätere Definition von «School for Barbarians» als «politisches Lehrbuch» hat durchaus ihre Berechtigung. Denn mit lehrbuchartiger Exaktheit und Anschaulichkeit wird der Erziehungsalltag im Dritten Reich dokumentiert, während die politisch-moralische Absicht solcher Dokumentation der Überwindung des dokumentierten Schreckens gilt.

Erika Manns Buch, drei Monate nach seinem Erscheinen in englischer Sprache mit 40000 verkauften Exemplaren ein Bestseller und auch in der 1938 im Amsterdamer Querido Verlag erschienenen deutschen Ausgabe ein Erfolg, war der erste Dokumentarbericht über Erziehungsgrundsätze und Schulbücher, über «Hitlerjugend» und Unterrichtswesen im Deutschland nach der «Machtergreifung». Es dokumentiert und analysiert das System, mit dem die Nazis die deutsche Jugend auf «Führer» und «Volksgemeinschaft» einzuschwören versuchten. Das Material stammte auch aus Interviews, die die Journalistin Erika Mann im Sommer 1937 in der Schweiz mit deutschen Flüchtlingen geführt hatte; darüber hinaus wird sie Zeitungs- und Zeitschriftenartikel sowie die vom Exilvorstand der SPD herausgegebenen Deutschland-Berichte benutzt haben.[8]

Schon der Prolog illustriert die Entstehungsgeschichte und die Erzählweise des Buches. Die Autorin lebt als deutsche Emigrantin in Zürich und trifft in einem St. Gallener Hotel Frau M. aus München. Das Gespräch entfaltet Details des nationalsozialistischen Alltagslebens, es veranschaulicht am einfachen Beispiel die alltägliche Misere in Deutschland: den sinkenden Lebensstandard, die rüden Umgangsformen, die Militarisierung in allen Lebensbereichen. Erika Mann als Autorin und Interviewerin erzählt nur nach und gibt wieder, was ihr deutscher Gast aus eigener Anschauung zu berichten weiß. Die Frau aus München ist gekommen, um für sich und ihre Familie die Emigration vorzubereiten, denn obwohl «reinrassig», erträgt sie das Leben in Deutschland nicht länger und will vor allem nicht, daß ihr kleiner Sohn in die Maschinerie nationalsozialistischer Erziehung gerät. Schließlich erzählt sie der Autorin eine Episode, die für Erika Manns Buch zum Motto wird. Sie handelt von Frau M.s ebenfalls noch in München lebender Freundin, die mit einem Juden verheiratet ist:

«Ihr siebenjähriges Söhnchen ist Halbjude. Er heißt Wolfgang. Neulich habe ich sie gefragt, wie es dem Wolfgang geht. ‹Ganz gut›, hat sie geantwortet, – ‹etwas besser heute, – weil wenigstens die Sonne nicht scheint.› Ich verstand sie nicht gleich, und da sagte sie noch, – ‹wenn das Wetter schön ist, dann spielen die andern, seine Freunde, so lustig im Hof, – und da weint er immer, weil er doch nie mehr mitspielen darf, – natürlich, als Halbjude.›» (S. 18)

Die Neigung zur melodramatischen Inszenierung, zur bisweilen sentimental-pathetischen Zurichtung ihrer Anekdoten und Berichte ist unüberhörbar und natürlich beabsichtigt. Durch den «Prolog» und durch das «Nachspiel», das aus kindlicher Sicht die Vision grenzüberschreitender, zukunftsfroher Freundschaft und Völkerverständigung auf amerikanischem Boden entwirft, erhält das Buch nicht nur einen fiktiven Rahmen, durch den es dem

– wie Thomas Mann in seinem Geleitwort sagt – «Leidig-Dokumentarischen» etwas tröstlich Humanes entgegensetzt, sondern auch die Autorin wechselt ihre Rolle. Sie wird zur beteiligten Ich-Erzählerin, die das von ihr arrangierte Material in eine eigene, persönliche Erlebnissituation einbindet. Das Erzähl-Ich des Prologs und des Nachspiels begegnet auch in den übrigen Kapiteln: als kommentierendes und kollagierendes «wir», als in ironisierter Neutralität verharrendes «man» oder auch als Instanz einer erlebten Rede, durch die Leserinnen und Leser aufgefordert werden, sich in das Innere eines in Nazideutschland aufwachsenden Kindes hineinzuversetzen. An solchen gleichsam klassischen Erzähl- und Kompositionsprinzipien wird einmal mehr die Nähe zwischen Literatur und Dokument, Fiktivem und Faktischem, Erfundenem und authentisch Wahrem deutlich; ein Prinzip, für das man nicht zu Unrecht den Begriff «faction» gefunden und das man für die Literatur des Exils als ausgesprochen typisch nachgewiesen hat.[9]

Es ist ein operatives, ein eingreifendes und auf Veränderung der geschilderten Verhältnisse zielendes Literaturverständnis, dem Erika Mann mit ihrem Buch folgt.[10] Denn sie wollte der Welt plastisch und anschaulich machen, in welch radikaler Weise sich seit Hitlers Machtantritt das Leben aller Menschen in Deutschland geändert hatte. Ein deutscher Staatsbürger konnte bis Februar 1933 Verschiedenes sein: Junggeselle, Viehzüchter, Protestant, Fabrikbesitzer, Laubenpieper oder Vater; seither – erklärt Erika Mann – muß er in erster Linie etwas anderes sein: Nationalsozialist. Während aber der erwachsene Deutsche immerhin noch in zweiter Linie Katholik oder Blumenzüchter, Ingenieur oder Ladenbesitzer sein könne, «ist das deutsche Kind schon heute ein Nazi-Kind und nichts weiter».

Die Autorin argumentiert so einfach und plausibel, wie es die Geschichten und die Beispiele sind, die sie bringt. Der Leser soll ein Gefühl und eine Vorstellung davon bekommen, was es bedeutet, unter Hitler in Deutschland Kind zu sein. Ein kleines «Pünktchen» sei das Kind im Dritten Reich, ahnungslos, aber eingesperrt und ausgeliefert an drei große Kreise, die es umgeben und aus denen es kein Entrinnen gibt. Ihr Werk der Abrichtung auf «Führergefolgschaft», Rassenhaß und Kriegsbereitschaft vollziehen sie systematisch und auf jeweils höherer Stufe in der Familie – der Schule – der Staatsjugend. Das schwächste Glied ist auch das ursprüngliche. Die Familie, die die Nazis gemäß ihrer Propaganda angeblich gegen den Bolschewismus verteidigen wollten, ist im ‹neuen Deutschland› in Wirklichkeit zerstört worden. Das private, das individuelle Leben ist verpönt, Aufopferung für «Führer» und Volk ist angesagt, ein wirklicher Deutscher ist ein Nazi und verschreibt sich mit Leib und Seele dem Kampf fürs Deutschtum, gegen die Juden und die Freimaurer, gegen die Vernunft und für den blinden Gehorsam.

Nicht nur Parteiverpflichtungen zerstören die Familien in Deutschland; das Zerstörungswerk beginnt viel früher: bei der Angst des Vaters vor dem vierzehnjährigen «Pimpfenführer» seines zwölfjährigen Sohnes. Weil das Kind krank war, hatte der Vater den Sohn eine nächtliche Wanderung nicht mitmachen lassen, nun gilt der Junge als Schwächling und Muttersöhnchen, und der «Vorgesetzte» des Sohnes macht dem Vater Vorhaltungen, droht mit «Meldung». Es wird nicht wieder vorkommen, versichert der Vater, denn er malt sich aus, welche Folgen es für ihn und seinen Sohn haben könnte, würde er den Jungvolk-Grünschnabel einfach aus dem Hause weisen. Das allerdings wäre die einzig adäquate Reaktion. Ein Geflecht aus Angst und Opportunismus, aus Vorsicht und Verschlossenheit, aus Anpassung und Gleichgültigkeit umgibt das Kind von klein auf. In einem System aus Uniformen, Härtetests und Wehrsportübungen wird es dressiert und gedrillt, abgehärtet gegen sich und hart gegen andere.

In zahlreichen Beiträgen haben Autoren und vor allem Autorinnen des Exils versucht, die Lebenssituation von Kindern im nationalsozialistischen Deutschland literarisch zu vergegenwärtigen – zum Beispiel Ödön von Horváth mit seinem Roman «Jugend ohne Gott» (1937), Anna Gmeyner mit dem Erzählzyklus «Manja» (1938), Maria Leitner mit «Elisabeth, ein Hitlermädchen» (1937) oder Hermynia Zur Mühlen in «Unsere Töchter, die Nazinen» (1938). Mit unterschiedlichen literarischen Mitteln wird in all diesen Werken im individuellen Fall das Typische aufgesucht. Nach dem Krieg werden Max Horkheimer und Theodor W. Adorno den autoritären Charakter und sein Ideal der Gefühlskälte, der Gleichgültigkeit gegen den Schmerz analysieren. Erika Mann schildert und veranschaulicht 1938 auf ihre Weise, was seit fünf Jahren in Deutschland mit der Jugend geschieht. Sie erzählt, obwohl sie dokumentiert und keinen Roman schreibt; sie analysiert und zitiert, obwohl sie keine Theorie entwickeln will. Sie will, was sie mit der «Pfeffermühle» wollte und was sie auch in ihren Vorträgen beabsichtigt: anschaulich machen, um das Vorstellungs- und Einfühlungsvermögen ihrer Zuhörer und Leser zu wecken, um gegen die verordnete und vollzogene Abgestumpftheit, die in Deutschland inzwischen herrscht, die Aufmerksamkeit, den Protest, die Menschlichkeit in den Exilländern zu setzen.

Auf knapp 200 Seiten und in vier großen Kapiteln zeigt sie, wie es funktioniert: in der deutschen Schule, die ehemals einen guten Ruf hatte, in den Organisationen der «Hitlerjugend», die sich zu Unrecht auf die Tradition der liberalen bündischen Jugend der Vorkriegszeit berufen. Erziehung zu Mittelmäßigkeit und Haß ist die Leitlinie der nationalsozialistischen Schulpolitik. Der Begriff Bildung kommt nicht vor, er hat in Deutschland inzwischen einen negativen Klang. Auf Erbanlagen und «rassische Gesinnung», auf charakterliche und körperliche Härte und erst an letzter Stelle auf gründliches Wissen, auf gesicherte Kenntnisse und Fertigkeiten ist der Unterricht ausgerichtet. Wehrerziehung und Rassenlehre, Biologie und Geopolitik sind Bestandteil der Allgemeinerziehung; Objektivität und Wahrheit aber, Vernunft und Geist werden nicht nur nicht angestrebt, sie erscheinen als verwerflich. Statt dessen werden Bezeichnungen wie «Fanatismus» oder «barbarisch» in positiver Bedeutung verwendet.

Schulbücher und Unterrichtshilfen für Lehrer, Rahmenpläne und Veröffentlichungen der NS-Lehrerschaft läßt Erika Mann zu Wort kommen, um zu illustrieren, wie es im «Volk der Dichter und Denker» pädagogisch inzwischen zugeht. Erziehung zur Barbarei nennt sie es mit Recht, aber auf die Überwindung, auf das Ende dieser Barbarei zielt das Buch. Dauerhaft wird man in Deutschland die Öde, die Abgestumpftheit, die Mittelmäßigkeit nicht ertragen. Auch die Kirche hat vielleicht ihren Einfluß auf die Jugend noch nicht völlig verloren. Es gibt Opposition bei den jungen Arbeitern, und die Frauen und Mütter werden des Schlangestehens nach Ersatzfett, schimmliger Marmelade und feuchtem Brot gewiß – wenn nicht bereits geschehen – bald überdrüssig werden. Hoffnung setzt Erika Mann gegen die hoffnungslos bedrückenden Verhältnisse, Aufklärung gegen die verordnete Dummheit, eine gewisse Heiterkeit gegen die freudlose Alltäglichkeit im Dritten Reich.

Mit einem pädagogisch-humanen Optimismus, den das Nazireich in Schule und Staatsjugend ständig pervertiert, schreibt Erika Mann gegen die Verhältnisse an. Sie polemisiert gegen einen «völkisch-nationalen» Sprachunterricht, der dazu erziehen soll, den blumig-schwülstigen, militaristisch-vulgären Stil des «Führers» zu sprechen. Mit Spott und Hohn bedenkt sie dessen sprachliche Ambitionen.

Der Philologe Victor Klemperer hat in seinem 1946 erschienenen Notizbuch «LTI» die Nazisprache anschaulich analysiert. Dolf Sternberger, Gerhard Storz und Wilhelm Emanuel Süskind haben zwischen 1945 und 1948 in der Zeitschrift «Die Wandlung» unter der Überschrift «Aus dem Wörterbuch des Unmenschen» die Verarmung und den Verfall der deutschen Sprache im Dritten Reich profund dokumentiert. Dies waren Untersuchungen von hohem Aufklärungswert, die jedoch erst nach dem Ende des Nationalsozialismus erscheinen und einer breiten Öffentlichkeit die Augen öffnen konnten. Das Buch über Erziehung und Sprache des Dritten Reiches, das noch während der Herrschaft des Nationalsozialismus herauskam und zum Zwecke direkter, aktueller Aufklärung über dessen kriegerische Ziele veröffentlicht wurde, hat Erika Mann geschrieben.

Schon die zeitgenössische Kritik wußte den Wert des Buches zu schätzen; kein geringerer als der englische Politiker und

Schriftsteller Sir Harold Nicolson lobte es im Londoner «Daily Telegraph» als eines der besten Bücher von mehreren Hunderten, die er in den letzten Jahren über Nazideutschland gelesen habe.[11] Es sei mehr als eine Darstellung der nationalsozialistischen Erziehungsmethoden, es erlaube Einblicke, verschaffe Erkenntnisse über die gesamte Philosophie des Systems. Entscheidend aber sei, daß es den Leser nicht mit dem entsetzten Gefühl des Abscheus entlasse, sondern die Hoffnung und Zuversicht auf die Unzerstörbarkeit von Wahrheit und Humanität wachhalte. Im übrigen war es dieser Artikel Nicolsons über Erika Manns Buch, der das von Thomas Mann anschließend so gern zitierte Diktum von den Manns als einer «amazing family»[12] enthielt.

Die Anerkennung, die Erika Mann für ihr Buch erhielt, war groß. Zu ihren Ehren wurden Cocktailparties veranstaltet[13], und sie selbst nutzte ihren persönlichen und publizistischen Erfolg unermüdlich auf Werbeveranstaltungen für Flüchtlingskomitees und Hilfsaktionen zur Rettung der durch den «Anschluß» Österreichs bzw. die Annexion des Sudetenlandes bedrohten Emigranten. Auch mit ihrem eigenen Leben, als emigrierte Schauspielerin und freiwillig-unfreiwillige Autorin hat Erika Mann eine Maxime zu realisieren versucht, die als Tendenz in ihrem Buch vielfältig auszumachen ist und in der Kritik des Textes häufig hervorgehoben wurde. Es ist die Maxime des «Trotzdem», die teils idealistische, teils naive, teils selbstironisch demontierte, im Grunde aber stets bekräftigte Überzeugung, daß Barbarei und Dummheit, Haß und Ignoranz trotz entsprechender pädagogischer Bemühungen den Sieg über Bildung und Gesinnungsanstand, Vernunft und Humanität nicht wirklich davontragen werden.

Mit deutlicher Aufmerksamkeit registriert Erika Mann in ihrem Buch vorsichtige Formen der Resistenz, der Verweigerung; beispielsweise die Unfähigkeit eines ansonsten begnadeten Lehrers, seinen Schülern «den Sinn nationalsozialistischer Maßnahmen» zu erklären. Auf eine «unsichtbare Front» setzt die Autorin, auf ein «verborgenes Heldentum», dem der Sinn für Vernunft und Recht noch nicht abhanden gekommen ist.

Jedoch erzählt Erika Mann keinerlei Heldengeschichten – ähnlich wie in ihrem 1940 erschienenen Band «The Lights Go Down», einem Zyklus von Innenansichten aus dem Alltag des Dritten Reichs, setzt sie auch in ihrem ersten Buch nicht auf den Nachweis, daß die Durchschnittsdeutschen unter Hitler phantasievoll Formen alltäglicher Subversion praktizieren. Wichtiger ist ihr die Aufklärung darüber, was an vernunftfeindlichem Gift, an irrationalem Stolz auf die eigene und nicht minder irrationalem Haß auf die «fremde Rasse» denjenigen eingeimpft wird, die solcher Beeinflussung hilf- und schutzlos ausgeliefert sind: den Kindern. Auch die von den Nazis systematisch praktizierte Trennung zwischen «arischen» und «nichtarischen», zwischen «deutschen» und «jüdischen» Kindern versucht Erika Mann gedanklich zu unterlaufen. Beide nämlich werden von Staats wegen zum Mißtrauen, zum Haß gegenüber ihren Eltern aufgestachelt. So wie «arische» Kinder von ihren «Pimpfenführern» zur Bespitzelung, zur Denunziation ihrer Eltern veranlaßt werden, so empfinden jüdische Kinder häufig quälende Unzufriedenheit gegenüber ihren Eltern, weil die Herkunft es ihnen verbietet, mit Gleichaltrigen zu spielen:

«Denn wo das ‹arische› Kind unter der Zerstörung durch die Nazis in der Hauptsache *objektiv* zu leiden hat, während es *subjektiv* das Unheil meist nicht realisiert, weiß das ‹nichtarische› Kind sehr wohl, wie groß dieses Unheil ist. Es weiß, wie sich die *Eltern* grämen müssen, nur weil sie Juden sind, es sieht, wie sie zugrunde gerichtet und aller Lebensmöglichkeiten beraubt sind. Es merkt, wie der *Vater*, der Jude ist, schuldbeladen einhergeht, und wie die ‹arische› *Mutter* beginnt ihn zu hassen, oder wie sie ihn bemitleidet, was schlimmer ist. Hat das Kind eine *jüdische Mutter* und einen ‹arischen› *Vater*, so ist die Not nicht geringer. Vielleicht liebt das Kind seine Mutter. Vielleicht liebt es die Mutter mehr als den Vater. Gleichzeitig aber verehrt es vielleicht den ‹Führer›, – gleichzeitig wünscht es nichts sehnlicher, als ‹dazuzugehören› und ein unbescholtener ‹Arier› zu sein.» (S. 47)

Mit einfachen Worten beschreibt Erika Mann hier ein Phänomen, an dem das ganze Ausmaß der von den Nazis angerichteten Zerstörung kindlichen Erlebens ablesbar ist und das – so vermutet die Autorin zu Recht – seine Folgen erst in der Zukunft zeitigen wird. Was die «arischen» Kinder anbelangt, so steht – wie Erika Mann stets betont – hinter der Erziehung zum Haß der Krieg, den Hitlerdeutschland plant und auf den es mit einer solchen Erziehung systematisch vorbereitet. Aber auch «das ‹nicht-arische› Kind wird in keinem Fall unbefangen wie früher den Seinen gegenüber stehn, – immer wird seine Stellung ihm problematisch sein, auch in Fällen, in denen es sich durchaus auf Seiten seiner jüdischen Angehörigen weiß» (S. 49).

Bis hin zu der Frage, wie denn nach dem zweifelsfrei zu erwartenden Zusammenbruch des nationalsozialistischen Regimes Erziehung zu reorganisieren und der systematischen psychischen und mentalen Verrohung ganzer Generationen zu begegnen sei, zieht sich Erika Manns Versuch, den Blick gleichermaßen auf beide, auf jüdische und auf nichtjüdische Kinder zu richten. Es sei fürchterlich, was mit jüdischen Kindern, sofern sie überhaupt noch in «deutsche» Schulen gehen dürften, geschehe: sie werden erniedrigt und gequält. Aber auch die «arischen» Kinder erfahren objektiv Fürchterliches, sie werden verdorben, auf unbestimmte Zeit sind sie gefährdet und für die Welt gefährlich: «Ihnen ist jedes Gefühl für Recht und Menschlichkeit genommen; ihnen fehlt bis auf weiteres der Sinn, nach dem wir alle leben, der unser Gleichgewicht bestimmt und kraft dessen wir aufrecht gehen durch diese Welt – der Sinn für die Wahrheit.» (S. 125) «Bis auf weiteres» – so unterstreicht Erika Mann auch an dieser Stelle und bekräftigt einmal mehr, daß sie sich trotz des erdrückenden Materials den Glauben daran zu bewahren gedenkt, daß Hitlers Erziehung nicht das letzte Wort behalten wird. Mit ihren Mitteln und nicht zuletzt mit dem vorliegenden Buch hat sie am Erreichen dieses Ziels mitgewirkt.

«School for Barbarians», dessen deutsche Ausgabe den zu Recht als allzu betulich kritisierten Titel «Zehn Millionen Kinder» erhielt, ist nicht aus späterem Wissen heraus geschrieben, nicht durch die Kenntnis der folgenden Entwicklung, die Krieg,

Massenvernichtung und Zusammenbruch bringen sollte, «verfälscht», wie Alfred Grosser betont hat.[14] Es fehlt der erhobene Zeigefinger ebenso wie der Versuch einer umfassenden, mit abstrakten politischen Begriffen operierenden Erklärung. Die Montage aus Dokumenten und persönlichen Erfahrungen soll dem gesunden Menschenverstand mühelos interpretierbar sein; explizite psychologische, politische und ökonomische Kategorien erübrigen sich, wenn Material und Darstellungsweise eine Erziehung veranschaulichen, die mit Feindbildern, mit der Militarisierung aller kindlichen Lebensbereiche sowie mit Angst und der Aufforderung zum Opportunismus arbeitet.

Erika Manns Buch, das nach 1938 erst wieder 1986 in der Bundesrepublik und 1988 in der DDR erschien, wird naturgemäß durch die neueren erziehungs- und geschichtswissenschaftlichen Untersuchungen zur Pädagogik im Nationalsozialismus in mancher Hinsicht korrigiert.[15] So vollständig beispielsweise, wie Erika Mann in ihrem Buch stets unterstreicht, war die Auflösung und Zerstörung der Familie im Nationalsozialismus wohl doch nicht.[16] Auch die unterstellte Nazifizierung aller Lebensbereiche und insbesondere des Schulalltags, der Nischen und Lükken nicht gekannt haben soll, wird inzwischen zu Recht bezweifelt. Mit der von Erika Mann beklagten Einführung von Englisch als erster Fremdsprache wurden eher Entwicklungstendenzen der zwanziger Jahre als spezifisch nationalsozialistische Ideale verwirklicht, und mit einer Abwertung des Lateinunterrichts ging diese Entwicklung ebensowenig einher, wie die Nazis die Abschaffung des Gymnasiums als Schultypus betrieben.[17]

Das komplexe Verhältnis schließlich, das zwischen nationalsozialistischer Rassen- und nationalsozialistischer Frauenpolitik besteht, wird man, ohne daß dies den Wert des Buches mindert, vergeblich dokumentiert suchen. Andererseits ist die Aufmerksamkeit, die Erika Mann dem pronatalistischen Rassismus des Nationalsozialismus widmet, durchaus ungewöhnlich. Durch gesetzliche Herabsetzung des Volljährigkeitsalters zugunsten der Ehefähigkeit «reinarischer» Paare sowie durch eine gewisse Enttabuisierung der un- und außerehelichen Schwangerschaft, sofern sie denn eine «vollwertige deutsche Frau» betraf, betrieb der Nationalsozialismus «aktive» Geburtenpolitik, worauf Erika Mann mit einigen Beispielen verweist.[18] Literatur und Publizistik des Exils haben diese Seite des Alltags unterm Hakenkreuz nur höchst selten der Erwähnung wert gefunden, hingegen unermüdlich die Rückschrittlichkeit des nationalsozialistischen Frauen- und Mutterbildes akzentuiert. Zwar ist auch davon bei Erika Mann die Rede, aber doch zugleich in Verbindung mit jenem spezifischen Rassismus, der Sittlichkeits- und Moralgrundsätze freimütig über Bord zu werfen pflegte: sei es im Namen der «Aufnordung» der eigenen, sei es im Namen der Vernichtung der fremden «Rasse».

Für die Frage, was man in und außerhalb Deutschlands 1937/38 über die Prinzipien und Ziele nationalsozialistischer Erziehung wissen und wie man dieses Wissen interpretatorisch nutzen konnte, ist Erika Manns Buch ein wichtiges Dokument. Auch wenn – wie erwähnt – einzelne Beobachtungen nicht verallgemeinerbar, gewisse Tendenzen aus der Sicht der neueren Forschung bzw. einzelner autobiographischer Berichte vielleicht nicht aufrechtzuerhalten sind, so ist nicht zuletzt Erika Manns zentrale Aussage, daß Erziehung und Ausbildung nicht länger auf wissenschaftliche und intellektuelle Bildung, sondern auf Willens- und Charaktererziehung im Sinne der völkischen Ideologie zielte, anschaulich und breit belegt und von der Forschung unwidersprochen.[19]

Als zeitgebunden und damit als exiltypischer Deutungsversuch ist hingegen die vor allem im englischen Titel indizierte Gleichsetzung von Nationalsozialismus und Barbarei zu verstehen. Die Charakterisierung wichtiger Nazi-Größen als primitive, ungebildete und in der Regel kriminelle Zwangsneurotiker mit schweren sexuellen Störungen, d. h. die Dämonisierung und Pathologisierung des Regimes nicht nur in seinen höheren Chargen, sollte das Barbarische, Antizivilisatorische des Nationalsozialismus unterstreichen.[20] Der nicht nur von Erika Mann nachdrücklich markierte Gegensatz zwischen nationalsozialistischem Terror und demokratischer Humanität, zwischen atavi-

stischem Haß und Vernichtungswillen und moderner Zivilisation und Toleranz gehörte zu den Grundmustern in der Ausein-
andersetzung der Exilierten mit dem nationalsozialistischen
Deutschland. Daß dabei die vor allem neuerdings viel diskutierte
Frage nach «modernen» Elementen sowie nach dem Stellenwert
des Nationalsozialismus innerhalb epochenübergreifender Mo-
dernisierungsprozesse[21], wie sie seit dem 19. Jahrhundert zu
konstatieren sind, von Erika Mann nicht erörtert wird, kann
nicht verwundern. Der durchweg appellative und bisweilen ja
auch ein wenig pathetische Gestus ihres Buches will durch klare
Gegensätze überzeugen, nicht durch dialektische Reflexionen.
Und wenngleich die Schlußpassagen der einzelnen Kapitel in ihrer optimistischen Vernunfts- und Zukunftsgewißheit heutigen
Leserinnen und Lesern vielleicht ein wenig naiv anmuten, wird
man auch diesen Formulierungen die intellektuelle und moralische Anstrengung nicht absprechen können, die allemal erforderlich ist, wenn dem «empörend Negativen» (Thomas Mann)
der Wirklichkeit die Vision von Humanität entgegengehalten
werden soll. Gerade durch einen solchen Anspruch erweist sich
Erika Manns Buch als ein historisches Dokument mit aktueller
Relevanz.

Irmela von der Lühe

Anmerkungen

1 Vgl. Helga Keiser-Hayne: Erika Mann und ihr politisches Kabarett «Die Pfeffermühle». Reinbek 1995, sowie Irmela von der
  Lühe: Erika Mann. Eine Biographie. Überarbeitete Ausgabe
  Frankfurt/M. 1996, S. 84–149.
2 Zu den Einzelheiten vgl. v. d. Lühe (Anm. 1), S. 171ff. und S.
  208ff.
3 Erika Mann an Katia Mann vom 4. Februar 1938 (unveröffent-
  lichter Brief im Erika-Mann-Archiv der Monacensia, Stadtbibliothek München).

4 So der Titel eines populären Romans von Sinclair Lewis.

5 Erika Mann an Katia Mann, 14. Dezember 1938. In: Erika Mann: Mein Vater, der Zauberer, hg. von Irmela von der Lühe und Uwe Naumann, Reinbek 1996, S. 119.

6 Bisher unveröffentlichte Briefe im Erika-Mann-Archiv der Monacensia, Stadtbibliothek München.

7 Zu den Einzelheiten vgl. v. d. Lühe (Anm. 1), S. 172–175, sowie Dietrich Aigner: Zum politischen Debut der Familie Mann in den USA: Das «Peace and Democracy Rally» im New Yorker Madison Square Garden vom 15. März 1937. In: Heinrich Mann-Mitteilungsblatt, Sonderheft 1981, S. 29–42.

8 Klaus Behnken (Hg.): Deutschland-Berichte der Sozialdemokratischen Partei Deutschlands (Sopade) 1934–1940. Frankfurt/M. 1989.

9 Guy Stern/Brigitte V. Sumann: Women's Voices in American Exile. In: Sybille Quack (Hg.): Between Sorrow and Strength. Women Refugees of the Nazi Period. Washington, New York, Cambridge 1995, S. 341–352.

10 Vgl. Hermann Haarmann: In der Fremde schreiben. Aspekte der Exilpublizistik. Eine Problemskizze. In: Exilforschung. Ein internationales Jahrbuch Bd. 7, München 1989, S. 11–20.

11 Harold Nicolson: Books of the Week. In: The Daily Telegraph, London, 14. April 1939.

12 Vgl. Thomas Mann: Tagebücher 1937–1939, hg. von Peter de Mendelssohn, Frankfurt/M. 1980, S. 401.

13 Vgl. Thomas Mann: Tagebücher 1937–1939 (Anm. 12), S. 316, sowie Klaus Mann: Tagebücher 1938–1939, hg. von Joachim Heimannsberg, Peter Laemmle, Wilfried F. Schoeller, Reinbek 1995, S. 70.

14 Alfred Grosser, Nachwort zur dtv-Taschenbuchausgabe von Erika Mann: Zehn Millionen Kinder. München 1989, S. 193–199, hier S. 193.

15 Vgl. die einzelnen Beiträge in Ulrich Herrmann, Jürgen Oelkers (Hg.): Pädagogik und Nationalsozialismus. Weinheim 1988.

16 Vgl. z. B. Michael H. Kater: Die deutsche Elternschaft im nationalsozialistischen Erziehungssystem. Ein Beitrag zur Sozialgeschichte der Familie. In: Ulrich Herrmann (Hg.): Die Formung des Volksgenossen. Weinheim 1985, S. 79–104.

17 Bernd Zymek: Die pragmatische Seite der nationalsozialisti-

schen Schulpolitik. In: Ulrich Herrmann (Hg.): Die Formung des Volksgenossen (Anm. 16), S. 269–279, hier S. 273.

18 Zum Sachverhalt umfassend: Gisela Bock: Zwangssterilisation im Nationalsozialismus. Studien zu Rassenpolitik und Frauenpolitik. Opladen 1986, sowie dies.: Gleichheit und Differenz in der nationalsozialistischen Rassenpolitik. In: Geschichte und Gesellschaft, 19. Jhg. 1993, Heft 3, S. 275–308.

19 Vgl. z. B. Wolfgang Keim: Erziehung unter der Nazi-Diktatur. Bd. 1: Antidemokratische Potentiale, Machtantritt und Machtdurchsetzung. Darmstadt 1995.

20 Thomas Koebner: Polemik gegen das Dritte Reich. In: Ders.: Unbehauste. Zur deutschen Literatur in der Weimarer Republik, im Exil und in der Nachkriegszeit. München 1992, S. 220–236.

21 Jürgen Reulecke: «... und sie werden nicht mehr frei für ihr ganzes Leben!» Der Weg in die «Staatsjugend» von der Weimarer Republik zur NS-Zeit. In: Ulrich Herrmann, Jürgen Oelkers (Hg.): Pädagogik und Nationalsozialismus (Anm. 15), S. 243–255, hier S. 249.

Editorische Bemerkungen

Der vorliegenden Neuausgabe liegt der deutschsprachige Erst-
druck von «Zehn Millionen Kinder» im Amsterdamer Querido
Verlag, 1938, zugrunde. Orthographie und Interpunktion wurden moderner Schreibweise behutsam angeglichen; die Schreibweise von Namen und Institutionen wurde vereinheitlicht.

Erstmals sind für diese Ausgabe die zahlreichen von Erika
Mann verwendeten Zitate aus zeitgenössischen Zeitungen, Zeitschriften, Lehrbüchern und Propagandaschriften systematisch
überprüft worden. Soweit die Quellen sich ermitteln ließen (dies
war bei etwa dreiviertel der Zitate der Fall), wurden die Zitate
sowie die Autor- und Titelangaben mit den Originaltexten vergli-
chen. Dabei erwies sich, daß Erika Mann weitgehend zuverlässig
zitiert; in den wenigen Fällen, in denen Fehler gefunden wurden,
sind diese für die vorliegende Edition stillschweigend korrigiert
worden. Die durch drei Punkte gekennzeichneten Auslassungen
in Zitaten hat in allen Fällen Erika Mann selbst vorgenommen.

Nicht eingegriffen wurde in eine Reihe von Zitaten, die Erika
Mann für ihr Buch aus englischen bzw. amerikanischen Quellen
ins Deutsche rückübersetzt hat. Der Charakter von «Zehn Millionen Kinder» als Dokument der Exilliteratur sollte nicht verloren-
gehen, und zur Situation der exilierten Autorin gehörte eben auch
das Angewiesensein auf fremdsprachige Untersuchungen. Eine
Überprüfung der betreffenden Zitate (zum Beispiel aus Alfred
Rosenbergs «Mythus des 20. Jahrhunderts», S. 166 f.) ergab, daß
Erika Manns Rückübersetzungen verläßlich sind, auch wenn sie
natürlich nicht dem originalen Wortlaut entsprechen.

Besonderer Dank gilt Frau Cornelia Kubitz, Berlin, die mit
Geduld und Spürsinn die nicht selten aufwendige Suche nach den
von Erika Mann zitierten Titeln, Materialien und entlegenen
Quellentexten auf sich genommen und die Zitate, soweit irgend
möglich, überprüft hat.   Irmela von der Lühe

Register der Personen- und Verlagsnamen

(Der Name Adolf Hitler ist hier nicht aufgeführt.)

Erika Mann wurde am 9. November 1905 in München geboren, als ältestes Kind von Thomas und Katia Mann. Sie arbeitete zunächst als Schauspielerin und Journalistin. Anfang 1933 gründete sie in München das Kabarett «Die Pfeffermühle»; wenige Wochen später ging sie mit der Truppe ins Exil. Ab 1936 lebte sie überwiegend in den USA. Während des Zweiten Weltkriegs wirkte sie u. a. an den Deutschland-Programmen der BBC mit. 1952 kehrte sie nach Europa zurück, wo sie am 27. August 1969 in Zürich starb.

Mein Vater, der Zauberer
Herausgegeben von Irmela von der Lühe und Uwe Naumann
560 Seiten + 16 Seiten einfarbige Tafeln. Gebunden und als rororo 22282
Dieser Band dokumentiert die Geschichte einer außergewöhnlichen Vater-Tochter-Beziehung. Alle wichtigen Äußerungen Erika Manns über ihren Vater werden erstmals umfassend dokumentiert und kommentiert. Die zahlreichen Essays, Interviews und Briefe vermitteln ein höchst subjektives, aufschlußreiches Bild von Thomas Mann – eine Nahaufnahme des Schriftstellers, wie sie nur aus Sicht einer besonders engen Vertrauten möglich ist.

Zehn Millionen Kinder *Die Erziehung der Jugend im Dritten Reich.*
Mit einem Geleitwort von Thomas Mann
(rororo 22169)

Briefe und Antworten
Herausgegeben von Anna Zanco Prestel
Band 1. 1922 - 1950.
296 Seiten. Gebunden

Erika Mann / Klaus Mann
Escape to Life *Deutsche Kultur im Exil*
Herausgegeben und mit einem Nachwort von Heribert Hoven
424 Seiten. Gebunden und als rororo 13992

Erika und Klaus Mann
Rundherum *Abenteuer einer Weltreise. Mit Originalfotos. Nachwort von Uwe Naumann*
(rororo 13931)

Helga Keiser-Hayne
Erika Mann und ihr politisches Kabarett "Die Pfeffermühle" 1933 - 1937 *Texte, Bilder, Hintergründe*
160 Seiten. Gebunden und als rororo 13656

rororo Literatur

Klaus Mann, 1906 in München als ältester Sohn von Thomas und Katia Mann geboren, schrieb schon als Schüler Gedichte und Novellen. 1924 ging er als Theaterkritiker nach Berlin und lebte dort als exzentrischer Bohemien, der aus seiner Homosexualität nie einen Hehl machte. Während sein Vater mit pedantischer Disziplin Weltliteratur verfaßte, reiste Klaus Mann ruhelos durch die Welt. 1933 emigrierte er vor den Nazis. Im Exil schrieb er den Roman *Mephisto*, dessen Hauptfigur, der Schauspieler Höfgen, für Klaus Mann zum Symbol eines «durchaus komödiantischen, zutiefst unwahren, unwirklichen Regimes» wurde. Am 21. Mai 1949 starb Klaus Mann in Cannes an einer Überdosis Schlaftabletten.

Alexander *Roman der Utopie*
(rororo 15141)

Flucht in den Norden *Roman*
(rororo 14858)

Der fromme Tanz *Das Abenteuerbuch einer Jugend*
(rororo 15674)

Maskenscherz *Die frühen Erzählungen*
(rororo 12745)

Der siebente Engel *Die Theaterstücke*
(rororo 12594)

Speed *Die Erzählungen aus dem Exil*
(rororo 12746)

Mephisto *Roman einer Karriere*
(rororo 22748)

Symphonie Pathétique *Ein Tschaikowsky-Roman*
(rororo 22478)

Treffpunkt im Unendlichen *Roman*
(rororo 22377)

Kind dieser Zeit
(rororo 22703)

Der Wendepunkt *Ein Lebensbericht*
(rororo 15325)

Uwe Naumann (Hg.)
"Ruhe gibt es nicht, bis zum Schluß" *Klaus Mann (1906–1949) Bilder und Dokumente*
352 Seiten mit zahlreichen Abbildungen. Gebunden im Schuber

Weitere Informationen in der **Rowohlt Revue**, kostenlos im Buchhandel, und im Internet:
www.rororo.de